サービス経済の拡大
と
未来社会

Isagai Nobuo

飯盛信男……

著

桜井書店

まえがきにかえて
──本書刊行の経緯と構成──

枝松正行

　本書は，2017年5月に急逝された飯盛信男先生が，2014年に上梓された『日本経済の再生とサービス産業』(青木書店) を引き継ぐかたちでサービス産業の最新の実態を分析した論文に，サービス経済論研究とその論争の変遷と現状，さらにサービス経済論とマルクス未来社会論との関係にわたる論考をまとめた，先生の50年近くにおよぶご研究の到達点を包括的に，かつできるだけ体系的に編集した遺稿集です。

　不帰を覚悟しておられた先生から，わたくしはその編集と刊行を託されました。あまりの大任に躊躇もございましたが，先生の御遺志に従うことにいたしました。幸い，先生はある程度の計画書を遺しておられましたから，それをもとに編んだのが本書です。

　構成は，先生のご計画にそいつつも，遺稿集として充実を図るべく収録論文を拡充してⅢ部編成といたしました。次のとおりです。

　第Ⅰ部「現代資本主義におけるサービス産業の拡大」は2章からなっています。第1章「サービス産業の拡大と雇用」では，サービス産業の拡大を機能別に発展段階論的視角でとらえ，雇用者数・機能分野の日米比較にもとづいて，日本におけるサービス産業拡大の動向・特徴・問題点を論じています。第2章「日本経済長期停滞のなかのサービス産業の拡大」では，サービス部門で生じている諸問題を，非正規・低賃金雇用の増大，民営産業化を中心に，日本経済の全体像と転換のなかに位置づけて検討しています。

　第Ⅱ部「サービス経済研究とその論争の到達点」は5章からなり，生産的労働・サービス経済論の新たな視点を批判的に摂取しつつ，ご自身に対する批判に包括的に回答し，研究の現時点における到達点を明らかにしたものです。第3章「サービス経済論争の到達点と有用効果生産説の正当性」は，佐賀大学の紀要の退職記念号 (『佐賀大学経済論集』44巻5号) に寄稿してくださったサービス経済論争の主要な論客，渡辺雅男氏，斎藤重雄氏，櫛田豊氏，但馬末雄氏，鈴

4

木和雄氏，小谷崇氏，佐藤拓也氏らの批判・疑問に回答しつつ，自説の正当性を主張したものです。第4章「サービス経済研究における新たな視点」では，姉歯曉氏，山田喜志夫氏，川上則道氏，村上研一氏，寺田隆至氏，阿部浩之氏らの注目すべき新たな研究をとりあげて検討しています。第5章「生産的労働・サービス論争における新たな主張」では，二宮厚美氏の「物質代謝・精神代謝両輪説」をとりいれ，自説の有用効果生産説の補完に努めるとともに，金子ハルオ氏らの「通説」に対する長岡豊氏，松原昭氏，置塩信雄氏，斎藤重雄氏，櫛田豊氏，赤堀邦雄氏，馬場雅昭氏らの批判と対比するかたちで二宮説の意義を述べておられます。第6章「再論 斎藤重雄説，櫛田豊説について」は，斎藤重雄氏と櫛田豊氏からの疑問と批判に再び回答するために，旧稿「サービス労働と労働力商品の擬制性――斎藤重雄氏への回答」(『佐賀大学経済論集』43巻2号，2010年7月号) に加筆・補正するとともに，新たに「書評 櫛田豊著『サービス商品論』」(『季刊 経済理論』54巻2号，2017年7月号) を加えて，対人サービスも物財生産を担う労働力を形成するがゆえに広義の生産活動であるとみる斎藤・櫛田氏らのサービス労働・労働力価値形成説を批判し，ご自身の無形生産物・有用効果生産説の正当性を主張しています。第7章「サービス経済理論における新たな視点」は，河上肇，櫛田民蔵，大熊信行，スターリンなどによる，かつての「二種類の生産」概念論争と中期マルクスの検討から唯物史観におけるサービス部門の位置を解明し，サービス労働対象について新たな主張を展開している枝松の研究をこれまでの論争史のなかに位置づけるとともに，とりわけ置塩信雄氏，松原昭氏，櫛田豊氏，二宮厚美氏，三土修平氏，森田成也氏，渡辺雅男氏のサービス論や，パリツェフ，重森曉氏，富永祐治氏，馬場雅昭氏らの交通生産論争との比較・検討を試みて，その意義と問題点を指摘しています。併せて，先生は，ここで80名以上の方々の著書・論文を系統的に分類・整理し，サービス経済研究の三つの発展段階，すなわち，①論争の発展段階，②現実のサービス産業の発展段階，③マルクス自身の初期・中期・晩期における理論の発展段階を析出し，これら三つの発展段階の相互連関をみてゆく必要があることを初めて明らかにされ，理論は永遠不変のものではなく，その発展段階をふまえて豊富化・高度化されてゆくべきと主張しておられます。

　第III部「マルクスの未来社会論とサービス経済」は，『生産的労働の理論』

（1977年，青木書店）以来の先生の主張であるマルクス未来社会論におけるサービス経済化の位置づけを，第Ⅰ部のサービス産業の最新動向と第Ⅱ部の論争史や新しい研究成果を踏まえつつあらためて明確にし，ご自身のこれまでのサービス経済論研究の総括を企図したものです。第8章「『必然の王国』から『自由の王国』へ」では，サービス部門を不生産的とみる金子ハルオ氏，山田喜志夫氏，川上則道氏，村上研一氏，姉歯曉氏らのいわゆる「通説」をマルクスの未来社会論との関係で再検討するとともに，さらに『資本論』第3巻の「自由の王国」を『経済学批判要綱』の自由時間論に拠りつつ，より詳細に展開し，マルクスの生産的労働・サービス労働論の本質をあらためて明確に規定し直しています。それをふまえて，現代の新自由主義は，工業生産力過剰化のもとで巨大企業のさらなる成長とグローバル展開を進めるために登場したことを指摘し，これへの対抗こそは成長至上主義からの脱却，人間そのものの成長が目的となる「自由の王国」の実現であり，それを担うのは健康・文化・環境などサービス部門の拡充にこそあると説いています。

　終章「私のサービス経済論研究」では，ご自身のこれまでのサービス経済論研究の歩みを総括しつつ振り返っています。

　本書のもとになった論文は初出一覧に示したとおり，いずれも最近執筆されたものですが，2016年10月末から11月末までひと月かけてまとめられた，第Ⅱ部第6章収録の「書評　櫛田豊著『サービス商品論』」と，2016年12月から2017年1月末に執筆された，第7章収録の「サービス経済理論における新たな視点」の2編については，残念なことに，その掲載誌を手に取ることはかないませんでした。

　第Ⅰ部第1章と第2章の統計データは，先生が難病の告知を受けた2017年4月時点で入手可能な「産業連関表 拡張表」の最新データによってすべて計算し直され，更新されています。理論的には，第Ⅱ部第5章と第7章が最新成果にかかわるものですが，全編それと整合するように，病床にあっても体調と時間が許すかぎり加筆・修正を加えられています。とりわけ終章については，2017年5月初めまで，おからだの許すかぎり加筆・修正を加えられ，仕上げようと努力されましたが，残念なことにそれをやり遂げることはできず，未完に終わっています。しかし，このように，先生は最期まで研究と本書出版への情熱を

失うことがなかった証として，そのまま掲載することにいたしました。

　先生は，次のような言葉も残しておられます。
　「この間の協力・出版依頼連絡とデータ取り寄せ・読み上げ・加筆修正入力のいっさいを妻の寿子が引き受けてくれた。本書は妻と私の共著だと思っている。」
　「関係諸氏からのご教示とご協力に深謝しつつ，後続の方々によるサービス論争の継続・再活性化，マルクス経済学と未来社会論の新展開を大いに期待している。」

　本書の編集・校閲にあたっては，飯盛先生のご本意を忠実に再現するよう心がけましたが，先生がご存命であれば，重複した叙述を削除・整理し，さらに推敲を重ね，内容の充実に注力されたであろうことは疑いありません。力及ばず，不十分な点は，読者のご寛容を願うほかございません。　　　（2018年2月）

　追記
　1　飯盛先生のご計画書にあった先生の門下生・鶴丸岩男氏の学位（博士）論文は，遺稿集という性格を考え収録を見送りました。快くご了解くださった鶴丸岩男氏に感謝申し上げます。
　2　本文中の〔　〕内は枝松による補足です。また，必要に応じて＊注を付しました。なお，表記の変更など，主として文献にかかわる修正については，煩雑さを避けるためいちいち断り書きは付しませんでした。
　3　飯盛先生が『佐賀大学経済論集』に掲載された論文は，現在電子データ化が進められています。

（えだまつ・まさゆき　政治経済研究所研究員，都留文科大学ほか兼任講師）

目　次

まえがきにかえて──本書刊行の経緯と構成　　枝松正行　3

初出一覧　13

第Ⅰ部　現代資本主義におけるサービス産業の拡大

第1章　サービス産業の拡大と雇用 ……………………………… 17

第1節　就業者数からみたサービス産業の拡大 ……………… 17

1　米国でのサービス産業の拡大　17

2　日本でのサービス産業の拡大　20

3　サービス産業雇用の日米間のちがい　22

第2節　経済成長とサービス産業の拡大 …………………… 25

1　低生産性にとどまるわが国のサービス産業　25

2　米国はサービス産業リード型へ　27

3　対企業サービスの産業連関──日米比較　28

第3節　サービス産業の生産性・賃金・非正規雇用 ………… 29

1　専門・技術サービスの外注化──日米比較　29

2　サービス産業の賃金と非正規雇用　31

第4節　サービス産業の自営業とオフショアリング ………… 33

1　サービス産業の自営業　33

2　サービス・オフショアリング　34

第2章　日本経済長期停滞のなかのサービス産業拡大 ………… 37
　　　　　──非正規雇用増大と公共サービスの産業化──

第1節　日本経済長期停滞のなかでのサービス産業 ………… 37

1　残された成長分野であるサービス部門　37

2　戦略的に重要となっているサービス部門　39

第2節　サービス産業従業者数の推移 ……………………… 40

1　機能別区分でみた推移　40

8

  2 対個人サービス 41

  3 専門的対企業サービス 42

  4 代行型対企業サービス 44

  5 公共サービス 45

 第3節 サービス産業の拡大と非正規・低賃金雇用の増大 ……………45

  1 1980年代以降での非正規雇用の増加 45

  2 サービス産業での非正規雇用の増大 47

  3 サービス産業での非正規雇用の増大と賃金低下 48

 第4節 公共サービスの産業化が成長戦略の重点に ………………51

  1 雇用吸収の受け皿からサービス・イノベーションへ 51

  2 低生産性のままのサービス産業 52

  3 公共サービス，医療・福祉部門の成長戦略への組み入れ 53

  4 医療・福祉部門での民間産業化 54

第Ⅱ部 サービス経済研究とその論争の到達点

第3章 サービス経済論争の到達点と有用効果生産説の正当性…59
    ──諸家の批判・質問への回答──

 第1節 渡辺雅男教授への回答 ………………………………………60

  1 渡辺教授による問題点の指摘 60

  2 物質的生産の理解・範囲の問題 61

  3 有用効果概念と運輸業の問題 62

  4 実態分析の問題 63

 第2節 斎藤重雄教授・櫛田豊教授への回答 …………………………65

  1 斎藤教授による問題点の指摘 65

  2 労働力商品擬制説について 66

  3 サービス部門・労働対象不在説＝有用効果生産説について 67

  4 サービス＝「社会的労働と消費活動の共同生産物」とする
   櫛田教授の主張 68

 第3節 但馬末雄教授・鈴木和雄教授への回答 ………………………70

  1 但馬教授への回答──原典の理解をめぐって 70

  2 鈴木教授への回答──接客サービスをめぐって 73

追記　75

第4章　サービス経済研究における新たな視点……………………77
――姉歯曉氏，寺田隆至氏，阿部浩之氏らの研究によせて――

第1節　家計・国民生活の観点からのサービス経済分析………………77
――姉歯曉氏の主張――

1　サービス消費支出の腑分けとその増加の背景　77

2　姉歯氏の結論　78

3　サービス部門は製造業に近づいてゆくという見解　79

第2節　姉歯説の問題点………………………………………………80

1　サービス部門の投入係数――サービス投入が中心　80

2　長期不況下での家計によるサービス消費の実態　82

3　豊かな社会から脱工業社会へ　84

第3節　再生産におけるサービス部門の位置……………………………85
――村上研一氏，寺田隆至氏の研究――

1　山田喜志夫氏，川上則道氏らの見解　85

2　村上研一氏の見解　87

3　寺田隆至氏による「サービス部門を含む経済循環」の把握　88

4　寺田説の問題点　90

第4節　サービス部門の労働過程分析…………………………………92
――阿部浩之氏の研究――

1　阿部氏の主張　92

2　サービスの定義・分類基準　94

3　サービス部門の規模別類型化と機械化の困難性　95

4　人間を労働対象とみなす見解　97

第5章　生産的労働・サービス論争における新たな主張…………101
――二宮厚美氏の物質代謝・精神代謝両輪説――

第1節　サービス部門拡大と経済理論……………………………………102

1　サービス部門を不生産的とする見解　102

2　第三次産業の発展段階論　103

3　第三次産業分析と『資本論』　105

第2節　物財生産労働のみを生産的とする通説…………………………105

1　通説が依拠する『資本論』冒頭商品論　105

　　2　物質代謝概念拡張の試み　107

　　3　物質的生産の第一義性を価値論の前提とみなす見解
　　　　――唯物史観と価値論　108

　第3節　二宮厚美氏の対人サービス＝精神代謝＝非物質的生産説 ‥‥110

　　1　二宮氏による新たな主張　110

　　2　二宮説の論拠　112

　　3　二宮説の位置づけ　113

　第4節　サービス部門＝有用効果（無形生産物）生産説 ‥‥‥‥‥‥114

　　1　『資本論』冒頭商品論と2巻1篇・有用効果生産説との統一的理解　114

　　2　僕婢階級によるサービス提供　116

　　3　有用効果（無形生産物）概念の成立　117

　　4　対企業サービスと知識・情報関連サービス　118

第6章　再論 斎藤重雄説・櫛田豊説について ‥‥‥‥‥‥123

　第1節　斎藤重雄説の展開と到達点 ‥‥‥‥‥‥‥‥‥‥‥‥‥‥123

　　1　斎藤氏による問題提起　123

　　2　斎藤説の骨格　124

　　3　斎藤説の体系化　125

　第2節　労働力商品の擬制性について ‥‥‥‥‥‥‥‥‥‥‥‥‥126

　　1　斎藤氏による問題提起とこれまでの私じしんの見解　126

　　2　斎藤氏への回答　127

　第3節　斎藤重雄説の問題点――私見との対比 ‥‥‥‥‥‥‥‥‥129

　　1　斎藤氏が誤った原因　129

　　2　唯物史観の基本命題の検討，サービス部門の労働過程特性　130

　第4節　櫛田豊著『サービス商品論』の検討 ‥‥‥‥‥‥‥‥‥‥133

　　1　『サービス商品論』の概要と主張　133

　　2　サービス生産物＝人間能力説，サービスの共同生産説，
　　　　サービス提供契約説　135

　　3　生産的労働規定，価値論，唯物史観との関連　137

　　4　対企業サービスの位置づけ，情報業・修理業　138

第7章　サービス経済理論における新たな視点……………………141
　　　　──枝松正行氏の研究によせて──

第1節　唯物史観とサービス部門 ………………………………………141
　　1　サービス労働を広義の物質代謝活動とみる置塩・櫛田説,
　　　　物財生産とサービス部門を下部構造の両輪とみる枝松・二宮説　141
　　2　枝松氏による「唯物史観とサービス部門」の検討　143
　　3　枝松説の評価　145

第2節　有用効果概念の理解 ……………………………………………146
　　1　枝松氏の有用効果生産論　146
　　2　有用効果概念の形成過程　148

第3節　サービス労働手段＝労働対象とみる枝松説 ………………149
　　1　サービス業と物品賃貸業の混同　149
　　2　運輸手段（労働手段）を労働対象とみる誤り　150
　　3　枝松・櫛田説でのサービス労働価値形成の根拠　152

第4節　サービス経済研究での三つの発展段階 …………………………153
　　1　論争・研究の発展段階　153
　　　（1）生産的労働論争──サービス部門を不生産的とした通説　153
　　　（2）生産的労働概念の拡張──サービス労働・労働力価値形成説　156
　　　（3）サービス労働価値生産説・有用効果生産説──交通生産論争の継承　157
　　　（4）その他, その後の展開　157
　　2　現実のサービス産業の発展段階　159
　　3　マルクス理論の形成過程・発展段階をふまえたサービス論の検討　161
　　　（1）唯物史観の形成過程　162
　　　（2）サービスの価値・有用効果概念　162
　　　（3）流通費用・運輸業規定　163
　　　（4）情報業・生産的労働規定　163

第Ⅲ部　マルクスの未来社会論とサービス経済

第8章　「必然の王国」から「自由の王国」へ……………………………167
　　　　──生産的労働・サービス経済論の最終章──

第1節　サービス部門を不生産的とみる通説と
　　　　マルクスの未来社会論 …………………………………………168
　　1　サービス部門を不生産的とする通説　168

2　サービス部門拡大は成長を阻害するという見解　169

　　3　サービス経済化を幻想とみなす主張　170

　　4　マルクスの未来社会論　171

　第2節　マルクス未来社会論の構成 ……………………………………172

　　1　「必然の王国」から「自由の王国」へ　172

　　2　大工業の発展による労働日の短縮──自由時間と労働時間の対立　174

　　3　未来社会の構想──自由時間と労働時間の対立の止揚　176

　　4　マルクス自由時間論の評価　177

　第3節　史的唯物論と資本蓄積論 ………………………………………178
　　　　　──資本主義の積極的役割とその限界──

　　1　史的唯物論　178

　　2　資本蓄積論　180

　第4節　脱成長と人間そのものの成長 …………………………………181

　　1　現代資本主義の変容──完全雇用と福祉国家　181

　　2　工業生産力の過剰化──新自由主義への転換　182

　　3　脱成長──定常型社会への転換の必然性　183

　　4　成長至上主義からの脱却と経済民主主義の徹底化　185

終　章　私のサービス経済論研究……………………………………………189

　　1　理論的骨格の形成　189

　　2　理論研究の拡充　191

　　3　実態分析　193

　謝辞　飯盛寿子／公宏　197

　飯盛信男年譜　199

　飯盛信男著作一覧　201

　人名索引　211

初出一覧

第Ⅰ部　現代資本主義におけるサービス産業の拡大

第1章「サービス産業の拡大と雇用」(『日本労働研究雑誌』666号，2016年
1月)

第2章「日本経済長期停滞のなかのサービス産業拡大──非正規雇用増大
と公共サービスの産業化」(『経済』249号，2016年6月)

第Ⅱ部　サービス経済研究とその論争の到達点

第3章「サービス経済論争の到達点と有用効果生産説の正当性──諸家の
批判・質問への回答──」(『佐賀大学経済論集』44巻5号，2012年3月)

第4章「サービス経済研究における新たな視点──姉歯曉氏，寺田隆至氏，
阿部浩之氏らの研究によせて──」(『佐賀大学経済論集』47巻1号，2014
年5月)

第5章「生産的労働・サービス論争における新たな主張──二宮厚美氏の
物質代謝・精神代謝両輪説──」(『佐賀大学経済論集』47巻4号，2014年
11月)

第6章「再論 斎藤重雄説・櫛田豊説について」(「サービス労働と労働力商
品の擬制性──斎藤重雄氏への回答──」，『佐賀大学経済論集』43巻2号，
2010年7月／「書評 櫛田豊著『サービス商品論』」，『季刊 経済理論』54
巻2号，2017年7月)

第7章「サービス経済理論における新たな視点──枝松正行氏の研究によ
せて──」(『佐賀大学経済論集』50巻1号，2017年5月)

第Ⅲ部　マルクスの未来社会論とサービス経済

第8章「「必然の王国」から「自由の王国」へ──生産的労働・サービス経済
論の最終章──」(『佐賀大学経済論集48巻1号，2015年5月)

終　章「私のサービス経済論研究」(「サービス経済論争の到達点と有用効
果生産説の正当性」の第1節「これまでの経過」，『佐賀大学経済論集』44
巻5号，2012年3月)

第I部

現代資本主義における
サービス産業の拡大

第1章　サービス産業の拡大と雇用

　ダニエル・ベルは，第三次産業拡大を，①工業化に伴う運輸・通信業拡大→②工業化達成・大衆消費社会実現による商業の拡大→③工業製品飽和化によるサービス業拡大→④医療・福祉・文化など公共サービス拡大という発展段階論でとらえた。①②は物財関連の三次産業拡大であって本格的なサービス経済化は③であり，④はその到達点である。さらに1980年代以降は⑤対企業サービスの拡大が加わる。第1節では，この観点から米国と日本でのサービス産業雇用の推移を概括し比較する。日本は公共サービスが立ち遅れており，対企業サービスをみると米国ではグローバル企業を支える高度な専門サービスが急成長したのに対し，日本ではコスト削減・代行型が急増した。第2節では，これをGDPの推移からみる。米国経済は21世紀には高生産性専門サービスの急成長がリードする段階となった。日本のサービス業は低生産性部門が中心で，その労働生産性は1990年代以降，全産業の6割台にとどまり，わが国サービス産業での雇用拡大は低生産性の結果生じたものである。第3節でみるが，米国対企業専門サービスの大企業型・高生産性・高賃金に対し，日本は小企業中心で大企業型高生産性高賃金は放送・新聞等に限定される。第3節，第4節では，「産業連関表　雇用表」から日本でのサービス業務外注化の進展・サービス業の賃金水準を検討し，サービス業で最も多い非正規雇用と自営業層の実態，さらにサービス・オフショアリングの展開についても言及する。

第1節　就業者数からみたサービス産業の拡大

1　米国でのサービス産業の拡大
　主要先進諸国での三次産業就業者比率は現在では7割を超え，米・英では8割を超えている。米国では1950年代前半には三次産業就業者が5割を超えていたが，他の先進諸国でも70年代には超えている。三次産業は異種混成産業で

あり，その拡大は機能別に発展段階論的にとらえるべきである。ダニエル・ベルは『脱工業社会の到来』(1973年：内田忠夫訳，1975年，ダイヤモンド社) 第2章で，三次産業の発展を，①工業化に伴う生産補助部門たる運輸・通信・公益事業の拡大→②工業化達成・大衆消費社会実現段階での商業の拡大→③製造業比率が低下する脱工業段階での対個人サービス業の拡大→④医療・福祉・文化など生活と社会の質向上を担う公共サービスの拡大，という四つの段階でとらえている。①は工業生産拡大を支え，②は工業製品販売を担う物財関連の三次産業であるから，本格的なサービス経済化は③の段階であり，④はサービス経済化の到達点である。

　J. K. ガルブレイス『ゆたかな社会』(1958年：鈴木哲太郎訳，1958年，岩波書店)，W. W. ロストウ『経済成長の諸段階』(1960年：木村健康他訳，1961年，ダイヤモンド社) は工業化が達成され大衆消費社会が実現された②の段階を論じた。ダニエル・ベルはさらに③，④の発展段階までをとらえ，工業化社会では財貨の量によって生活水準が測られていたが，脱工業社会では文化，健康，芸術など生活の質がその尺度になる，と説いた。運輸・通信・公益事業と商業は物財関連産業であるから，工業生産がピークに達すればそれらのウェイトは横ばいとなり，サービス部門が主たる成長分野となる。サービスそのものを供給するサービス部門こそが厳密な意味でのサービス産業である。それゆえサービス産業研究は三次産業全般ではなく，サービスそのものを供給する部門に限定するべきである。米国で最初のサービス産業の実証分析であるV. R. フュックス『サービスの経済学』(1968年：江見康一訳，1974年，日本経済新聞社) では運輸通信公益事業を巨大な資本設備と複雑な技術に依存するがゆえに工業部門に含めた。また，物質的生産部門のみを生産的とみなした旧ソ連では商業を物財の配給機構として物的生産部門に含めていた。

　米国では運輸・通信・公益事業のウェイト上昇は工業大国化した19世紀末からみられ，戦後期には工業化達成・大衆消費社会到来で商業部門が大きく伸びた。1970年代前半には製造業の比重低下がすすみ，サービス業就業者が商業さらに製造業を上回る。そして公共サービスのウェイトが高まる段階となり，1990年には公共サービスが製造業を上回る。さらにダニエル・ベルが予測できなかったことであるが，1980年代以降は成長鈍化とグローバル化のなかで，

表1-1　アメリカの三次産業就業者数構成比　　　　　　（単位：%）

	1947年	1970年	1990年	2000年	2015年
就業者数（万人）	5,177	7,868	11,867	13,521	14,883
一次産業	15.2	4.4	2.7	1.8	1.6
二次産業	35.7	32.5	24.7	22.3	17.6
（製造業）	(30.0)	(25.7)	(17.6)	(14.5)	(10.3)
三次産業	49.1	63.1	72.6	75.9	80.8
運輸・通信・公益事業	8.0	6.8	6.9	6.7	6.2
商業（飲食店含む）	17.3	19.1	20.7	20.6	19.7
金融・保険・不動産業	3.4	5.0	6.8	6.9	6.8
サービス業		26.6	33.4	37.1	43.4
対個人サービス		6.0	5.1	5.1	5.2
対企業サービス	9.8	4.7	9.8	11.3	14.0
（専門サービス）		(3.1)	(4.4)	(6.2)	(8.0)
公共サービス	10.6	15.9	18.5	20.7	24.1
公務		5.6	4.8	4.6	4.7

出所）*Employment and Earnings* による。1947年はダニエル・ベル『脱工業社会の
到来』上巻（内田忠夫訳，1975年，ダイヤモンド社）179ページ。

　コスト削減を担う対企業サービスが大きく伸びており，1990年代以降は情報・通信技術の民間産業化がすすみ，情報，特許，コンサルティング，会計，法律など高度な専門サービスが多国籍企業の競争力を支えるものとなってきた。製造業の海外移転も加わって，米国では2010年には対企業サービス就業者が製造業を上回るに至っている。表1-1は以上の推移をみたものである。対個人サービス，公共サービスの拡大に続く企業関連サービスの拡大が三次産業拡大の第5の新たな段階となっている。

　英・独・仏でも1970年代には三次産業就業者が5割を超え商業が拡大する第2段階となり，80年代以降はサービス業が商業さらに製造業を超え，90年代以降は公共サービスの拡大がすすみ，製造業を上回るようになった。なお，英国でも現在では米国と同じく対企業サービス就業者が製造業を上回っている[1]。先進諸国での三次産業就業者比率の推移を概括すれば，商業が大きく伸びる第2段階で5割を超え，サービス業が製造業を上回る第3段階で6割を超え，さらに公共サービスが製造業を上回る第4段階では7割を超えている。そして対企業サービスが製造業を上回っている米・英では，三次産業比率は8割を超えている。

20 第Ⅰ部 現代資本主義におけるサービス産業の拡大

表1-2 日本の三次産業就業者数構成比 (単位：%)

	1950年	1970年	1990年	2000年	2015年
就業者数 (万人)	3,563	5,220	6,168	6,303	6,376
一次産業	48.3	19.3	7.1	5.1	3.5
二次産業	21.7	33.9	33.0	29.2	23.5
(製造業)	(15.7)	(25.9)	(23.4)	(19.0)	(15.6)
三次産業	30.0	46.8	59.9	65.7	73.0
商業 (飲食店含む)	11.1	19.3	22.4	22.9	21.4
運輸・通信・公益事業	5.1	6.7	6.5	6.6	6.3
金融・保険・不動産業	1.0	2.7	4.8	4.5	4.2
サービス業	8.8	14.8	22.5	27.0	36.0
対個人サービス	3.7	4.5	5.5	5.9	5.9
対企業サービス	1.2	4.1	7.5	9.6	13.1
(専門サービス)	(0.5)	(1.8)	(3.8)	(4.7)	(5.8)
(その他)	(0.7)	(2.3)	(3.8)	(5.0)	(7.3)
公共サービス	3.9	6.2	9.5	11.5	17.0
公務・不明	4.0	3.3	3.7	4.6	5.1

出所)「国勢調査」による。2015年は「労働力調査」。

2 日本でのサービス産業の拡大

表1-2は日本の産業別就業者数構成比の推移をみたものである。戦前の1930年，戦後の1950年はいずれも一次産業が5割，二次産業2割，三次産業3割であり，50年代後半からの高度成長によって70年には二次産業は34%，うち製造業は26%まで高まり，70年代半ばには三次産業が5割を超えた。工業化による高度成長で運輸・通信・公益事業のウェイトは1950年5%から70年7%弱へ高まり，これ以降は横ばいとなる。工業化が達成され大衆消費社会が実現された1970年代には商業部門 (飲食業含む) が2割を超え，80年以降はそのウェイトは一定となる。1980年代にはビデオレンタル，カラオケボックス，リネンサプライ，ゲームソフト，テーマパーク，フィットネスクラブ，エステティックサロンなど消費者向けニューサービスが出そろい製造業の比重低下が始まり，90年代初めにはサービス業が商業さらに製造業を上回る。これ以降は海外移転による製造業の縮小とサービス業の急拡大が対照的となり，2010年にはサービス業就業者は製造業の2倍を超えた。

サービス業のうち対個人サービスは90年代初めまで成長を続け，その後は公共サービスが1990年587万人から2015年1082万人へ大きく伸びるが，主要

先進諸国でそのウェイトは2割以上となっているのに対し，わが国では2015年でも17.0%にとどまっており，さらにそれを教育・医療・福祉に限定すれば15.7%にとどまる。ただし2013年には公共サービスが製造業を上回っている。公共サービスのなかで最大の成長分野は老人福祉・介護であり，2014年「経済センサス」では230万人を超えている。なお，日本でも低成長・グローバル化への対応として対企業サービスが1990年465万人から2015年835万人へ大きく伸びているが，そのうち労働集約型・低生産性・低賃金の代行型サービスの伸びが大である。わが国でも1980年代のバブル期には法務・会計・建築士など専門的サービスの拡大がみられたのであるが，90年代以降は停滞している。1950年代以降60年間に及ぶわが国サービス産業の変遷については，飯盛『日本経済の再生とサービス産業』(2014年，青木書店)でまとめた。

　わが国の対個人サービス就業者は1970年236万人 (4.5%) から95年378万人 (5.9%) に増加したが，その後は2015年378万人 (5.9%) と横ばいである。これは90年代半ばからの低成長による家計消費停滞の結果である。「家計調査」では2人以上全世帯平均の年間家計消費支出は1993年402.3万円から2014年349.4万円へマイナス13%となった。世帯数の増加によってマクロ次元でみた家計消費支出総額は1995年264.8兆円から2014年284.0兆円と微増にとどまる。表1-3は費目別支出額の推移を「産業連関表」でみたものである。この間に医療・福祉・介護への支出は6.5兆円から11.4兆円へ，電気・通信への支出が4.1兆円から6.9兆円へ増加し，両者で7.7兆円の支出増となった。家計消費停滞が続くなか，この二つの費目での支出急増により余暇関連の娯楽・宿泊業への支出は16.6兆円から10.5兆円へ6.1兆円もおちこんだ。生活関連サービスへの支出は9.7兆円から12.7兆円へ3.0兆円増加した。これは代行運転，葬儀業，ペット病院などニューサービスの利用増による。家計消費は生活関連と余暇関連を合計した対個人サービスでは3.1兆円の減少となった。この結果わが国の対個人サービス就業者は90年代半ば以降横ばいとなった。これに対し米国では1990年代以降も家計消費が増加をたどっており，対個人サービス就業者は90年601万人 (5.1%) から2015年788万人 (5.3%) に増加した。なお，家計によるサービス購入は企業関連業種にも及ぶが，わが国ではソフトウェア，法務，建物サービス，警備などで家計による購入増加がみられ，自動車・機械修理へ

22 第Ⅰ部 現代資本主義におけるサービス産業の拡大

表 1-3 産業連関表でみた家計のサービス購入額の
推移（年間） （単位：兆円）

	1995 年	2005 年	2014 年
生活関連サービス	9.68	13.19	12.67
娯楽・宿泊	16.61	13.77	10.50
教育	5.67	6.03	5.56
医療・福祉・介護	6.53	9.20	11.44
宗教・各種団体	2.34	2.46	2.20
廃棄物処理	0.25	0.24	0.22
放送・情報サービス	1.43	2.45	2.15
映像音声文字情報	1.33	1.43	0.89
自動車・機械修理	2.90	3.00	2.71
その他事業サービス	0.44	0.89	0.73
電気・通信	4.10	6.88	6.90
運輸サービス	14.78	14.79	11.77
家計消費支出計	264.83	274.86	283.96
うち帰属家賃		45.64	48.53

出所）各年「産業連関表」より作成。2014 年は「延長表」。
注）生活関連サービスは旅行，獣医含む。

の支出はほぼ一定である。

3　サービス産業雇用の日米間のちがい

　2015 年の就業人口に占めるサービス業の割合は，日本 36.0％，米国 43.4％で
あるが，その機能別内訳をみると，対個人サービスは日本 5.9％，米国 5.2％，
対企業サービスは日本 13.1％，米国 14.0％，公共サービスが日本 17.0％，米国
24.1％である。大きなちがいは公共サービスの比率であり，他の先進諸国では
2 割を超えているのに，日本はイタリアとともに低くなっている。また，対企
業サービスを高度な専門的サービスとその他に区分すれば，専門的サービスは
米国 8.0％，日本 5.8％，その他は米国 6.0％，日本 7.3％で，日本は専門的サー
ビスよりも代行型・単純労働型が多くなっている。表 1-1，表 1-2 でみたよう
に，米国では専門的サービスが 1990 年 4.4％から 2000 年 6.2％，2015 年 8.0％へ
急上昇したのに対し，日本では逆に代行型が順に 3.8％，5.0％，7.3％と急上昇
した。対企業サービスの拡大は米国では産業活動高度化に貢献する専門的サー
ビスを中心に進み，日本では逆に受け身のコスト削減型・代行型サービスを中

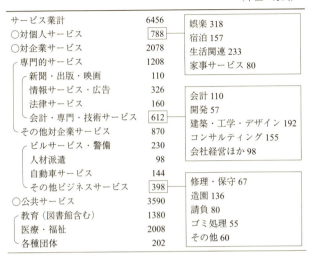

表1-4 アメリカのサービス業 2015年の就業者数

出所) *Employment and Earnings* による。

心にすすんだ。

　具体的に表1-4をみると，米国の専門的サービス1208万人のうち最大のものは会計・専門・技術サービス（旧分類，工学・経営サービス）612万人で，その内訳は建築・工学・デザイン192万人，コンサルティング155万人，会計110万人，開発57万人，会社経営（持株会社）ほか98万人などである。これらは1990年217万人の3倍弱に急増した。他の専門的サービスは，法律サービス160万人，情報サービス・広告326万人，新聞・出版・映画110万人である。これに対し表1-5をみると，日本の専門的サービス372万人のうち技術サービス（計量・検査・設計他）と専門サービス（法務・会計・コンサルティング・デザインほか）は171万人にとどまる。日本で1990年代以降急増した対企業サービスは人材派遣・ビルメンテナンス・警備・各種請負など代行型・単純労働型の「その他事業サービス」である。これは1990年の「国勢調査」129万人から2015年の同調査で381万人に3倍弱に急増している。公共サービスを除くサービス産業のなかで2000年から2015年に就業者増加が最大であったのは，米国ではコンサルティング（102万人→155万人，53万人増）であるが，日本では労

24 　第 I 部　現代資本主義におけるサービス産業の拡大

表1-5　日本のサービス業 2015年の就業者数 (単位：万人)

サービス業計	2295	
○対個人サービス	378	洗濯・理美容・浴場 113
○対企業サービス	835	その他生活関連 46
専門的サービス	372	娯楽 70
映像・音声・文字情報制作	30	宿泊 54
情報サービス・広告・放送	171	学習支援 95
専門・技術サービス	171	技術サービス 90
その他対企業サービス	463	専門サービス 81
自動車・機械修理	55	
協同組合	27	人材派遣 145
その他事業サービス	381	その他 236
○公共サービス	1082	
教育・研究	225	
医療・福祉・介護	774	
各種団体, 廃棄物処理	83	

出所)「労働力調査」による。

注)「2012年 就業構造基本調査」で詳しくみれば, 専門サービスでは法
務会計42万人, デザイン10万人, コンサル13万人, 技術サービス
では土木建築サービス46万人, 機械設計14万人, 計量検査8万人,
その他事業サービス・その他ではビルメンテナンス88万人, 警備業
42万人となっている。

働者派遣業 (37万人→145万人, 108万人増) が最大の増加であった[2]。「労働力調査」では, 2013年から派遣労働者は派遣先産業の就業者として集計されているが, 本章では時系列での比較のため以前と同じく派遣業の就業者に含めている。

　米国で急増した対企業サービスは高生産性の専門的サービスが中心である。一般にはサービス部門は低生産性であることから, サービス部門のウェイト上昇は成長率を低下させる (ボーモル効果) といわれてきたのであるが, 近年の米国での推移はこれとは異なるものである。なお, 日・米ともにサービス産業は以前は大分類「サービス業」として一括されていたが, 現在では多数の大分類に分割されている。日本の現在の大分類では, G情報通信, L学術研究・専門技術サービス, M宿泊飲食業, N生活関連サービス・娯楽, O教育・学習支援, P医療福祉, Q複合サービス, R他に分類されないサービスのうち, Gに属する通信業とMに属する飲食業を除いたものが「サービス業」に該当するものである。

米国の大分類では，51. 情報業，54. 専門サービス・科学技術サービス，55. 会社経営，56. ビジネス・サービス，61. 教育，62. 医療保健・社会事業，71. 娯楽，72. 飲食宿泊，81. その他サービスのうち，51 に属する通信業と 72 に含まれる飲食業を除いたものが「サービス業」に該当する。そして日・米ともにサービス業に含まれていた物品賃貸業は金融へ，製造業に含まれていた新聞出版は情報業（サービス業の一部）に移されている。新聞出版・映画・芸術・放送など創造的文化を担うコンテンツ産業，クリエイティブ産業も成長型サービス産業として注目すべきである[3]。国連貿易開発会議『クリエイティブ経済』(明石芳彦他訳，2014年，ナカニシヤ出版) が参考となる。

第2節　経済成長とサービス産業の拡大

1　低生産性にとどまるわが国のサービス産業

わが国実質 GDP の伸びを産業別にみると，高度成長終了後の1970・80年代でも製造業の伸び率がサービス業を大きく上回っており，産業空洞化・海外移転が進んだ90年代に至って，初めてサービス業の伸び率が製造業を上回る。だが，サービス業の生産額が製造業を上回るのは1990年代後半になってからであり，また2001年から2008年までは輸出急増により製造業の伸び率がサービス業を上回っている。これ以降は世界同時不況と東日本大震災により製造業は縮小し，サービス業も横ばいとなる。2001年以降のサービス業の推移を実質 GDP ベースでみると表 1-6 のとおりで，対個人サービスは横ばい，対事業所サービスは製造業が伸びた2008年までは大きく伸びたが，それ以降は減少した。大きく伸び続けたのは公共サービスのみである。2014年の対事業所サービスは GDP の9.8％で製造業20.3％の5割にとどまっている。

1970・80年代まで日本の成長率が米国を上回っていたのは，日本の製造業が大きく伸びていたからである。1990年代以降は米国の成長率が日本の成長率を上回っているが，これは米国で1990年代は金融が大きく伸び2000年代以降は高生産性の対企業サービスが大きく伸びたことによる。1990年代以降はわが国でもサービス業の生産額が製造業を上回るが，わが国のサービス業は低生産性部門が中心であり，経済成長をリードする力はない。わが国のサービス

26　第 I 部　現代資本主義におけるサービス産業の拡大

表1-6　日本・実質GDPの産業別推移（2005年価格）

（単位：兆円）

	2000年	2008年	2014年
GDP	478.2	524.3	538.2
製造業	95.9	110.9	109.0
サービス業	118.2	135.0	135.8
他個人サービス	33.4	31.6	30.4
対事業所サービス	41.4	55.0	52.5
公共サービス	43.4	48.4	52.9

出所）「国民経済計算年報」による。
注）1　公共サービスは政府，民間非営利含む。
　　2　対事業所サービスは情報・放送業含む。
　　3　対個人サービスは飲食店含む。

産業の労働生産性は1990年代以降，全産業の6割台で推移している。1990年代以降専門的対企業サービスの急拡大によってサービス産業の生産性が大きく上昇した米国とは対照的である。

　サービス産業の成長を支えたのは，産業活動における外部サービス利用の増加と家計におけるサービス消費の増加である。わが国の場合，産業活動での外部サービス利用は派遣・代行業など人件費削減目的のものが多かったことはすでにみた。産業活動と家計からの需要の増加によってサービス産業の産出額は増加してきたのであるが，就業者数＝産出額÷労働生産性　であるから，わが国サービス産業の雇用はその生産性（1人当たり産出額）の低さの結果として，他の産業よりも大きく伸びることとなった。「国民経済計算年報」によれば，わが国サービス業（飲食業含む）のGDPでの比率は1970年12.8％から2014年25.2％に上昇したが，この間に就業者数でのその比率は17.9％から39.9％に上昇しており，サービス業の労働生産性は全産業の72％から名目69％，実質63％の水準へ低下したことになる。

　わが国のサービス産業での雇用拡大は低生産性・低賃金の結果であるところ大であり，通産省『21世紀の産業構造』(1994年)，経済産業省『新経済成長戦略』(2006年)などの将来展望でもサービス産業は低生産性の状態で大量の雇用吸収を担うものとされている。このことは飯盛『構造改革とサービス産業』(2007年，青木書店)で強調した。わが国サービス産業が低生産性のままであるのは高生産性の専門・技術サービスが伸びていないことによる。1990年代以降

わが国経済の長期停滞の背景には，人材育成関連無形資産投資の低調さによる全要素生産性の停滞があったことは，2013年版の『通商白書』でも指摘されている。

2　米国はサービス産業リード型へ

米国の実質GDPの伸びを産業別にみると，1970年代までは製造業主導であったが，80年代には製造業主導ではなくなり，90年代には金融主導への転換がみられる。表1-7をみると2000年から2014年に実質GDP（2009年価格）は12.56兆ドルから16.09兆ドルへ1.28倍となったが，その増加額3.53兆ドルの産業別内訳は，サービス32％（1.15兆ドル増加，3.21兆ドル→4.36兆ドル），金融・保険・不動産23％（0.87兆ドル増加，2.32兆ドル→3.20兆ドル），製造業12％（0.32兆ドル増加，1.60兆ドル→1.92兆ドル）であり，サービス産業主導型への転換が明瞭となった。とりわけ，サービス業のなかでも対企業サービスでの増加が22％（0.59兆ドル増，1.44兆ドル→2.03兆ドル）を占めている。対企業サービスのうち情報，専門・技術サービスなど高生産性の専門的サービスの産出額は2000年1.31兆ドルから2014年1.91兆ドルへ0.60兆ドル増加しており，これは製造業の増加を上回っている。それは2008-09年の世界同時不況以降も大きく伸びている。米国経済は21世紀には，高生産性・専門的サービスの急成長がリードする段階になったといえる。米国では1990年代には金融主導を支える金融工学が登場し，2000年以降は専門的サービスの拡大を支えるサービス工学が登場した。このことについては飯盛『日本経済の再生とサービス産業』（前掲）4章で概括している。

米国では対企業サービスの拡大が始まった1970・80年代には人件費削減を担う代行型の低賃金・低生産性の分野が急増したのであるが，90年代以降は高生産性の専門的サービスが大きく伸びた。情報業，専門・技術サービス，会社経営（持株会社）からなる米国の専門的サービスは2013年にGDPの11.5％，就業者数の8.0％を占めており，労働生産性は全産業の1.4倍強となる。米国サービス産業（医療・福祉・教育除く）は1990年にはGDPの11.0％，就業者の14.9％を占め，労働生産性は全産業の74％にとどまっていた。2000年のそれはGDPの14.1％，就業者の16.4％となり，労働生産性は全産業の86％に高ま

28　第Ⅰ部　現代資本主義におけるサービス産業の拡大

表1-7　アメリカ・実質GDPの産業別推移

	（1972年価格）			（1987年価格）			（1996年価格）		
	1960年		1980年	1980年		1990年	1990年		2000年
全産業	737	+737	1474	3776	+1121	4897	6708	+2516	9224
製造業	172	(+179)	351	725	+204	929	1102	+493	1595
金融・保険・不動産	103	+135	238	693	+175	868	1251	(+559)	1810
サービス	84	+105	189	609	+260	869	1362	+503	1865

うち専門的サービス
┌ 情報（通信除く）
│ 専門・技術サービス
└ 会社経営

出所）*Statistical Abstract of the United States* による。

った。さらに2014年にはGDPの17.7％, 就業者の19.5％を占め, 労働生産性は全産業の91％の水準に高まった。サービス部門の生産性向上では高付加価値化・高品質化が強調されるべきであり, これによって低賃金・低所得状態の改善も可能となる。質の向上抜きに効率化のみが強調されると人員削減がすすみ, サービス産業の雇用吸収力が衰えて失業者が増えることとなる。サービス・イノベーションの実践例も検討した木下栄蔵編『サービスサイエンスの理論と実践』(2011年, 近代科学社) ではこの懸念が指摘されている。

3　対企業サービスの産業連関──日米比較

　日本と米国のサービス産業のちがいは, 産業活動の高度化・競争力を支える専門的サービスのウェイトの格差にある。経済産業省作成「2005年 日米国際産業連関表」54部門表では, 対企業サービスは広告・情報サービス, 修理, その他事業サービスからなる。その他事業サービスはビルメンテナンス, 警備, 派遣ほかを除けば専門・技術サービスの分野である。米国の国内生産額22.35兆ドルのうち広告・情報サービスは0.79兆ドルで3.6％, その他事業サービスは1.49兆ドルで6.8％を占めている。これに対し, 日本の国内生産額8.27兆ドルのうち広告・情報サービスは0.25兆ドルで3.0％, その他事業サービスは0.27兆ドルで3.2％にとどまっており, 米国の企業関連専門的サービスの国民経済に占めるウェイトはわが国よりもはるかに大である。

　そしてこれら専門的サービスの輸出額は, 広告・情報サービスで米国230億

（単位：10億ドル）

（2009年価格）		
2000年		2014年
12560	+3526	16086
1603	+321	1924
2323	+874	3197
3208	+1148	4356
1306	+600	1905
215		428
818		1133
273		344

ドルに対して日本は20億ドルと10倍以上の格差があり，その他事業サービスで米国1050億ドル・日本30億ドルと30倍以上の格差がある。また，米国では広告・情報サービスの輸出額は輸入額の5倍，その他事業サービスの輸出額は輸入額の10倍を超える。日本ではいずれも輸入が輸出の倍以上であり，輸入の半分近くは米国からである。米国では主要産業における専門的サービスの外注化が大きく進展したと同時に，その輸出競争力も圧倒的であり多国籍企業のグローバル展開を支えるものとなっている。

なお，ドイツでも2000年以降，ソフトウェア，法務会計，開発，コンサルティングなど専門・技術サービスの拡大が著しく，その輸出も急増している。

「2005年 日米国際産業連関表」によれば，全産業による外部サービス購入額すなわちサービス投入額は米国2.82兆ドル，日本0.85兆ドルであり，サービス投入額を国内生産額で除したサービス投入率は米国12.8％，日本10.3％となる。このサービス投入率は1985年表では米国8.8％，日本6.2％，1995年表では米国10.0％，日本8.5％と米国が高くなっている。米国のサービス投入率は1985年8.8％，95年10.0％，2005年12.8％へ上昇した。わが国のサービス投入率も上昇はしているが米国とは差がある。米国では1980年代以降，主要産業での外部サービス利用（外注化）が増大し，これがまず対企業サービスの急増をもたらし，これに続いて多国籍企業のグローバル展開を支える高度な専門的サービスが急増したのである。

第3節　サービス産業の生産性・賃金・非正規雇用

1　専門・技術サービスの外注化──日米比較

　米国では専門的サービスのウェイトが高く，その生産性も高い。これに対して日本では専門的サービスのウェイトが低く，しかも高生産性の専門サービスは限定される。2011年「産業連関表」から産出すれば，全産業の労働生産性は付加価値額（粗付加価値−資本減耗引当）377兆円÷従業者数6657万人＝566万

円となるが，専門的サービスのうち高生産性であるのは放送，広告，映像・音声・文字情報に限定される。放送業は全産業の2倍以上と高く，広告，映像・音声・文字情報も1.5倍以上であり，情報サービスも平均をいくぶん上回る。だが，法務・財務・会計，土木・建築サービス，その他対事業所サービスは全産業平均を下回る。対個人サービスと代行型対企業サービスは，日・米ともに低生産性・低賃金である。対企業サービスのうち専門的サービスについては米国が高生産性・高賃金であるのに対して，日本では高生産性であるのは放送，広告，映像・音声・文字情報に限定され，高賃金であるのは放送・新聞のみである。

　米国ではコンピュータ・サービス，研究開発の賃金は平均の2倍と高く，法律，建築工学サービス，コンサルティングも1.5倍と高い(*Employment and Earnings*)。米国では1990年代以降，ソフトウェア，特許，ライセンス，コンサルティング，法務・会計，設計など専門・技術サービスの急成長が多国籍企業の展開を支え，これら先端的サービスで米国は圧倒的な競争力をもつ。サスキア・サッセン『グローバル・シティ』(2001年[1991年]；伊豫谷登志翁監訳，2008年，筑摩書房)はこのことを解明し，関下稔『21世紀の多国籍企業』(2012年，文眞堂)によれば，製造機能を新興諸国へ移転させた米国多国籍企業は，これら高度な専門的サービスに支えられた「知識集積体」に転化している。これら専門・技術サービスは米国では大企業(多国籍企業子会社含む)が中心であり，それゆえ高生産性・高賃金であるが，日本では小企業が中心であり，大企業型は放送，情報サービス，映画制作，広告，新聞に限られる。

　対企業サービスの拡大は産業活動における外部サービス利用の増加によって生じたのであるが，日本では法務・会計コンサルティング，研究・開発など高度な専門・技術サービスの外注化はすすまなかった。主要産業内部で雇用されていた専門職・サービス職の仕事の外注化によって対企業サービスが成長したことは，「産業連関表 雇用表」の職業×産業マトリクスでみることができる。表1-8によれば，企業関連サービス産業で働く人の割合は1975年から2011年の36年間に，情報技術者で22％から72％へ，清掃員で17％から56％へ急増し，建築技術者で3％から29％へ，土木技術者で12％から28％へ，製図工で18％から2005年には37％へ増加した。警備員でも1980年40％から2011年

表 1-8 専門職・サービス職従業者の産業別構成

（単位：千人）

		全産業	対事業所サービス
建築技術者	1975 年	99	3（ 3%）
	2011 年	180	52（29%）
土木技術者	1975 年	140	17（12%）
	2011 年	245	69（28%）
情報技術者	1975 年	66	14（22%）
	2011 年	1080	777（72%）
警備員	1980 年	198	80（40%）
	2011 年	372	286（77%）
清掃員	1975 年	231	38（17%）
	2011 年	1118	626（56%）
製図工	1975 年	268	48（18%）
	2005 年	357	133（37%）

出所)「産業連関表」職業×産業マトリクスによる。

77%へ急増した。これは，もともと主要産業内部にあったこれらの仕事が外注化されて情報サービス，ビルメンテナンス，土木・建築サービス，機械設計，警備という企業関連サービス産業へと移動していったことを示している。労働者派遣業もまた2015年には145万人にまで増加しており，その派遣先産業の第1位は製造業39万人である。

2　サービス産業の賃金と非正規雇用

民間サービス産業は，生活関連・余暇関連のほとんどは低賃金分野，企業関連は単純労働型の低賃金分野と専門性が強い高賃金・平均的分野に両極化している。2011年「産業連関表 雇用表」によれば，全産業計・常用雇用者1人当たり年間賃金は376万円である。生活関連・余暇関連サービス従業者370万人のほとんどは300万円未満の低賃金であり，平均を超えるのは競輪・競馬と興行（劇団，球団ほか），旅行業，各種修理（楽器修理，表装ほか），獣医で，これら5業種の従業者は30万人にとどまる。企業関連サービスでは，放送は800万円台，新聞も600万円台と高賃金で，広告，機械修理，情報サービスは500万円台，映画・ビデオ制作，出版，法務・財務・会計，土木・建築サービス，その他事業所サービスは400万円台と平均を上回る。他方で，警備，派遣労働は

300万円台，建物サービス，自動車整備は200万円台と低賃金である。

　企業関連サービス従業者730万人のうち全産業平均賃金を上回る業種の従業者は56％，408万人にとどまり，平均以下4業種従業者が44％，322万人である。公共サービス従業者945万人では，教育と研究機関が600万円台，保健と社会保険も500万円台と比較的高く，医療，各種団体，廃棄物処理も400万円台と平均を上回るが，保育所等の社会福祉は300万円台，介護200万円台と低い。公共サービスで低賃金2業種の従業者は257万人である。年間賃金300万円台以下の低賃金業種の従業者はサービス業従業者2046万人の45％，920万人に及ぶのであるが，これらはパート・アルバイトなど非正規雇用の比率が高い分野でもある。

　「就業構造基本調査」によれば，非正規雇用者比率は1982年16.9％から92年21.7％，2002年31.9％に上昇し，2015年「労働力調査」では37.4％にたっしている。2000万人近くにのぼる非正規雇用者の4割強はサービス業に属し，3割強が商業・飲食業に属する。サービス業のなかでも娯楽業，学習支援，ビルメンテナンスでは6割以上が，宿泊，洗濯・理美容・浴場，生活関連サービス，介護では5割以上が非正規である。このなかでも時間帯・曜日による繁閑の差が大きい娯楽業，学習支援業では外食チェーン，コンビニエンスストアと並んで学生・若年フリーターのアルバイトが多い。

　なお，1990年代以降に賃金低下が著しいのは，労働者派遣（1990年404万円→2011年306万円），遊戯場（422万円→278万円），個人教授所（427万円→200万円），その他の対個人サービス（511万円→343万円）である（これらは「産業連関表 雇用表」による）。派遣労働の賃金低下は，当初は専門職種に限定されていたものがそれ以外の職種にまで拡大されたことによる。パチンコ店など遊戯場では市場の縮小が人件費削減・パート比率上昇をもたらした。学習塾，教養・健康教室からなる個人教授所はもともと自営業が多かったが，企業化・チェーン化の進展でパート・アルバイト中心の業界となった。そのうち健康スポーツ教室は高齢者対象の成長分野であり，2014年の「経済センサス」では従業者16万人にたっした。その他の対個人サービスは，かつては結婚相談，占いなどの分野であったが，代行運転などアルバイト依存の業種が登場したことで賃金低下となった。1990年代以降，サービス産業で賃金上昇が認められ

第1章　サービス産業の拡大と雇用　**33**

るのは情報サービス（436万円→526万円）であり，これはSEなど高度な職種
のウェイトが高まったことによる。

第4節　サービス産業の自営業とオフショアリング

1　サービス産業の自営業

　2015年「労働力調査」による自営業主・家族従業者は705万人で就業者の
11.1％であるが，この自営業層はサービス業が215万人と最大であり，農林漁
業167万人，商業・飲食業146万人，建設92万人がそれに続く。サービス業の
なかでも，自営業は対個人サービス58万人，専門・技術サービス・学習支援
71万人，診療所療術業32万人，その他事業サービス業43万人が多い。サービ
ス業での小経営の存立基盤は専門性，地域市場，下請業務にある。生活関連サ
ービスでは地域市場が，専門的サービスでは専門性が，対企業サービスでは下
請業務が，小経営の存立基盤となっている。1960・70年代に都市型自営業の
代表であった町工場と零細小売店は輸出産業の下請動員と大量消費の販売網と
して増加をたどったのであるが，80年代になると大型店進出，新興工業国と
の競争激化によりこれらは縮小に転じ，サービス業とりわけ専門サービスの分
野で自営業が増加したのであるが，90年代以降はこれも横ばいとなった[4]。

　わが国のサービス業の自営業層は，1980年213万人から90年252万人へ増加
したのち減少に転じ，2015年は215万人となった。だが，そのなかで2000年
以降は対事業所サービスと専門サービスで雇無業主の自営業，すなわち雇用者
がいない業主ひとりの自営業が増加していることに注目すべきである。その他
の事業サービス（派遣業除く）就業者は2000年176万人から2015年236万人へ
増加したが，そのうち雇無業主が20万人から27万人へ増加した（「国勢調査」「労
働力調査」）。また，専門技術サービス就業者は149万人から171万人へ増加した
が，そのうち雇無業主が26万人から31万人へ増加した。その他の事業サービ
スのなかで雇無業主の増加がみられたのは，プラント洗浄，ディスプレイ，集
金取立，メーリングサービス，各種請負など新興業種が集中する「他に分類さ
れない事業サービス」である。専門・技術サービスのなかでもそうであるのは
コンサルティング，デザイン，アート，通訳など新興業種が集中する「その他

34　第Ⅰ部　現代資本主義におけるサービス産業の拡大

専門サービス」である。

　サービス産業のなかのこれら新興業種で個人請負の増加がみられることに注目すべきである。その他事業サービスでの個人請負化については不安定就業の新たなタイプとみなせるものである。専門サービスでの自営業増加は在宅ワーカー（SOHO）という形での自立化とみられるものもある。その実態については中小企業庁『小規模企業白書』の2015年・2016年版で詳細な検討がみられる。1980年代以降の米国では経営再建のためリストラされた専門職・管理職が開業した会計，コンサルティング，コンピュータ・サービスなど専門的サービスの小企業・自営業が増加した。米国のサービス業自営業者（家族従業者含む）は *Employmemt and Earnings* によれば，1970年214万人から98年432万人へまで増加した。これらは地域市場を基盤とする小経営であったが，他方では多国籍企業の展開を支える高賃金・大企業型の専門的サービスも大きく成長し，後者が主流となるに至り，米国サービス産業の生産性を引き上げたのである。

2　サービス・オフショアリング

　米国では2001年のITバブル崩壊後，ソフトウェア開発，会計，設計などでインドのほか海外への外注，サービス・オフショアリングが増加した。これはコスト削減を目的としたものであり，専門職・技術職の雇用を脅かすものとなった。わが国でもオフショア・アウトソーシングが情報サービス，アニメ制作，コールセンターなどで中国を中心にすすんでいるが，その絶対額はまだ小さい。冨浦英一氏は，サービス・オフショアリングはわが国企業によって広く活用されている状況にまでは至っていない，とされている[5]。東洋経済『海外進出企業総覧』（2015年版）によれば，労働力利用を目的とした海外進出企業の割合は情報業で14％，派遣・業務請負で13％，その他サービスで8％を占める。サービスの海外調達がすすんでいるのは情報サービス，その他の事業サービスであり，2011年の「産業連関表」によればその輸入額はそれぞれ5000億円，8000億円となっている。その他事業サービスには，コールセンター，テレマーケティング，ディスプレイなどが含まれる。

　中小企業基盤整備機構『日本の中小・ベンチャー企業のサービスモデル革新に向けて』（2009年）で具体的事例をみると，ソフトウェア開発では，詳細設

計・コーディングの部分のオフショアリングが大企業を中心に中国，ベトナム，シンガポール，インドへと拡がっている。アニメ制作は映画会社・テレビ局を頂点とする重層的な下請構造を特徴とし，その制作会社・下請企業は主に動画の制作工程を中国，ベトナム，韓国に委託している。学習塾，宿泊・旅行，結婚式場，老人ホーム，駐車場，クリーニング，警備などでもアジア中心に海外進出がすすんでいるが，これらは現地市場の開拓・需要の取り込みを目的としたものである。

注

1）　飯盛信男「サービス産業拡大の国際比較と日本の特徴」(『経済』2014年11月号) を参照。

2）　サービス産業の日米間比較については，飯盛『規制緩和とサービス産業』(1998年，新日本出版社) 5, 6章，同『経済再生とサービス産業』(2001年，九州大学出版会) 5, 7章，同『サービス産業』(2004年，新日本出版社) 5, 9章でも論じた。これらでは，近年，米国での自営サービス業増加についても論じている。

3）　産業分類では映像・音声・文字情報制作，放送，興行などに含まれるクリエティブ産業の理論的検討は，飯盛『生産的労働の理論』(1977年，青木書店)，同『生産的労働と第三次産業』(1978年，青木書店)，同『サービス経済論序説』(1985年，九州大学出版会)，同『サービス産業論の課題』(1993年，同文舘) で示している。

4）　都市型自営業層の1960年代以降の展開については，飯盛『平成不況とサービス産業』(1995年，青木書店) 5章を参照。

5）　冨浦英一「グローバル化とわが国の国内雇用──貿易，海外生産，アウトソーシング」(『日本労働研究雑誌』No. 623，2012年6月号)。

第2章　日本経済長期停滞のなかのサービス産業拡大
——非正規雇用増大と公共サービスの産業化——

　日本経済はすでに巨大な生産力をもつ成熟段階に達しており，成長優先策は過剰生産・失業と非正規雇用増加，賃金低下をもたらしている。成長至上主義から脱却し，健康・文化・環境など国民生活の質向上に重点を置くべきであり，これによって安定雇用と内需が拡大され経済社会の安定がもたらされる。物質的生産力が十分に高まった段階以降には，人間そのものの成長が自己目的となる真の人間的な社会が始まるというのが，マルクスの未来社会論である。人間それじたいの成長を担うのはサービス部門であるが，現実にはそれは，低賃金・不安定雇用の拡大と営利追求の手段へと転化されている。『経済』誌 (新日本出版社) でも，医療・福祉の産業化，社会教育の民営化，学習塾・外食チェーンでのブラックバイト，カジノ合法化などが個別に論じられてきた。本章の課題は，サービス部門のなかで生じている諸問題を，非正規・低賃金雇用増大，民間産業化を中心に，日本経済の全体像と転換のなかに位置づけて検討することである。

第1節　日本経済長期停滞のなかでのサービス産業

1　残された成長分野であるサービス部門

　わが国の第三次産業就業者は1970年代半ばに5割を超え，1990年代初めに6割，2010年には7割を超えた。三次産業のうち生産補助部門である運輸・通信・公益事業は工業化が進展した1950年代・60年代にウェイトを高め，工業化が達成され大衆消費社会となった70年代・80年代には物財の売買を担う商業がウェイトを高めた。それ以降この二つの分野のウェイトは一定である。1990年代以降になると工業生産はピークにたっし，製造業は海外移転のなか縮小を続け，サービスそのものを供給するサービス業が唯一の成長分野となる。

38　第Ⅰ部　現代資本主義におけるサービス産業の拡大

表2-1　三次産業・サービス業の就業者比率　　　（単位：％）

	1970年	1980年	1990年	2000年	2015年
製造業	25.8	23.5	23.4	19.1	15.6
三次産業	46.8	55.8	59.9	65.0	73.0
サービス産業	14.8	18.6	22.5	27.7	36.0
他の三次産業	32.0	37.2	37.4	37.3	37.0

出所）「国勢調査」による。2015年は「労働力調査」。

　金融・保険・不動産業は1980年代に肥大化がすすんだが，バブル崩壊とともに横ばいとなる。また，建設業は不況対策・公共事業拡大により1990年代にはかなり増加したのであるが，それ以降は構造改革の対象とされ縮小した。

　長期不況過程の1990年代以降，増加を続けているのはサービス業のみであり，その就業者比率は90年23％，2000年28％，2015年36％へ上昇した。三次産業比率は90年60％，2000年65％，2015年73％であり，これからサービス業を控除した運輸・通信・公益事業，商業，金融・保険・不動産，公務の比率はこの間ほぼ一定である。1990年代以降の三次産業比率上昇はサービス業比率上昇によるものである。サービス業就業者数は1990年代前半に製造業を超え，2010年にはその2倍となった（表2-1）。サービス産業は以前は大分類・サービス業として一括されていたが，現在ではG.情報通信，L.研究・専門技術サービス，M.宿泊飲食業，N.生活関連・娯楽サービス，O.教育・学習支援，P.医療福祉，Q.複合サービス，R.他に分類されないサービスのうちGに属する通信とMに属する飲食業を除いたものがサービス産業となる。

　本章ではサービス産業の動向を労働力を中心に考察する。毎月実施の「労働力調査」は，2003年から調査対象が10万人に拡充され，産業中分類段階（約100部門）までの就業者数が推計されている。同じく世帯対象で5年ごと実施の「就業構造基本調査」では，2007年から調査対象は100万人へ拡充され，産業小分類段階（約350部門）までの就業者数が推計されるようになった。2006年まで5年ごとに事業所対象で実施されてきた「事業所統計」とそれを引き継ぐ2014年「経済センサス」は事業所対象の全数調査であり，これにより最も詳細な産業別従業者の実態をとらえることができる。労働力は個人・世帯対象調査では就業者となり，事業所・企業対象調査では従業者となる。5年ごとに実施される「国勢調査」も世帯対象の全数調査であるが，最近では仕事の質問で

は無回答が増えており，産業別就業者の分析資料として十分ではなくなっている。

2　戦略的に重要となっているサービス部門

　サービス部門は機能別には，対個人サービス，対企業サービス，公共サービスからなる。人件費削減に貢献する派遣・代行型対企業サービスの拡大と，先進諸国に比してまだ立ち遅れているがゆえに今後大きな市場拡大が期待できる公共サービスの民間市場化は，政府・財界の重要な戦略となっている。わが国のサービス産業が低生産性のままであるのは，低賃金・代行型分野が大きく伸びて，高度な専門サービス・技術サービスが伸びていないことによる。1990年代以降，わが国の経済長期停滞の背景には，安易な人件費削減策に重点を置き，長期的視点からの人材育成関連投資が停滞したことがある。代行型対企業サービスの拡大はむしろこの傾向を強めたのであり，サービス産業には対個人サービス，福祉関連分野も含めて低賃金，非正規雇用が集中している。第一次安倍内閣時代から説かれてきたサービス・イノベーションはかけ声だけで，サービス産業は低生産性のままである。そしてゼロ成長が続くなか，公共サービスとりわけ医療・福祉分野のみが大きく伸びていることから，政府・財界はこの分野の民間市場化・産業化を重要な戦略として掲げている。

　低賃金・不安定雇用の増大をテコとした人件費削減による利潤確保，公共部門の民間市場化（公的支出抑制と国民負担強化）による営利追求領域拡大という財界・政府の戦略において，サービス部門は重要な環となっている。マルクスによる未来社会予測は『資本論』3巻48章において，必然の王国から自由の王国への転換として示されている。物質的生活の条件を十分にみたすまでに生産力が高まる段階までは，物質的生産活動を発展させてゆくことが不可欠であり，人間社会はいまだ「必然の王国」の段階にあるのであるが，これが達成された段階では，自由時間の増大を土台とした人間じしんの能力の発展が自己目的とされる真の人間的な社会すなわち「自由の王国」が始まる，というのがマルクスの未来社会予測である。『経済学批判要綱』(1857〜1858年) でマルクスはこのことを「自由時間論」として詳細に展開している[1]。新自由主義の潮流は工業生産能力過剰化のなかで巨大グローバル企業の成長と支配を続けるために

40　第Ⅰ部　現代資本主義におけるサービス産業の拡大

登場したのであり，それに対抗して成長至上主義から脱却し，健康・文化・環境など生活と社会の質の向上を達成することが人間そのものの成長を目的とする「自由の王国」の実現であり，それを担うのはサービス部門の拡充である。本章の目的はその実現を担うべきサービス部門が搾取の強化と営利追求の手段へと転化されていることへの批判である。

第2節　サービス産業従業者数の推移

1　機能別区分でみた推移

　サービス業従業者数の推移を「事業所統計 経済センサス」でみれば，1981年1063万人から2014年2263万人へ2.13倍，1200万人の増加である（表2-2）。これを機能別に区別すれば，対個人サービスはバブル経済期には余暇関連を中心に大きく伸びたが，90年代以降の不況期には横ばいとなり，とりわけ2000年以降は家計消費支出停滞のなか余暇関連は減少した。1981～2014年33年間の対個人サービス従業者は290万人から410万人へ120万人増加にとどまる。これに対し対企業サービスは1981年281万人から2014年697万人へ416万人増，2.5倍と大きく伸びた。このうち専門的サービスはバブル期に大きく伸びたが，

表2-2　サービス業の従業者数推移　　　　（単位：万人）

	1981年	1991年	2001年	2014年
対個人サービス	290	400	425	410
生活関連	133	159	178	175
余暇関連	157	240	247	235
対企業サービス	281	445	555	697
専門的サービス	129	227	260	299
代行型	152	218	295	399
公共サービス	492	612	779	1156
教育	184	205	215	241
医療・保健	181	242	311	418
福祉・介護	54	71	142	375
研究機関	16	21	28	29
廃棄物処理	18	22	28	33
宗教・各種団体	40	52	55	60
サービス業計	1063	1457	1758	2263

出所）「事業所統計 経済センサス」による。

第2章　日本経済長期停滞のなかのサービス産業拡大　41

表2-3　サービス業の生産額推移　　　　　　　　（単位：兆円）

	1980年	1990年	2000年	2014年
生活関連サービス	4.4	8.3	12.0	14.0
余暇関連サービス	8.2	21.8	23.2	12.5
専門的対企業サービス	8.9	27.4	40.6	47.9
代行型対企業サービス	11.7	24.3	32.7	49.6
公共サービス	31.6	53.4	77.3	110.2
医療・福祉	15.6	26.8	44.0	66.6
教育・研究	10.8	20.0	25.7	33.6
その他	5.1	6.7	76.2	10.0
サービス業計	64.7	135.2	185.8	232.4
全産業	543.4	872.2	958.9	956.7

出所）各種「産業連関表」による。

90年代以降，さらに2000年以降は人件費削減に貢献する代行型の伸びが著しい。さらに公共サービスは1981年492万人から2014年1156万人へ664万人増加，2.4倍に大きく伸びており，このなかでも医療・福祉が235万人から793万人へ558万人増，3.4倍と最大の伸びであり，とりわけ2000年以降の伸びが著しい。

　また「産業連関表」によってサービス業の生産額（売上高）をみると，1980年64.7兆円，90年135.2兆円，2000年185.8兆円，2014年は232.4兆円となっている（表2-3）。全産業に対する比率は11.9％→15.5％→19.3％→24.3％に上昇した。2000年以降における余暇関連サービスの減少，専門的対企業サービスの停滞と対照的な代行型対企業サービスの増加，医療・福祉の大きな伸びは，従業者数の動向と同じである。

2　対個人サービス

　対個人サービスのうち生活関連分野は，1981年133万人から2001年178万人へと一定の増加をみた。これはクリーニング取次店，病院・ホテル対象のリネンサプライ，美容業，冠婚葬祭業などの増加による。だが，これ以降は葬儀業，代行運転等の増加があったが，輸入衣料増加・消耗品化によるクリーニングの減少，デジタル化による写真業減少によって微減となっている（2014年175万人）。余暇関連分野（宿泊，娯楽，学習関連）は1981年157万人から96年266万

人へ大きく伸びたが，その後の家計消費停滞のなかで減少を続け，2014年には235万人になった（表2-2）。

このうち宿泊業は，1981年70万人から96年91万人まで増加したのち減少を続け，2014年は70万人となった。娯楽業は，1981年54万人から96年109万人へ倍増したのち減少を続け，2014年は84万人となった。とりわけゴルフ場は，1981年12万人から96年21万人へ増加ののち減少し2014年は13万人，パチンコ店は，1981年10万人から96年34万人まで急増ののち2014年は25万人へ減少した。1990年代前半まで大きく伸びてその後減少に転じた宿泊業と娯楽業とは対照的に，学習関連の学習塾・個人教授所は90年代以降も大きな伸びを続けている。学習塾は，1981年8万人から2014年36万人へ，教養・健康関連の個人教授所も26万人から45万人へ大きく伸びた。もともと自営業が多かったこの分野では1990年代以降，企業化・チェーン化がすすみ，非正規雇用中心の分野へと転換している。

3 専門的対企業サービス

対企業サービスは，産業活動高度化に資する専門的サービスと，外注化・人件費削減を担う代行型サービスに区分できる。専門的サービスは1981年129万人から2014年299万人へ170万人増，代行型サービスは152万人から399万人へ247万人増であり，代行型サービスの伸びがより大である。専門的サービスは，1991年までの98万人増からそれ以降は72万人増にとどまるが，代行型サービスは，1991年までに66万人増からそれ以降は181万人増と急増した。専門的サービスの順調な伸びがみられたのはバブル時代であり，90年代以降の低成長過程では，人件費削減のための代行型サービスの急増が対企業サービス増加の中心となっている。バブル経済期の専門サービス増加をへて，1991年には専門サービス従業者227万人が代行型サービス218万人を上回ったのであるが，2014年には代行型399万人が専門的サービス299万人を大きく上回っている。

対企業サービスのうち専門的サービスは，情報関連，専門サービス，技術サービスに区分される（表2-4）。情報関連は，1981年51万人から2014年161万人へ110万人増加したが，そのほとんどは情報サービスでの増加（16万人→

第2章　日本経済長期停滞のなかのサービス産業拡大　**43**

表 2-4　専門的対企業サービスの従業者数推移　　　　　（単位：万人）

	1981年	1991年	2001年	2014年
放送業	5	6	7	7
情報サービス（ネット付随を含む）	16	66	85	116
映画・アニメ・レコード・ニュース制作	4	7	9	10
新聞・出版	17	18	17	13
広告	9	16	15	15
情報関連小計	51	113	132	161
法務サービス	6	8	9	13
会計サービス	12	15	16	18
デザイン，芸術・作家	3	5	5	4
経営コンサルタント	15	31	30	15
その他専門サービス	—	—	—	14
専門サービス小計	36	60	60	65
土木・建築サービス	39	51	52	41
商品検査・計量証明	3	4	5	8
機械設計	—		11	11
その他技術サービス	—	—	—	13
技術サービス小計	42	54	68	73
専門的対企業サービス計	129	227	260	299

出所）「事業所統計 経済センサス」による。

116万人，100万人増）である。情報サービスは，1981～91年に50万人増加し，さらに91年以降でも50万人増加した。これに対して専門サービス（法務・会計，デザイン，コンサルティングほか）は1981年36万人から91年60万人へ増加したのちはほぼ横ばいである。また，技術サービス（土木・建築サービス，検査・計量，設計ほか）は，1981年42万人から2014年73万人へいくぶん増加したにとどまる。なお，専門サービスは自営業が多く，事業所対象の「経済センサス」ではその全体をつかむことは困難である。個人対象の2012年「就業構造基本調査」では，その就業者は89万人（法務・会計43万人，デザイン10万人，コンサルティング13万人，不動産鑑定・通訳・コピーライターほか23万人）であるが，その4割は自営業でしかも3割は業主ひとりのオフィスである。「経済センサス」でのその従業者がこの調査での7割ほどであるのはこのためである。

44 第Ⅰ部 現代資本主義におけるサービス産業の拡大

表 2-5 代行型対企業サービス従業者数推移　　　　（単位：万人）

	1981年	1991年	2001年	2014年
協同組合	46	43	39	19
自動車整備	34	33	32	26
機械修理	12	19	22	21
労働者派遣・職業紹介	1	9	45	95
建物サービス	30	52	74	98
警備業	10	19	31	42
他に分類されない事業サービス	19	44	51	98
代行型対企業サービス計	152	218	295	399

出所）「事業所統計 経済センサス」による。

4　代行型対企業サービス

　対企業サービスのうち産業活動高度化を担う専門的サービス以外の代行型サービス従業者は，1981～2014年に2.63倍の大幅増であった（表2-5）。そのうち非営利の協同組合は46万人から19万人へ半分以下に減少，自動車整備業も34万人から26万人へ減少，機械修理は12万人から21万人へ増加した。代行型サービスのうち最大の成長分野は労働者派遣（職業紹介を含む）で94万人増，建物サービスは68万人増（30万人→98万人）であり，警備業も32万人増（10万人→42万人）であった。派遣，ビルメンテナンス，ガードマン会社は人件費削減を担う代行サービスの3大業種である。この3大業種以外にも，入力・複写，ディスプレイ，プラント洗浄，メーリングサービス，集金取立，カード・スタンプ，各種請負などの「他に分類されない事業サービス」が19万人から98万人へ79万人増加となった。

　これら人件費削減に貢献する代行型対企業サービスは，1990年代以降の低成長・長期不況下で大きく伸びた。これら業種には不安定・低賃金雇用が集中しており，さらに「他に分類されない事業サービス」では業主のみの自営業・個人請負という形での不安定就業が増加している。業主のみの自営業が増加している新興業主では，個人対象調査での就業者数が事業所対象の「経済センサス」による従業者数を上回ることは前項の専門サービスと同じである。個人対象の2012年「就業構造基本調査」ではその就業者は105万人で，うち2割が業主のみの自営業であった。

5 公共サービス

公共サービスの増加のほとんどは医療・福祉によるものである。医療・福祉のなかでは福祉・介護が1981年54万人から2014年375万人へ321万人増で，そのなかでも老人福祉・介護が6万人から226万人へ220万人増と最大の伸びである。これは2001年の51万人以降急増した。なお，保育所ほかの児童福祉も33万人から90万人へ3倍化した。医療・保健は，1981年181万人から2014年418万人へ237万人増であり，そのうち病院が125万人増（97万人→222万人），診療所が79万人増（67万人→146万人）のほかに，2014年にはハリ，アンマ等の療術業も24万人，検査等その他医療も13万人にたっしている。

教育は184万人から241万人へ微増であるが，学校教育（177万人→219万人）のなかで大きな伸びは高等教育（26万人→54万人）のみである。高等教育では非正規雇用が2006年16万人から2014年27万人へ急増し，現在では非正規雇用がほぼ半数となっている。博士課程修了者の非常勤ポストでの就業の急増が反映されている。ただし，2014年の「労働力調査」では，学校教育就業者は202万人であり，同年の「経済センサス」での学校教育従業者219万人は兼業の多さをも示している。事業所対象調査の「経済センサス」の従業者数は兼業も含んでいる。なお，図書館・美術館・公民館等の社会教育でも一定の増加がみられるが，のちにみるように非正規雇用への依存が強まっている。学術研究機関，環境関連の廃棄物処理従業者も1981年以降ほぼ倍増となっている（以上，表2-2）。

第3節　サービス産業の拡大と非正規・低賃金雇用の増大

1　1980年代以降での非正規雇用の増加

すでにみたように，1990年代以降，雇用が拡大したのはサービス産業のみであるが，そのなかでも最大の伸びをたどったのは人件費抑制に貢献する代行型対企業サービスと医療・福祉・介護の分野である。前者は，その役割が業務代行によるコスト削減にあることから低賃金・不安定雇用が中心となるのであり，後者は，新自由主義への転換・公財政支出抑制のなかで低賃金と不安定雇用が増加してきた。1990年代以降わが国でのサービス産業の急成長は，人件

46 第Ⅰ部 現代資本主義におけるサービス産業の拡大

費抑制による利潤確保という資本蓄積様式を支えるものとなってきた。さらに
リーマン・ショック以降は，藤田宏氏が指摘されたように，人件費圧縮によっ
て積みあげた内部留保を財テクに用いて収益増を図ることが新たな戦略となっ
ている[2]。アベノミクスによる株価上昇がそれを支えている。

　「就業構造基本調査」によれば，非正規雇用比率は1982年16.9％から92年
21.7％，2002年31.9％へ上昇し，2014年「労働力調査」では37.4％にたっして
いる。「産業連関表 雇用表」によって全産業・常雇年間平均賃金をみると，
1995年440万円から2000年422万円，2005年398万円，2011年376万円へと
15％も低下した。常雇は雇用期間1ヵ月以上であり臨時日雇以外の非正規雇用
も含む。1982年から2015年の33年間に全産業就業者は5789万人（「就業構造基本
調査」）から6376万人（「労働調査」）へ587万人増加したが，正規雇用は3301万人
から3313万人へ12万人の微増で，非正規雇用が669万人から1980万人へ3倍
近くに急増した。また，自営業（家族従業者含む）は1541万人から705万人へ
と半分以下へ激減・淘汰された。

　大分類・サービス業就業者はこの間1119万人から2295万人へと倍増するな
か，自営業は227万人から215万人へと維持され，正規雇用も703万人から
1161万人へ1.7倍，458万人増加したが，非正規雇用が148万人から826万人へ
と5.6倍，678万人の急増となった。正規雇用増加は主として公共サービス，
専門技術サービスの増加によるものである。

　これに対して商業就業者は1289万人から1366万人へ微増のなかで，自営業
は407万人から146万人へ激減・淘汰され，正規雇用も602万人から517万人へ
減少し，非正規雇用のみが191万人から614万人へ3.2倍の急増となった。この
間，商業部門での大型店と外食チェーン店の展開は零細業者の淘汰と雇用の非
正規化をもたらした。なお，製造業就業者は1426万人から996万人へ3割減，
自営業（町工場，手工業者ほか）は225万人から51万人へ淘汰され，正規雇用
は957万人から675万人へ3割減，非正規雇用は169万人から214万人へ増加し，
その比率は24％に高まった。サービス業は2015年では正規雇用の35％，自営
業の30％を占める最大の分野であると同時に，非正規雇用のなかでも42％を
占める最大の分野である。

2 サービス産業での非正規雇用の増大

　2006年「事業所統計」と2014年「経済センサス」によってサービス業個別業種にたちいって非正規雇用の推移をとらえることができる。全数調査である「事業所統計」では2001年調査で初めて民営に限定して非正規雇用が集計され，国公営も含めた非正規雇用は2006年調査で初めて集計された。サービス業での非正規雇用者（臨時含む）は福祉・介護で，2006年96万人から2014年174万人へ78万人増，代行型対企業サービスが中心の大分類「他に分類されないサービス」では183万人から231万人へ48万人増，医療保健で82万人から118万人へ36万人増，教育・学習支援で97万人から123万人へ26万人増，生活関連サービス・娯楽・宿泊で137万人から153万人へ16万人増となっている。これらサービス業5分野で非正規雇用は2006年595万人から2014年800万人へ205万人増加した。2014年の雇用者に占める非正規雇用（臨時含む）の比率をみると，学習塾では8割を超え，商業に含まれる飲食店でも8割を超えている。両者とも学生アルバイトが多い業種である。学習塾雇用者は2001年23万人から2014年32万人へと増加したが，正規雇用はその間6万人と一定で，非正規が17万人から26万人へ増加しそのうち臨時が2万人から5万人へ急増した。飲食店雇用者はこの間に335万人から416万人へ増加したが，正規は84万人から80万人へ減少し，非正規が251万人から336万人へ増加し，そのうち臨時が17万人から44万人へ急増した。

　非正規雇用比率（2014年）が7割を超えるのは洗濯，浴場，他の生活関連サービス（代行運転ほか），健康・運動教室，遊園地，カラオケボックス，労働者派遣，ビルメンテナンスである。さらに非正規比率が6割を超える業種として宿泊業，パチンコ店，社会教育（公民館，図書館，博物館，動植物園ほか），個人教授所，通所訪問介護，その他事業サービス（ディスプレイ，プラント洗浄，看板，集金取立，メーリングサービス，各種請負ほか）がある。これらのうち，生活関連サービス・宿泊，ビルメンテナンスその他代行型対企業サービス，介護はもともと非正規雇用比率が高い分野であったが，これら以外の娯楽業，社会教育の分野では，この10年間ほどで非正規比率がかなり上昇している。中分類・娯楽業の雇用者は2001年85万人，2014年84万人と一定であるが，正規雇用は38万人から28万人へ減少し，非正規雇用が47万人から56万人へ増

加し，とりわけ臨時が5万人から9万人へ急増した。パチンコ店では雇用者は30万人から24万人へ減少するなか正規雇用は16万人から10万人へ減少し，非正規は14万人と一定である。これによってこの業界は非正規雇用中心となり，賃金もかなり低下した。また，社会教育ではこの30年間に従業者数は倍増したが，指定管理者制適用による民営化・市場化が進展し，この10年間は非正規への置きかえがすすみ，現在では6割が非正規となっている。

3　サービス産業での非正規雇用の増大と賃金低下

　伍賀一道『非正規大国・日本の雇用と労働』(2014年，新日本出版社) は，1990年代から激化したグローバル競争に対応する人件費削減が，正規雇用の非正規雇用への置きかえですすんだことに，わが国の特徴をみている。西欧の福祉国家諸国では失業率が高いにもかかわらず貧困率が低く，日本では完全失業率が低いにもかかわらず相対的貧困率が高いのはこのためである。森岡孝二『雇用身分社会』(2015年，岩波新書) は，1985年の労働者派遣法成立，1995年の日経連「新時代の『日本的経営』」などにより80年代以降に進展したパート，派遣，契約社員，限定正社員など雇用形態の多様化が，身分的差別ともいえる深刻な格差をもたらしたと強調する。さらに現在では生涯派遣，残業代ゼロ（高度プロフェッショナル制度）を可能とする制度改悪もすすんでいる。非正規雇用増加は賃金水準の低下をもたらした。2011年の「産業連関表　雇用表」によってサービス産業・各業種の年間平均賃金をみると，対個人サービスの主要業種は年間300万円台以下であり，対企業サービスでも建物サービス，派遣，警備という雇用規模が大きな業種は300万円台以下である（表2-6）。高賃金である放送，新聞の雇用規模は小さい。比較的賃金水準が高い公共サービスでも，雇用が急増している介護，社会福祉（保育所等）の賃金水準は低い。

　「事業所統計」によって1981年以降の成長業種の推移をみてみよう（表2-7）。バブル経済期を含む1981→91年には従業者が10万人以上増加したのは8業種あり，そのなかには専門的対企業サービスである情報サービス，土木・建築サービスが含まれ，宿泊業，ゴルフ等運動競技場もバブル関連の成長業種であった。長期不況期の1991→2001年にも8業種で10万人以上増加したが，建物サービス，警備という代行型対企業サービスが大きく伸び，老人福祉・介護，児

表 2-6 サービス産業の常雇年間平均賃金　　　　　　　　　　　（単位：万円）

平均賃金	対個人サービス	対企業サービス	公共サービス
800		放送（815）	
600		新聞（631）	研究（608） 教育（605）
500	各種修理（566） 興行（518）	広告（588） 情報サービス（526） 機械修理（515）	社会保険（553） 保健（515）
400	競輪競馬（416） 旅行（411） 獣医（400）	映画アニメレコード制作（480） 土木建築サービス（477） 法務財務会計（474） 出版（453）	医療（498） 各種団体（482） 廃棄物処理（444）
300	その他個人サービス（343） 冠婚葬祭（308）	警備（395） その他事業サービス（360） 派遣（306）	社会教育（385） 社会福祉（371） その他医療（325）
200	遊戯場（278） スポーツ施設公園遊園地（256） 宿泊（254） 洗濯理美容浴場（254） 写真（237） 個人教授所（200） その他娯楽（180） 映画館（173）	建物サービス（284） 自動車整備（262）	介護（269）

出所）2011年「産業連関表 雇用表」による。
注）社会福祉：保育所，その他福祉　各種修理：楽器修理，表装他

童福祉も大きく伸びた。さらに2001→14年に10万人以上増加したのは11業種であるがそのうち病院，一般診療所，情報サービス以外の8業種は低賃金・非正規雇用中心の分野である。すなわち代行型対企業サービスに属する労働者派遣，その他の事業サービス，建物サービス，警備，福祉分野に属する老人福祉・介護，児童福祉，その他福祉は低賃金分野であり，これら7業種のうち警備，児童福祉，その他福祉以外は非正規雇用が6割を超えている。さらに高等教育でもすでにみたように非正規雇用がほぼ半分にたっしている。以上みてきたように，近年のサービス産業の成長分野は低賃金・非正規雇用のウェイトが高くなっている。

　「産業連関表 雇用表」でみると，常用雇用者年間平均賃金は1995年440万円から2011年376万円へ15％低下した。低下が著しいのは，対個人サービスで

50　第Ⅰ部　現代資本主義におけるサービス産業の拡大

表2-7　サービス産業成長業種の推移

（従業者数，単位：万人）

①	1981年 →	1991年
情報サービス	16	68（ ＋52）
病院	97	135（ ＋38）
建物サービス	30	53（ ＋23）
学習塾	8	26（ ＋18）
宿泊業	60	77（ ＋17）
遊戯場	17	33（ ＋16）
運動競技場	18	31（ ＋13）
土木・建築サービス	39	51（ ＋12）
②	1991年 →	2001年
病院	135	169（ ＋34）
老人福祉・介護	13	38（ ＋25）
建物サービス	53	74（ ＋21）
情報サービス	68	87（ ＋19）
一般診療所	54	72（ ＋18）
児童福祉	37	52（ ＋15）
警備	19	31（ ＋12）
その他福祉	13	24（ ＋11）
③	2001年 →	2014年
老人福祉・介護	38	231（＋193）
病院	169	233（ ＋64）
労働者派遣	45	97（ ＋52）
その他の事業サービス	51	98（ ＋47）
児童福祉	52	90（ ＋38）
一般診療所	72	103（ ＋31）
情報サービス	87	117（ ＋30）
建物サービス	74	100（ ＋26）
高等教育	37	59（ ＋22）
その他福祉	30	51（ ＋21）
警備	31	42（ ＋11）

は宿泊業（364万円→254万円），娯楽業（341万円→276万円），個人教授所・学習塾（344万円→200万円），対企業サービスでは自動車整備（350万円→262万円），その他事業サービス（468万円→360万円），公共サービスでは社会教育（629万円→385万円），介護（2000年313万円→269万円）で低下が著しい。これらのうち娯楽は売上減と同時に非正規雇用比率上昇で賃金下落，宿泊，自動車整備は売上減で賃金低下，個人教授所・学習塾，その他事業サービス，社会教育，老人介護は売上増・需要増のなかでも非正規雇用比率が上昇し賃金低

下となった。ほかにも，派遣，ビルメンテナンス，社会福祉（保育所等）は需要増加・雇用急増のなかで低賃金状態が続いている。需要増のなかでも低賃金状態，賃金低下が生じている業種では，公財政支援の抑制，企業の外注費抑制，家計収入減による支出抑制が進んでいる。

第4節　公共サービスの産業化が成長戦略の重点に

1　雇用吸収の受け皿からサービス・イノベーションへ

　バブル経済崩壊後の産業空洞化対応・雇用吸収策としてはまず，通産省「21世紀の産業構造」(1994年) が情報・通信関連成長分野での雇用吸収を説き，橋本内閣「経済構造の変革と創造のための行動計画」(1997年) では医療・福祉，生活・文化，環境関連での雇用吸収が説かれた。この間の推移は飯盛『規制緩和とサービス産業』(1998年，新日本出版社)，同『サービス産業』(2004年，新日本出版社) で検討している。そして21世紀初頭に至って不良債権問題最終処理・非効率的部門の整理を最優先課題に掲げた小泉内閣「骨太の方針」(2001年) が登場した。それは，非効率的部門（建設，不動産，金融，商業ほか）の淘汰がもたらす大量の雇用喪失を埋め合わせるものとして「サービス部門530万人雇用創出構想」を示した。だが，小泉内閣の5年間でサービス業雇用は2001年1781万人から2006年1968万人へ187万人すなわち目標の3分の1しか増加しなかった (「事業所統計」)。

　不良債権問題決着，中国特需＝輸出急増による景気好転で，政府の政策は緊縮策から新たな飛躍のための成長力強化へと転換する。すなわち小泉内閣時代の「改革なくして成長なし」から安倍内閣の「成長なくして未来なし」へ転換する。第一次安倍内閣「日本経済の進路と戦略」(2007年) は，2006年度のGDP (国内総生産) 511兆円を5年後の2011年度に600兆円，5年間の年平均成長率3.2%とする計画を示した。現在の第三次安倍内閣は5年後の20年にGDPを600兆円にするとの目標を掲げているが，この目標は第一次安倍内閣が8年前に掲げたのと同じものである。この8年前の成長力強化・上げ潮路線という国策のなかでは，サービス産業を製造業と並ぶ「双発のエンジン」に革新することが説かれ，サービス・イノベーションの研究・施策が進められた。サービス・イノベ

ーションの構想は安倍内閣「骨太の方針 2007」で登場し，福田内閣 (2008 年)，麻生内閣 (2009 年) でも継承された。

だが，この構想はかけ声のみであり，実際にはサービス産業は低生産性のままで大量の雇用吸収を図るものとされていた。経済産業省「新経済成長戦略」(2006 年) の終章に収められた「日本経済の展望」では，実質 GDP は 2004～15 年に全産業 1.23 倍，製造業 1.25 倍，サービス業 1.10 倍の予測に対し，就業者数は全産業 0.99 倍，製造業 0.91 倍，サービス業 1.07 倍となっており，労働生産性 (GDP÷就業者数) は全産業 1.24 倍，製造業 1.37 倍に対し，サービス業 1.03 倍となっていた。そして現実にも 2013 年，サービス業の就業者数に占める比率は 40%，GDP での比率は 27% であるから，その労働生産性は全産業の 68% である (「国民経済計算年報」，サービス業は飲食業含む)。

2 低生産性のままのサービス産業

米国では 1990 年代以降に多国籍企業の展開を支える特許，情報，コンサルティング，法務・会計，開発など高生産性・高賃金の専門的サービスが急増し，これによってサービス産業の生産性が高まったのであるが，日本で急増したのはコスト削減を担う低生産性の派遣，ビルメンテナンス，警備，各種請負など代行型対企業サービスであり，この結果，サービス業の低生産性状態が続いた。低生産性・低賃金のままにして大量の雇用吸収を図ることは，人件費抑制による利潤確保という低成長過程での受身の指向に合致したものであった。サービス産業の生産性向上のためには人件費削減貢献型の低生産性代行型対企業サービスではなく，高度な専門的・技術的対企業サービスのウェイトを高めるべきであるのに，政府が選んだのは質の向上ではなく効率化であった。日刊工業新聞社『非製造業もトヨタ方式』(2008 年)，野村総研『2015 年のサービス産業』(2010 年，東洋経済新報社) がそうである。

2015 年版『経済財政白書』3 章 1 節でも，日本経済の生産性を高めてゆくためには高生産性分野のウェイトを高めてゆくことも重要であるが，まずは個別産業における生産性を高めてゆくことが重要であると指摘し，製造業での「カイゼン活動」をサービス業へ応用しつつ，IT，ビッグデータの活用といった取り組みを推進すべしと述べている。森川正之『サービス産業の生産性分析——ミ

クロデータによる実証』(2014年，日本評論社) は，サービス産業では企業間の生産性のばらつきが大きいことから，生産性の高い企業の手法を他の企業が学ぶことでサービス産業の生産性を高めるべしと指摘する。効率化を強調するこの主張はサービス産業を支えている零細経営の淘汰，失業増加をもたらすこととなろう。ILOの「国際労働統計」によって先進諸国での情報・通信プラス専門サービス・科学技術サービス就業者 (2013年) の比率をみると，イギリス10.7%，イタリア8.5%，ドイツ8.3%，フランス8.0%に対して日本は6.3%にとどまる (総務省『世界の統計』)。1990年代以降に対照的な拡大をたどってきた日本と米国の対企業サービスの比較検討を，私は『経済』(2014年11月号) と『日本労働研究雑誌』(2016年1月号) に掲載した論文で示している[3]。

3　公共サービス，医療・福祉部門の成長戦略への組み入れ

「骨太の方針」でサービス・イノベーションが説かれていたのは2009年までであり，2008年秋からの世界同時不況，その後の政権交替のなかでその主張は遠のくこととなる。第一次安倍内閣の時代に登場したサービス・イノベーション構想は，第二次・第三次安倍内閣では公共サービスとりわけ最大の成長分野である医療・福祉・介護にしぼったものとして再び登場している。第三次安倍内閣「日本再興戦略」(2015年)，「骨太の方針2015」では再びサービス部門のなかでも公共サービスについてそのイノベーション・産業化が強調され，公共サービスを成長の新たなエンジンに育てて経済再生を確かなものにすると説いている。ILOの「国際労働統計」によれば，就業人口に占める教育・医療・福祉の比率 (2013年) は，イギリス23.7%，フランス21.0%，アメリカ21.6%，ドイツ18.6%，ロシア17.2%に対し日本は16.4%と低く，イタリア14.5%，韓国12.7%となっている。わが国の公共サービスは先進諸国のなかではたちおくれているがゆえにまだかなりの拡大がみこまれるのであり，その民間市場化・産業化が政府・財界の重要な戦略となっている。

2001～2013年の実質GDPの伸び1.12倍を産業別にみれば，製造業1.19倍に対しサービス業は1.15倍にとどまるが，公共サービスは1.22倍と最大の伸びである。経済産業省「産業構造ビジョン2010」は，今後わが国の成長を牽引する五つの戦略分野として，①インフラ関連システム輸出，②文化・観光産業，③

54　第Ⅰ部　現代資本主義におけるサービス産業の拡大

環境・エネルギー課題産業，④医療・介護・健康・子育て，⑤ロボット・宇宙
開連，をあげる。④のなかで医療・介護，高齢者生活支援関連サービス事業者
の連携推進により保険外のサービスを拡大することで，新しいサービスが消費
者から相応の評価を得て自律的に成長し，社会保険とうまく連動してシームレ
スな医療・介護，高齢者生活支援サービスを提供する「生活医療産業」の創出
を促す (147ページ) と説いている。

4　医療・福祉部門での民間産業化

　わが国の医療・福祉部門従業者は2001年453万人，2006年559万人，2014年
で793万人に増加した。これを経営組織別でみると (「事業所統計 経済センサス」)，
国公営従業者は2001年18.9％から2014年9.3％へ低下し，独立行政法人化もあ
って非営利団体が57％から66％へ上昇した。そして会社経営の従業者が4.6％
から14.8％へ，21万人から118万人へ増加した。児童福祉と老人福祉・介護に
ついて経営組織別従業者数の構成比をみると，児童福祉 (保育所ほか) は公営
と非営利がほとんどであるが，老人福祉・介護では会社経営の増加がみられる。
特別養護老人ホームと老人保健施設は非営利であるが，有料老人ホームは会社
経営が主で，訪問・通所介護も会社経営中心で非営利のものもある。グループ
ホーム・軽費老人ホームなどその他老人介護では非営利と会社経営が半々とな
ってる。有料老人ホーム従業者は2006年4.6万人から2014年19.6万人へ増加，
うち会社経営が4.1万人から17.4万人へ増加した。訪問・通所介護は2006年
28.4万人から2014年88.8万人への増加，うち会社経営が20.8万人から57.3万
人へ増加した。グループホーム等その他老人介護では会社経営が2006年13.0
万人から2014年14.2万人へ増加した。以上のように，老人福祉・介護では
2014年の従業者226万人のうち88万人 (39％) が会社経営に属している。また，
児童福祉でも2014年には従業者90万人のうち7万人が会社経営に属している。
　なお，旧分類では大分類・サービス業の専門サービスに含められていた学習
塾・個人教授所 (教養・健康教室) は現在では学校教育と並んで大分類「教育・
学習支援業」に含められている。これらは学習支援機能を担い公共的性格をも
有するのであるが，その担い手は民間企業が中心になっていることから，対個
人サービスのなかの余暇関連部門に含めるのが妥当である。学習塾と教養・健

康教室は20年以上前までは自営業が多かったのであるが，従業者数でみると現在では会社経営が3分の2を占めている。このうち健康・スポーツ教室については高齢化社会を支える不可欠な産業として順調な成長をたどっており，その従業者は1991年7万人から2014年16万人へと増加した。

すでに国際比較でみたように，わが国サービス部門の特徴は，生活と社会の質向上を担う公共サービスと産業活動高度化を担う対企業専門サービスのたちおくれにある。米国では高賃金・高生産性の専門サービスが多国籍企業の展開を支えており，公共サービスのウェイトも高いのであるが，その民間市場化・国民負担強化が著しくなっている。北欧・西欧諸国のサービス経済化は公共サービス主導であり，ドイツ，イギリスでは対企業専門サービスも伸びている。これに対し，日本では対企業サービスは低賃金・不安定雇用の代行型部門が急増し，人件費圧縮・非正規大国化をおしすすめてきた。さらに公共サービスのたちおくれ，すなわち拡充への必然性がその民間市場化・産業化へ流しこまれ，成長戦略に組み入れられている。それは堤未果『貧困大国アメリカ』（2008年，岩波新書）への道である。医療・福祉への市場原理導入・民間産業化は，患者申出の混合診療，医療法人と社会福祉法人の一体的経営・営利企業への出資を可能にする非営利ホールディングカンパニー型法人構想という形ですすんでいる。また，社会教育はこの30年間で従業者は倍増したが，この10年間は非正規増が著しく，指定管理者制度適用による民営化，市場化が進展している。

公共サービスの国民収奪機構への転換，民間サービス産業での大量の低賃金不安定雇用をテコとした人件費圧縮が，政府・財界の重要な戦略となっている。巨大企業と高額所得層への課税強化・所得再分配強化をとおしての公共サービスの充実，民間サービス産業での労働条件改善をとおして，サービス部門を生活と社会の質の向上，人間そのものの成長に貢献する部門へと転換させることが課題となっている。

注

1）　飯盛信男「必然の王国から自由の王国へ」（『佐賀大学経済論集』48巻1号，2015年）。二宮厚美「マルクス経済学と社会サービス労働」（『経済』2014年5月号）は，これまで見落とされていた新たな論拠からサービス部門の位置づけを解明した。その意義については，飯盛「生産的労働・サービス論争における新たな主張——二宮厚美氏の物質代

謝・精神代謝両輪説」(『佐賀大学経済論集』47巻4号, 2014年) で述べた〔それぞれ本書の第8章と第5章に収録〕。

2） 藤田宏「日本企業の株主構成の変化と財界の蓄積戦略」(『経済』2014年3月号)。

3） 飯盛「サービス産業拡大の国際比較と日本の特徴」(『経済』2014年11月号)。同「サービス産業の拡大と雇用」(『日本労働研究雑誌』2016年1月号)〔後者は本書の第1章に収録〕。

第II部
サービス経済研究と
その論争の到達点

第3章 サービス経済論争の到達点と有用効果生産説の正当性
──諸家の批判・質問への回答──

　サービス部門の位置づけをめぐるいわゆる生産的労働・サービス論争は半世紀以上に及んでおり，論争の焦点は，1950年代・60年代の生産的労働規定をめぐる論争，1970年代・80年代の価値形成労働をめぐる論争，1990年代以降のサービス部門の労働過程特性をめぐる論争へと移っていった。第一段階ではサービス労働・価値不生産説が通説となり，第二段階では通説を批判するサービス労働・価値生産説が優勢となり，第三段階ではサービス労働・労働力価値形成説が登場し，接客労働・ケア労働などの特性研究もすすむ。私は第二段階の論争から参加しており，サービス労働・有用効果生産説＝価値生産説の立場である。私の退職記念号である『佐賀大学経済論集』44巻5号ではサービス経済論争の主要な論客にも寄稿をいただいており，そのなかで主要な論争点について私見への批判・質問が提出されている。

　本章のもとになる同記念号の末尾に掲載した同名論文では，諸家の批判・質問に対する私の回答を示すことで自説の正当性を主張した。本章の第1節では通説擁護の代表者である渡辺雅男教授への回答を，第2節でサービス労働・労働力価値形成説に立つ斎藤重雄教授・櫛田豊教授への回答を示す。第3節では原典考証について但馬末雄教授への回答，接客労働について鈴木和雄教授への回答を示す*。

＊　著者の遺したメモに従って，旧稿の第1節「これまでの経過」は，終章「私のサービス経済論研究」（章題は枝松による）として収録した。したがって，旧稿の第2節以下はそれぞれ1節ずつ繰り上がっている。なお，189ページの＊注も参照されたい。

第1節　渡辺雅男教授への回答

1　渡辺教授による問題点の指摘

　渡辺氏は，価値を生産するのは物質的生産部門であるとする通説の代表者であり，この立場から私見への批判を示された。渡辺氏が論稿「サービス経済論争における飯盛説の新たな展開とその問題」(『佐賀大学経済論集』44巻5号) で指摘する私見の問題点は次の6点である。①飯盛は運輸業をサービス部門に位置づけるが，そうするとサービス部門では労働対象は存在しないという飯盛説は運輸業にも適用されるはずである。運輸業の対象である旅客・貨物は労働対象ではないのか。②マルクスにおける物質的生産とは自然資料の形態変化のことであり，それは資料の空間的位置変換をもたらす運輸業をも含む。③飯盛はサービス労働価値生産説にもとづき第三次産業をサービス部門と流通部門とに分割する。これは単純な二分法であり，三次産業の分析にはより高度な分類が必要である。④物的財貨の生産過程でも有用的効果が生産者によって提供されているのであり，有用効果はサービス部門に固有の概念ではない。それゆえサービス労働価値生産説＝有用効果生産説は誤りである。⑤精神的生産活動は媒体に対象化されて流通可能となるのであるが，対象化される媒体は物質であるから，この活動を物質的生産活動と認めるべきである。また，この媒体は補助材料ではなく生産物の主要実体 (自然素材) そのものである。⑥飯盛説の根底には物質概念の通俗性・感覚性が横たわっている。

　渡辺氏は，人間の運輸さらに精神的生産活動のうち媒体に対象化されるものを価値形成的と認めるが，その根拠はこれらが物質的生産の範囲に含まれるからであり，サービスを提供するからではない，とする。物質的生産の範囲をサービス部門のかなりの分野にまで拡げることでサービス労働価値生産説を否定する。また，有用効果概念はサービス部門に固有のものではないとして，サービス労働価値生産説の論拠を否定する。批判点②，⑤，⑥は物質的生産の理解・範囲の問題であり，④は有用効果概念の問題である。批判点①は，私見における運輸業＝サービス部門説とサービス部門・労働対象不在説の矛盾を突いたもの，批判点③は実態分析の問題である。

2 物質的生産の理解・範囲の問題

渡辺雅男『サービス労働論』(1985年，三嶺書房) の第1部第1章は「質料変換と生産的労働」であり，その補章「自然科学的唯物論者の物質観」はL.ビュヒナーらの文献を検討している。物質的生産＝質料変換 (Stoffwechsel) ととらえることが渡辺説の出発点・土台であり，質料変換のなかに空間変換を加えて運輸労働も物質的生産活動としている。私はマルクスにおける物質的生産の概念は，「物質的生産の第一義的役割」という史的唯物論の基本命題と一体のものであると考える。この命題は自然の人間に対する先在性，人間の自然に対する被制約性という客観的事実によるものであり，自然に対する働きかけをとおしての生活資料の獲得すなわち物質的生産活動が人間生活の基本条件であり，これ以外の活動はこれを土台として成り立つ，とするものである (エンゲルス「マルクス葬送の辞」1883年)。

物質的生産とは自然に対して働きかける活動であり，労働対象となる自然素材・物質的基体が存在する活動が物質的生産となる。物質的生産の範囲を自然を対象としない活動にまで拡げることは，物的生産の第一義性の命題を軽視することになると考える。運輸業は『資本論』第1巻「資本の生産過程」では登場しない，それが分析対象となるのは第2巻に至ってである。物質的生産の範囲を拡げる主張は，物的生産活動のみが価値を形成するという伝統的な通説的理解を維持しつつサービス部門の比重が高い現代経済を説明するために生じたと考えられる。物的生産活動のみが価値を形成するという理解の根底には，物的生産の第一義性の命題を価値論の前提とみなす理解がある。この命題は自然と人間との関係を示す生産力の側面にかかわるものであり，価値論とは無関係であると私は考える。以上は，渡辺氏の批判点②，⑥への回答である。

次に，批判点⑤に回答する。前掲の渡辺『サービス労働論』では，精神的生産部門は非物質的生産部門と呼ばれ，「生産時間と再生産時間との照応」という前提の存在を条件にその価値形成性が認められる (同，74ページ) としているが，ここでの批判点⑤は，この見解を背景としたものであろうか。精神的生産は自然に対して働きかける活動ではなく，それを流通させる物質＝媒体は精神的生産活動の自然素材 (主要材料) ではなく，むしろ労働の進行を助ける補助材料とみなすべきである。ナマの演劇や講演であれば媒体は必要でない。精神

的生産を代表するマスコミ，映画産業の本質規定についての論争はすでに昭和30年代にみられ，そのなかでは新聞，放送，映画産業がうみだすのは物質としての新聞紙，電波，フィルムではなく，「情報」そのものであることが強調されていた。これら産業は，精神的生産活動（サービス提供の一種）じしんによって使用価値・価値を形成するのであり，フィルムや新聞紙・電波は精神的生産物を伝達するための媒体にすぎない（飯盛『サービス産業論の課題』1993年，同文舘，192-194ページ）。

3 有用効果概念と運輸業の問題

　批判点④，すなわち物財生産過程でも有用効果が生産者によって提供されているという指摘はすでに前掲『サービス労働論』（68ページ）にみられる。これについて私は次のように考えている。『資本論』冒頭商品論の叙述は次のとおり。「それ［使用価値］を生産するためには，一定種類の生産活動が必要である。……この視点のもとでは，労働はつねにその有用効果に関連して考察される。（この有用効果をもたらすということが，労働の目的とするところである）……いろいろな商品体は，二つの要素の結合物，自然素材と労働との結合物である。……いろいろな有用労働の総計をとりさってしまえば，あとにはつねにある物質的基体が残る」（大月書店版『マルクス＝エンゲルス全集』第23巻［以下，ME全集第23巻と略す］56-58ページ）。（ ）内は，『資本論』初版での文言である。

　ここでは，使用価値の生産は自然素材（物質的基体）と有用効果（有用労働の結果）の結合ととらえられている。渡辺氏はこのことによって，有用効果概念をサービス労働価値生産説の論拠とするのは誤りだと主張する。だが，私は逆に，この叙述は自然素材（物質的基体）が存在しないサービス部門では有用労働の結果たる有用効果そのものが使用価値（生産物）になるとの理解を可能にする，と考えている。これによって，冒頭商品論と2巻の運輸業・有用効果生産説の統一的理解（後者は前者の具体化である）が可能となる。

　批判点①は，運輸業に生産物の主要実体としての労働対象は存在しないとみる飯盛説は，移動されるべき対象なしに場所移動が生ずると主張するに等しい，ということである。私は，運輸労働は場所移動という有用効果（サービス）を生産するのであり，輸送される貨物あるいは旅客を加工するものではない，貨

物輸送のばあい運輸労働は商品の使用価値を完成させ商品には運輸労働が形成した価値が追加される，と考える。運輸労働は場所移動という無形の使用価値を生産し，それを素材的担い手として投下労働量に応じて価値を形成する。輸送される旅客・貨物が運輸労働の労働対象であるとすれば，その使用価値・価値が運輸労働の結果たる場所移動サービスへ移転されるということになってしまうであろう。自然素材・物質的基体が存在しないサービス部門では，労働対象の使用価値・価値が労働過程の結果としての生産物に移転されるということはなく，それがつくりだす無形の使用価値（有用効果）が生産物になるのである。運輸業資本は場所移動というサービスを生産し，これを旅客あるいは貨物の所有者に販売するのであり，運輸の対象となる貨物や人間を労働対象として購入し，それを加工してあらたな生産物をつくりだすのではない。これはサービス部門一般について言えることであり，本章第2節4項の櫛田豊氏への回答のなかでも述べる。

4 実態分析の問題

批判点③は，第三次産業を流通部門とサービス部門とに分割する二分法についてである。価値論視点からの分割は当然にも価値形成部門（サービス部門）と価値非形成部門（流通部門）の二分法となる。これが必要であるのは「国民所得統計」，「産業連関表」などの実態分析への活用の可否を判断するためである。このうえで，社会的再生産の視点からはサービス部門は対個人サービス（消費手段）と対企業サービス（生産手段）に分割され，さらに寄生性・腐朽性批判の観点から非再生産的部門の摘出も加わる。これは実質的には流通部門の肥大化としてとらえられる。このように価値論・再生産論視点からの区分をふまえたうえで，具体的な課題に応じて，大企業型と中小企業型，大都市型と地方型，労働集約型と資本集約型，単純労働型と知識集約型，異業種参入型と自立型というような区分が必要となる。私がこれまで発表してきたサービス産業の実態分析では，分析の視点に応じて多数の分類を用いてきた。「日本標準産業分類」でも戦後続いていた大分類「サービス業」は，2002年に6大分類に分割され，さらに2007年には8大分類に分割された（『佐賀大学経済論集』44巻4号所収の拙論「1990年代以降のサービス産業」を参照）。

山田喜志夫『現代経済の分析視角』(2011年，桜井書店) 第4章では，サービス経済化の要因として，生産過程からの要因5点 (財貨生産部門の労働生産性上昇，間接業務の外注化，海外移転，自動化，リース利用増加)，流通過程からの要因3点 (業務外注化，広告・販売部門の肥大化，金融の肥大化)，消費過程からの要因3点 (専門技術職教育の拡大，消費の社会化，耐久消費財の修理・レンタル)，の計11点をあげ，サービス経済化は資本主義的分業の全般的展開にもとづくものであること，資本の論理の追求の結果として生じていることを強調する。サービス部門は所得再分配過程に位置するとみなすサービス労働価値不生産説の実践的帰結は物質的生産の比重低下・三次産業拡大を現代資本主義の腐朽化・寄生化，生産力の浪費・資本蓄積の阻害要因とみなすことであった。だが，山田氏があげられた11点のうち，腐朽化・寄生化の表示としてとらえられるものは流通部門の肥大化，金融の肥大化の2点に限定されるであろう。それ以外のものはむしろ資本蓄積の結果として，あるいはそれを促進するものとしてとらえるべきである。このことは，サービス労働価値不生産説は現実のサービス産業拡大を説明する理論としてはすでに破綻していることを示すものである。

　サービス部門を生産的部門と位置づけたうえで，腐朽性・寄生性批判は価値論ではなく社会的再生産の視点で行うべきであろう。サービス部門の実態分析はサービス労働価値生産説にたつことによって可能となる。私がこれまでとりくんだサービス産業の実態研究から得られた結論として，以下の5点をあげておく。(1)サービス産業の拡大は異業種大資本の参入として進んできた。(2)先端的サービスの中央集中は地域間格差を拡げている。(3)サービス産業には派遣・請負・パートなど不安定雇用が多く，人件費削減を促してきた。(4)医療・福祉・教育・文化など公共サービスの拡大はその民間移譲を伴っている。(5)これらのなかでも中小サービス業は地域市場・専門性・下請業務を基盤として存立している。これら動向の全体像を資本蓄積論を軸にとらえ，国民生活向上の観点から対案を示してゆくことこそがサービス産業論の課題である。

第2節　斎藤重雄教授・櫛田豊教授への回答

1　斎藤教授による問題点の指摘

　斎藤氏によれば，サービス労働は労働対象たる人間を加工して労働力という生産物を生産する。そしてサービス労働は労働対象である人間そのものに対象化・物質化されて価値を形成する。これに対して私は，サービス労働は非有形的な使用価値（有用効果）であるサービスを生産し，それを担い手として価値が形成されると考える。そこでは生産物の主要実体・自然素材たる労働対象は存在せず，これこそが物財生産とサービス提供を区分する基準である，と私は考える。それゆえ，斎藤氏の私への批判はまず，サービス部門・労働対象不在説に集中する。また，斎藤説の前提である労働力実在生産物説を否定する労働力商品擬制説も批判の対象となる。

　斎藤氏が論稿「サービス生産（労働）過程の特性——飯盛信男氏の見解と他説批判を巡って」（『佐賀大学経済論集』44巻5号）であげられた私見への批判・質問は以下の7点にまとめられる。①サービス部門・労働対象不在説すなわちサービス部門・有用効果生産説への批判，②労働力商品擬制説への批判，③サービス労働とそれがつくりだすサービスとの区分がない，④無形あるいは非有形的な生産物（使用価値）という表現は曖昧である，⑤生産手段として機能する対人サービスというものがあるのか，⑥サービス提供の対象となる人間は「非商品としての労働対象」として存在する，⑦斎藤説を折衷説と呼ぶ根拠は何か。

　まず⑦への回答を示す。物財生産労働のみを価値形成的とする通説は，生産的労働の本源的規定と『資本論』冒頭商品論の対象化・物質化規定をもとにサービス労働・価値不生産説を説く。斎藤氏はこの通説の前提を受け入れたうえで，人間を労働対象とするサービス労働は人間に対象化・物質化されて労働力という生産物をつくりだす，ととらえる。これに対して私は，生産的労働の本源的規定，冒頭商品論の対象化・物質化規定にこだわることなく，有用効果生産説としてサービス労働価値生産説を説いている。斎藤氏は通説の前提を受け入れたうえで対人サービスの価値形成を説いているのであるから，この意味で折衷説である。斎藤氏の批判点③，④，⑤，⑥は，サービス部門では生産物の

自然素材・物質的基体たる労働対象は存在しない，サービス労働がつくりだす有用効果そのものが生産物になるという有用効果生産説すなわち①サービス部門・労働対象不在説批判に包摂される。そして労働力は生産物ではなく擬制的商品であるがゆえに，人間は生産物の主要実体・自然素材すなわち労働対象とはならないのであるから，①の批判は②の批判を前提とする。まず②の批判からみてゆこう。

2 労働力商品擬制説について

『資本論』第1巻の第1篇は資本主義的生産の基礎としての商品生産を考察したものであり，剰余価値の生産は3篇・4篇・5篇で論じられる，第2篇は商品生産と剰余価値生産のつながりを明らかにしたものである。第2篇4章「貨幣の資本への転化」3節「労働力の購買と販売」では次のように説かれる。(1)商品経済＝等価交換にもとづく剰余価値生産を可能にするものは，その消費が新しい価値の源泉となる労働力という独自の商品の存在である。それは人間の能力の総体である。(2)労働力が商品化するためには，自由な人格として自分の労働力を商品として売ることが許され，かつ生産手段をもたないがゆえに生きるために労働力を商品として売らざるをえない「二重の意味で自由な労働者」の存在が必要である。(3)労働力の価値は，労働力の所有者である労働者の維持・再生産のために必要な生活資料の価値によってきまる。

ここでの叙述は，労働力は資本関係のもとでのみ商品化を強制される独自の商品，擬制的商品であり，その価値はその再生産に必要な財・サービスの価値によって間接的に定まる，ということである。歴史的にいかにして労働力が商品となったか，二重の意味で自由な労働者がどうやって生まれたかは，1巻7篇24章「いわゆる本源的蓄積」1節（本源的蓄積の秘密），2節（農民からの土地収奪），3節（被収奪者に対する流血的立法）で詳細に述べられている。労働力は人間の能力そのものであって生産物ではなく，資本関係のもとで商品化を強制され擬制的商品として売買されているのであることを理解すれば，サービス労働は労働対象たる人間を加工して労働力を生産するという説は受け入れがたい。労働力は生産物ではないからサービス提供の対象である人間そのものも労働対象ではない。したがってサービス部門では生産物の自然素材・主要実体た

る労働対象は存在せず，それがつくりだす有用効果（無形使用価値）そのものが生産物である。

3　サービス部門・労働対象不在説＝有用効果生産説について

　私は拙論「サービス部門の労働過程特性」（『佐賀大学経済論集』44巻3号）で，櫛田豊氏が作成した資本・賃労働の循環定式ではサービス提供の対象となる人間は生産手段（Pm）には含まれずサービス商品の購入者として扱われており，サービス部門において人間はその労働対象になるとする櫛田氏の説が資本循環分析の次元では実質的に氏じしんによって否定されていると指摘した。これに対し斎藤氏は，サービス提供の対象となる人間は「非商品としての労働対象」として存在し，非商品であるから生産手段（Pm）には入らないが労働対象としては存在する，と反論する。そして，サービス提供の労働対象となる人間はサービス業資本と共同的にサービスの生産（セルフサービス）を行い，生産されたサービスは人間の内部に固定状態で存在する，といわれる。

　『資本論』1巻5章1節「労働過程」では，労働対象のうちには天然に存在し労働を加えられていないものもあるとされており，これは「非商品としての労働対象」となろう。だが，人間そのものの再生産には生活手段の消費を必要としており，それは無償のものではない。そもそも，労働対象は生産物の自然素材・主要実体をなすものである。労働対象は労働過程の結果としての新たな生産物のなかに素材的・価値的に移転されねばならない。サービス労働の対象となる人間がその結果であるサービスそのものに素材的・価値的に移転されるということはない。斎藤氏は対人サービスのばあい生産者と消費者との共同生産が行われると主張するが，これは消費者の生産者への協力という形をとるのであり，サービス・マーケティングで論じられる問題である。すなわち，生産と消費の同時性によりサービスの提供者と消費者は直接向き合い，双方向的（interactive）になるということである（R. P. フィスク／S. J. グローブ／J. ジョン『サービス・マーケティング入門』2004年：小川孔輔・戸谷圭子監訳，2005年，法政大学出版局）。また，サービス提供のセルフサービス化というのは，外部サービスの購入が機器プラス自己労働に置き換えられることであり，これはJ. ガーシュニィ／I. マイルズ『現代のサービス経済』（1983年：阿部真也監訳，1987年，ミネルヴァ書房）が指摘した

傾向であり，生産者と消費者の共同生産とは異なる。以上が批判点⑥への回答である。

　サービス部門・有用効果生産説に対し斎藤氏は，サービス労働（生産）とサービス（生産物）の区別がないと指摘する（批判点③）。『資本論』1巻1篇1章・商品論はまず1節で商品の二要因を分析し，2節では労働の二重性へとすすむ。使用価値を生産する労働については「その生産物が使用価値であるということに表わされる労働を，われわれは簡単に有用労働と呼ぶ。この観点のもとでは，労働はつねにその有用効果に関連して考察される」と述べている。渡辺雅男氏への回答のなかですでに指摘したように，この箇所では有用労働そのものとそれがもたらす有用効果とは区別されている。斎藤氏は物質化・対象化されていなければ生産物ではないとの立場であり，運輸業分析で登場する有用効果生産説は誤りであるとしているから，対人サービス労働の価値形成を説くには人間そのものを労働対象とするしかない。斎藤氏において，有用効果生産説否定と人間＝労働対象説は，生産物＝物質化・対象化規定によって連結している。

　無形（非有形的）生産物（使用価値）という曖昧な表現は用いるべきでない，とする批判点④については，固定資産についても有形でない無形資産の重要性が増していることをあげておけば十分だと思う。また，批判点⑤では，対人サービスのばあい生産と消費は時間的にも空間的にも一致するが，対物サービス（輸送，修理，保管など）のばあいは分離するとの指摘に疑問を呈しているが，その根拠は対物サービスは物財に付加されるがそれを消費するのは物財の所有者だからである。さらに，対人サービスが消費手段・生産手段いずれとしてでも機能しうるとの主張を疑問としているが，対人と対物という区分はサービスの対象が人間か物財かというちがいによるものであり，消費者向けと企業向けの区分とは異なる。対人サービスが生産手段（企業向けサービス）として機能する例としては，社員教育を担当するコンサルタント会社のサービスをあげることができる。逆に対物サービスが消費手段（消費者向けサービス）として機能する例としてはクリーニングや耐久消費財の修理があげられる。

4　サービス＝「社会的労働と消費活動の共同生産物」とする櫛田教授の主張

　櫛田氏は飯盛サービス論の問題点として，①サービス部門・有用効果生産説，

②サービス部門・労働対象不在説，③対物サービス・サービス部門説をあげている。この3点については斎藤氏への回答のなかですでに述べた。斎藤氏によって提唱されたサービス労働・労働力価値形成説は櫛田氏によってサービス部門における労働過程の具体的分析にまで精緻化された。それはサービス資本・賃労働の循環定式として示されており，私はその矛盾点・問題点を前掲の拙論「サービス部門の労働過程特性」で指摘した。櫛田氏のこれへの反論は，サービス商品の生産過程は，「資本によって投入される社会的労働と労働対象になる人間の消費活動による人間の能力の共同生産過程」である，ということである。サービス生産物は「労働と消費活動の共同生産物である」という見解は，すでに櫛田豊『サービスと労働力の生産』(2003年，創風社，103ページ) にみられたものであるが，論稿「サービス商品の共同生産過程——飯盛教授の拙論批判への回答」(『佐賀大学経済論集』44巻5号) で櫛田氏はこの見解をヨリ明瞭に展開された。

　前掲の拙論で指摘したように，櫛田氏が作成された資本・賃労働の循環定式では，サービス循環の対象となる人間が登場するのは，資本循環の第一段階 (資本による労働力と労働対象，労働手段の購入) ではなく，第二段階 (生産段階) に続く第三段階すなわち販売段階となっている。すなわち櫛田氏の循環定式では，サービス提供の対象となる人間は労働対象としては位置づけられておらず，むしろサービスの購入者すなわち消費者として位置づけられている。このことは，サービス提供の労働過程において人間はその労働対象になるとする櫛田氏の説が資本循環分析の次元では氏じしんによって否定されていることを示す，と私は指摘した (同，170-171ページ)。

　サービスの共同生産過程では，労働対象になる人間は資本によって原料として購入されず，サービス資本の投下資本を構成しない，これが，サービス資本の循環定式において，労働対象になる人間が資本の生産手段に含まれないということの意味である。だが，櫛田氏によればサービス商品の生産過程は，人間に内在する能力を社会的労働と消費活動の両者により共同で変換する過程である。サービス資本は能力を変換するため投入し労働力に対象化した社会的労働量に応じて支払請求権を行使し，また，変換された能力を保有する人間は支払義務を履行する。サービス商品の共同生産過程において支払請求権をもつサー

ビス資本に対して，「サービス商品の購入」を共同生産過程の成果を保有する
人間の支払義務の履行，「サービス商品の購入者」を支払義務の履行者のこと
であるととらえれば，サービス商品の共同生産過程で人間が労働対象になりか
つ彼が支払義務の履行者になることはなんら矛盾しない。

　以上が私の問題点の指摘に対する櫛田氏の回答であり，飯盛による櫛田説批
判はあたらないとされる。この説明は難解であるが理解は可能である。だが，
「サービスの共同生産では，労働対象になる原料としての人間は資本によって
購入されず，サービス資本の投下資本を構成しない」との指摘は，実質的にサ
ービス部門における労働対象の不在を認めたものだ，と私は考える。現代社会
では必需的な生活関連サービスだけでなく余暇関連サービスも労働力形成に必
要となっているのであるから，労働力を形成するサービス労働を価値形成的と
する斎藤・櫛田氏らのサービス労働・労働力価値形成説によれば，対個人サー
ビスは価値形成的となる。また，対企業サービスも生産過程の延長に位置すれ
ば価値形成的とされる。したがって価値形成労働の範囲については，サービス
労働価値生産説（有用効果生産説）と見解のちがいはない，ということになる。

　斎藤・櫛田両氏は，通説（サービス労働・価値不生産説）の前提である生産
的労働の本源的規定と『資本論』冒頭商品論の対象化・物質化規定を受け入れ
たうえで，サービス労働の価値形成を説かれるのであり，通説を前提とした折
衷説ということになる。通説の前提そのものが誤りであったことを明らかにし，
有用効果生産説にたつことによってサービス労働価値生産説を徹底化させるこ
とができる。そして，サービス部門の実態研究はこれによって可能となる。こ
れが私の結論である。

第3節　但馬末雄教授・鈴木和雄教授への回答

1　但馬教授への回答──原典の理解をめぐって

　但馬氏は，論稿「マルクスのサービス（Dienst）概念と飯盛教授のサービス論」
（『佐賀大学経済論集』44巻5号）で，原典におけるサービス，非物質的生産，有用
効果などの概念の理解をめぐる私の問題点を指摘された。ここでは，「非物質
的生産」と「運輸業規定」に限定して，但馬氏への回答を示す。『剰余価値学説

史』1分冊・余論での非物質的生産にかんする叙述は，サービス提供のうち精神的生産については媒体へ対象化され流通可能となるばあいがあることを指摘したものである。この箇所は，すでに渡辺雅男氏への回答のなかで述べたように，マスコミ論や映画産業論などで論争となったものである。新聞，放送，映画などがうみだすのは精神的生産物そのものであり，新聞紙，電波，フィルムはそれを伝達する媒体にすぎない。但馬氏はこれら精神的生産をモノに対象化された物質的生産物とみなし，他方でそれは「労働時間による価値規定」は困難であるから「非物質的生産の部面」に属するとみる。

『学説史』1分冊・余論は続けて，物質的生産物をうまない運輸業を第四の物質的生産部面に位置づけているが，但馬氏はこれを，運輸業の労働成果に「労働時間による価値規定」の適用が可能になるからだ，と説明する。但馬氏はこの箇所での「物質的生産部面」とは労働時間による価値規定が可能な分野，「非物質的生産部面」とはそれが適用不可能な分野とみなしている。これは，非物質的生産部面における生産時間と再生産時間の非照応を根拠にこの部面への価値規定の適用を否定する渡辺説と同じものである。だが，サービス産業が社会的分業の大きな環をなす現在の発展段階をふまえれば，それが価値規定適用不可能の分野というのは時代錯誤というべきである。サービス産業でも資本主義的経営はウェイトを高めており，成長分野では異業種大資本の参入がすすんでいる。そうであればこそ，鈴木和雄氏らがとりあげている接客サービス分野での管理者・労働者・顧客の三極関係論の議論が生じているのである。通説ではサービス部門は物質的生産物をうまないから価値非形成と主張されるが，但馬氏は逆に，労働価値規定適用が可能な活動を物質的生産部面に，それが不可能な活動を非物質的生産部面に区分する。これは逆転した論理であり，自然と人間との物質代謝を示す物質的生産の概念はどうなるのであろうか。

『資本論』2巻1篇1章「貨幣資本の循環」4節・総循環では「運輸業が売るものは場所を変えることじたいである。……その有用効果は……それが個人的に消費されれば，その価値は消費と同時になくなってしまう。それが生産的に消費されれば，その価値は追加価値としてその商品そのものに移される」(ME全集第24巻，69ページ)と述べる。これは有用効果生産説である。2巻1篇6章「流通費」3節・運輸費では「生産物の量はその運輸によってふえはしない。……

しかし物の……消費のためには……運輸業の追加生産過程が必要になることもありうる。だから，運輸業に投ぜられた生産資本は……輸送される生産物に価値をつけ加える」(同，183ページ) と述べる。これは使用価値完成説である。

2巻1篇の1章4節と6章3節の叙述を対比すれば，有用効果生産説を一般的規定，使用価値完成説を商品運輸のみの特殊規定，後者は前者に包摂されると理解するのが正当であることがわかるであろう。このことを私が最初に述べたのは『生産的労働と第三次産業』(1978年，青木書店) 3章である。そして，運輸業の一般規定として有用効果生産説を，商品運輸のみの特殊規定として使用価値完成説を説く『資本論』2巻の立場は，『資本論』第2巻の第1稿 (1865～67年) 段階で確立しているとの見解を，私は『サービス経済論序説』(1985年，九州大学出版会) 第6章で示した。なお，『資本論』第2部第1稿の翻訳 (マルクス・ライブラリ③，『資本の流通過程』) には私自身も参加した。ただし，「有用効果」なる概念はこの段階ではまだ登場していない。それが登場するのは『資本論』冒頭商品論に至ってである。

但馬氏は，使用価値完成説を「貨物の運輸労働は運輸対象に物質化する」ととらえ，それゆえ有用効果生産説と二律背反の関係にあるとみる。本章の第1節でみたように，渡辺氏は私のサービス部門・労働対象不在説を批判して，運輸業の対象である旅客・貨物は労働対象ではないのか，と批判された。渡辺氏への回答は，運輸労働は場所移動という有用効果 (サービス) を生産するのであり，輸送される貨物・旅客を加工するものではない，商品を輸送する労働はその使用価値を完成させ，商品には運輸労働が形成した価値が追加される，ということであった。『資本論』2巻1篇6章3節では，「運輸業に投じられた生産資本は，一部は運輸手段からの価値移転によって，一部は運輸労働による価値付加によって，輸送される生産物に価値をつけ加える」(ME全集第24巻，183ページ) とされており，運輸対象は労働対象 (生産手段の一部) ではなく，運輸労働は運輸対象に物質化されるのではなく，場所移動というサービスの価値が運輸対象に追加されるのである。

但馬氏は『経済学批判要綱』以降の運輸業規定形成過程のフォローをとおして，『資本論』2巻1章の人間の運輸と商品の運輸をともに説明する「有用効果生産説」は，もともとは人間の運輸に限定していた「有用効果生産説」を商品

の運輸にまで拡張してしまった「統合有用効果説」であり，いわば「未完の試行錯誤」（但馬末雄『商業資本論の展開（改訂版）』2000年，法律文化社，369ページ）であると結論づける。すなわちこれは受け入れる必要はない，ということである。サービス労働価値生産説を唱える人々のなかでも，馬場雅昭『サーヴィス経済論』（1989年，同文舘），刀田和夫『サービス論争批判』（1993年，九州大学出版会）は，有用効果生産説を不完全なものとして否定し，冒頭商品論の物質化・対象化規定に依拠し，サービスはサービス労働とは区別されるなんらかの生産物であり，サービス労働はそれに対象化され凝固されている，とみなしている。私は，有用効果概念が確立するのは『資本論』1巻完成の段階であり，冒頭商品論にこの概念が組み入れられたことによって，サービスをも含む労働価値説の展開可能性が与えられたと考えている。

　冒頭商品論は使用価値を自然素材と有用効果（有用労働の結果）の結合と規定するが，これは第1節の渡辺氏への回答で述べたように，自然素材を有しないサービス部門では有用労働の結果たる有用効果そのものが使用価値になるとの理解を可能にする，と私は考えている。そうなると，2巻1篇1章の運輸業・有用効果生産説はその具体化である，と理解できる。『経済学批判要綱』（1857～58年）では商品の運輸が使用価値完成説で説かれ，『剰余価値学説史』（1861～63年）では人間の運輸は場所的変化，商品の運輸は使用価値完成でという二元論的説明であったが，『資本論』第2巻第1稿（1865～67年）では実質的には運輸業の一般的規定としての有用効果生産説・商品運輸のみの特殊規定としての使用価値完成説が説かれている。この経過をへて冒頭商品論に有用効果概念が登場するのであり，これによってサービスをも含む労働価値説が可能となったといえる。『学説史』等で幾度も登場する「サービス」についての叙述はマルクスがその必要性を理解していたことを示している。

2　鈴木教授への回答——接客サービスをめぐって

　私は，拙論「接客サービス労働の労働過程——鈴木和雄氏の諸論稿の検討」（『佐賀大学経済論集』43巻5号）で，対人サービスの労働過程においては人間そのものが労働対象あるいは原料になるとみる鈴木和雄氏の主張を批判し，それは氏が立脚する労働力商品擬制説と矛盾することも指摘した。これに対して鈴木氏

は，自分は対人サービスにおいて人間が労働対象になるとは言っているが，対人サービスの生産物は労働力であるとは言っていない，と反論される。『資本論』1巻3篇5章の労働過程論では，労働対象というのは労働過程の結果としてうみだされる生産物の主要実体・物質的基体をなすものであり，それは生きた労働が加えられることで素材と価値の両面で生産物に移転される，となっている。対人サービス労働は人間を対象としているが，人間を加工して新たな生産物をうみだすものではないから，人間そのものは労働対象ではない。人間そのものを労働対象とみなすならば，対人サービス労働の生産物は加工された人間すなわち労働力ということになるのであり，これは鈴木氏が立脚する労働力商品擬制説と矛盾することとなる。

　鈴木氏は，自分は顧客を労働対象としているが，労働力を労働対象とはしていない，と反論されるのであるが，人間そのものを労働対象と位置づけるかぎり，対人サービス労働の生産物は労働力でしかない。そして労働力は生活資料の消費によって再生産される人間能力の総体であり，労働対象とはなりえないものである。

　前掲の拙論では，米国の社会学分野で唱えられた「接客労働の三極関係論」は，サービス・マーケティング論の分野で唱えられた「サービス・マーケティング・トライアングル」に類似していることを指摘したうえで，両者の関連をも問うた。鈴木氏は，論稿「接客サービス労働の諸問題——飯盛信男教授の批評に答える」(『佐賀大学経済論集』44巻5号) で，前者にみられる体制批判的視点が後者にはみられないのであり，両グループ間の交流が乏しいのは視点・立場のちがいによる，と指摘された。鈴木教授のご教示に感謝申し上げたい。

　サービス産業では中小企業・零細自営業のウェイトが高いのであるから，その分析には労使関係論だけでなく中小企業・マイクロビジネス論の視点も必要だと私は述べたのであるが，鈴木氏は同稿において，接客サービス労働研究は大規模なかたちで組織化されている賃労働としての接客労働を考察の中心に据えるべきだと述べる。サービス産業の成長業種は異業種大資本の参入が多いのであるが，そのなかでも中小サービス業は地域市場・専門性・下請業務を存立基盤として健在である。とりわけ対人サービスの分野は零細自営業・家族経営が多い。2010年「国勢調査」でみると，理容業就業者21万人のうち17万人 (8

割）は自営業主・家族従業者である。零細自営業が多い対人サービスの分野では，労働運動とは次元を異にする業者団体・同業組合の役割が重要である。

　家族労働を主体として営業を行う自営商工業者の資本主義経済における位置を『資本論』を手がかりに解明した労作としては，野沢慎一郎『商工業者の諸規定──〈資本論〉に学ぶ』（2002年，光陽出版社）がある。それは商工自営業者の定義，生産様式変革・資本蓄積のなかでの商工業者の位置，相対的過剰人口・利潤率低下法則のなかでの商工業者の位置，商工業者の自家労賃などを『資本論』を手がかりに解明しており，資本主義の発展が零細業者を淘汰しつつも，他方でその新たな存立基盤をうみだしてきたことを強調している。中小サービス業の実態研究でもこの視点が貫かれるべきである。

追記

　小谷崇氏は，論稿「第三次産業のすべての労働は価値を生むとみることが合理的である」（『佐賀大学経済論集』44巻5号）で，有用効果生産の領域をサービス部門のみならず流通部門にまで拡げるべしと主張されているが，私は流通部門を不生産的としても「産業連関表」「国民所得統計」の活用は可能であることを拙論「サービス部門の労働過程特性」（同，44巻3号）で述べた。すなわち「産業連関表」では各産業の生産額は生産者価格で表示され，流通費用は流通部門の生産額として扱われているのであるから，生産的部門（物財生産プラスサービス部門）と不生産的な流通部門の生産額（帰属家賃を控除）を合計したものを生産的部門がうみだした社会的総生産物の価値額とみなすことができる。

　佐藤拓也氏は，論稿「『有用効果』概念とサービス産業の実証分析」（同，44巻5号）で，飯盛は旧大分類・サービス業の全体をサービス部門（有用効果生産）とみなしているが，そのうち企業関連サービスについてはサービス部門とはみなせないものがあることを，情報サービス，労働者派遣業を例に指摘する。ソフトウェア労働について，青水司『情報化と技術者』（1990年，青木書店）ではハードウェアとともに労働手段を構成する，とされ，石沢篤郎『コンピュータ科学と社会科学』（1987年，大月書店）では設計労働として物質的生産の一環を担うとされる。佐藤氏の見解は青水氏に近いとの印象を受ける。国民経済計算でも受注ソフトウェアは固定資本形成に含まれるようになっており，わが国のソフ

トウェア産業は電算メーカー主導とされている。情報サービス業の大きな成長は1980年代以降のことであり，サービス論争のなかでは主たる論争点とはならなかった。労働者派遣業も合法化されたのは1980年代後半であり，大きく拡大したのは2000年以降である。これもまたサービス論争では論争点とはならなかった。人材派遣業は人間そのものを供給するのであるから産業とはいえず，その就業者は派遣先企業・産業の就業者とみるべきである。

　なお，私は，第2作『生産的労働と第三次産業』(1978年，青木書店) で大分類「サービス業」のうち広告業，物品賃貸業以外に宿泊業，娯楽業，法務・会計・税理士も流通部門に区分していた。しかし，これら業種の実態をふまえ，現在では，後者は施設提供や流通業務だけでなくサービス機能も含むものと理解している。広告業，物品賃貸業は流通機能を担う業種であり売上高は大であるが雇用規模は小である。したがって旧産業大分類「サービス業」を有用効果を生産する「サービス部門」とほぼ同じものとみなしたことは妥当であった。

　最後に，『資本論』の諸規定のなかでサービス産業分析において重要であるがまだ議論されていない2点をあげておこう。1巻4篇 (相対的剰余価値の生産) では物財生産での生産様式の変革が協業→マニュファクチュア→機械制大工業として描かれるが，サービス部門での生産様式の変革はどうとらえられるであろうか。サービス工学，サービスサイエンスの分野でのサービス・イノベーション研究が注目される (木下栄蔵編『サービスサイエンスの理論と実践』2011年，近代科学社)。3巻2篇 (平均利潤率形成)，3巻3篇 (平均利潤率低下法則，それへの反作用) の論理展開のなかにサービス部門ウェイト上昇の必然性をくみこむこと。これは実証研究としては，佐藤眞人『構造変化と利潤率』(1998年，関西大学出版部) でとりくまれている。この議論もまた，サービス部門を物財生産部門とともに価値形成部門とみなすことによって可能となるものである。

第4章 サービス経済研究における新たな視点
―姉歯曉氏，寺田隆至氏，阿部浩之氏らの研究によせて―

　本章では，ここ数年間に発表された姉歯曉，寺田隆至，阿部浩之氏らのサービス経済にかんする注目すべき研究をとりあげて検討する。姉歯氏は，サービス消費支出増加の背景を品目ごとに詳細に検討しており，家計消費の視点からのサービス経済分析を示している。寺田氏はサービス部門を不生産的とする通説の立場から，所得再分配をとおしてサービス部門が維持される経路を再生産・経済循環図を用いて説明することを試みている。阿部氏は，対人サービス労働においては規模拡大は可能であるが機械化は困難であることから，その労働組織は熟練に依存するマニュファクチュア型になると主張している。3氏の研究は家計消費，再生産，労働過程の視点からのサービス経済研究への新たな貢献である。本章では，私の見解との相違点を明らかにしつつ，3氏の主張の意義と問題点を検討する。

第1節　家計・国民生活の観点からのサービス経済分析
　　　―姉歯曉氏の主張―

1　サービス消費支出の腑分けとその増加の背景

　姉歯曉『豊かさという幻想』（2013年，桜井書店）は，第Ⅰ部「浪費という幻想」（1〜4章）で，消費者信用と国際通貨国特権に支えられた米国家計の「所得を超える消費（過消費）」を分析し，第Ⅱ部「消費社会の内実」では，5章で，消費者信用の膨張が過剰生産の可能性を深化させることを明らかにしている。そのうえで6章「消費のサービス化について――〈豊かな消費社会論〉批判」では，日本での「家計調査」の分析から，消費のサービス化すなわち物財からサービスへの転換という構図は成りたたない，サービス支出のウェイト上昇を豊かさの指標ととらえる脱工業社会論は幻想である，と結論づける。最後の7章では，

サービス産業の発展は資本主義的分業の展開の結果として生じているとする
R. A.ウォーカーのサービス経済論批判が紹介されている。

　R. A.ウォーカーによれば，サービス産業の拡大は製造業の衰退ではなく，
むしろ製造業のよりいっそうの発展・拡大の証拠である，サービス産業の発展
は資本主義的な分業の結果として生じていることであって工業社会の枠組みが
消滅していくようなものではない。サービス経済化を幻想とみなすこのR. A.
ウォーカーの説は姉歯氏の研究の出発点をなすものであり[1]，6章での日本の
家計を対象としたサービス消費支出の実態分析はその具体化といえる。姉歯氏
が著作の6章でとりくんだ課題は，サービス消費支出を品目ごとに腑分けし，
それぞれの支出が増加する背景を明らかにすることである。

　姉歯氏はサービス消費支出を，I消費過程で追加的に行われる財生産に対す
る支払い，II現物貸付あるいは土地資本に対する支払い，IIIサービス提供に
対する支払い，に分類する。Iは，Ia財の修理・メインテナンスとIb調理や仕
立て，すなわち物財を消費するための加工，に区分される。IIは，IIa物品賃
貸（現物貸付）とIIb宿泊業・施設提供業（土地資本への支払い）に区分される。
IIIは，IIIa公共サービス（教育・医療・福祉）とIIIb生活関連サービスに区分
される。サービス消費増加の要因は次のようにとらえられる。Ia財の修理・
メインテナンスについては，耐久消費財普及に伴うもの，IIbに含まれる家
賃・地代の増加については，公的支援の不足によるものであり，その家計負担
の増加はむしろ貧困化としてとらえるべきである。IIIa公共サービスへの家計
支出の増加については，公的支援の不足によるもの，ととらえられる。また，
Ib調理・仕立て，IIIb生活関連サービス購入の増加は女性の賃労働者化＝家事
労働の外部化によるものである，とされる。

2　姉歯氏の結論

　以上のように姉歯氏は，サービス消費を品目ごとに腑分けし，それぞれの支
出増加の背景を解明したうえで，①サービス支出の増加は耐久消費財の増加と
相対している，②サービス支出の増加は公的支援の不足による貧困化をも含ん
でおり，それを豊かさと結びつけるのは幻想である，と結論づける。

　姉歯氏の結論の第2点は，公共サービスのウェイト上昇それじたいは社会進

歩の指標であるが，公的支援不足のもとでは貧困化の指標にもなるということであり，重要な指摘と評価すべきである。姉歯氏は日本の家計消費支出からこの結論を導き出したのであるが，米国については堤未果『貧困大国アメリカ』3分冊（2009～2013年，岩波新書）のなかで，公的支援の不足の結果としての教育費・医療費の高騰が民間教育ローン会社と民間医療保険会社による国民収奪＝貧困化をもたらした実態が示されている。労働力構成や産業別産出額での公共サービスのウェイト上昇は社会進歩の指標とみなされるものであるが，公的支援不足のもとではそれは国民生活の貧困化をもたらすものとなることは，家計消費支出の検討によって明らかになるものである。

　姉歯氏の結論の第1点は，サービス支出の増加は耐久消費財の増加と相対している，というものであるが，これは氏の研究の出発点になったとみられる R. A. ウォーカーの主張（サービス産業の拡大は資本主義的分業の結果として生じたものである）にそったものである，と考えられる。その土台には，サービス部門を不生産的部門とみなす通説があり，サービス部門は消費過程に位置するものであるから物質的生産部門に附随するものだという見方がある，と考えられる。この通説，見方は，サービス部門分析への「国民所得統計」，「産業連関表」などの活用を妨げるものとなる。現実の産業をみれば，財とサービスは渾然一体となって存在しており，物財生産部門とサービス部門の区分は財とサービスいずれのウェイトが高いかによることとなる。

3　サービス部門は製造業に近づいてゆくという見解

　ところが姉歯氏はすでにみたように，家計によるサービス購入のうち物財の修理・保全，物財を消費するための加工，物財の賃貸・施設提供などは物財関連のサービス，すなわち物財消費・施設利用に附随したサービスであるとされ，サービスそのものが購入されるのは生活関連サービスと公共サービス（社会的共同消費）であるとしている。姉歯氏は他の著作のなかで，サービス部門は人件費の削減や機械化によって製造業と同じ特徴を有するものへとなってゆくととらえている。すなわち姉歯氏は，斎藤重雄編『現代サービス経済論』（2001年，創風社）II部・5章で，「対消費者サービス価格における対人的サービス労働の減少」を説いている。そこでは，結婚式場業，葬儀業，ゴルフ場，テニス場の

料金項目費用見積りの検討から，それらの料金には財購入とそのレンタル料が多く含まれており，対人サービス労働への支払いの割合は低いことが指摘され，これらはむしろ物財販売もしくはレンタルとしての性格が強い，と結論づけている。

姉歯氏はこれら業種での費用内訳を分析したのであるが，費用・経費というのは利潤部分を含んでいない。売上高から経費を控除した利潤部分（M）に人件費（V）を加えたものが，サービス労働がうみだした付加価値となるのである。サービスの価格は，その供給に必要な不変資本（C）＝投入された物財・サービスプラス減価償却費にサービス労働がうみだした付加価値（V＋M）を加えたものである。サービス価格における物財とサービスの比率はこの生産物価値（C＋V＋M）のなかで測るべきものである。姉歯氏の分析ではこの測定が利潤部分を除いた費用価格（C＋V）のなかでなされており，当然にも対人サービス労働比率は低くとらえられることとなる。

第2節　姉歯説の問題点

1　サービス部門の投入係数——サービス投入が中心

この比率の測定は「産業連関表」の投入係数表にもとづくのが妥当である。

表4-1　サービス部門・業種別投入係数

	教育研究	医療福祉介護	その他公共サービス	放送	情報サービス	映画制作・出版・新聞	広告	自動車・機械修理
一次・二次産業＋電気ガス水道	0.09	0.20	0.10	0.06	0.04	0.24	0.07	0.49
商業金融保険不動産	0.04	0.08	0.07	0.03	0.06	0.07	0.02	0.10
運輸＋情報通信	0.05	0.03	0.09	0.27	0.08	0.12	0.54	0.01
サービス	0.07	0.09	0.10	0.17	0.20	0.11	0.05	0.03
中間投入小計	0.25	0.40	0.36	0.53	0.38	0.54	0.68	0.63
資本減耗引当	0.12	0.06	0.06	0.09	0.09	0.06	0.05	0.04
付加価値	0.63	0.54	0.58	0.38	0.53	0.40	0.27	0.33
国内生産額	1.00	1.00	1.00	1.00	1.00	1.00	1.00	1.00
サービス投入率	0.75	0.66	0.77	0.82	0.81	0.63	0.86	0.37

出所）2005年「産業連関表」による。
注）サービス投入率＝運輸・情報通信＋サービス＋付加価値

表4-1は2005年「産業連関表」により，サービス部門各業種の投入係数を集計したものである。付加価値額プラス運輸情報通信・サービス業内部からの投入額を国内生産額で割ったものが，各業種の「サービス投入比率」となる。物財投入比率は，一次・二次産業・電気ガス水道投入額プラス商業金融保険不動産投入額プラス資本減耗引当額を国内生産額で割った比率である。商業金融保険不動産は物財の流通マージン・利子・手数料などで維持されるのであるから物財投入に加えるのが妥当である。そうすると，付加価値に運輸情報通信・サービス投入を加えたサービス投入比率は，放送，情報サービス，広告，その他事業所サービスは8割を超え，教育研究，その他公共サービス（宗教その他非営利団体），娯楽，洗濯理美容浴場，その他個人サービスでも7割を超える。また，医療福祉介護，映像文字情報制作も6割を超え，宿泊も5割を超える。こうして，産業連関表の投入係数によって検討すれば，サービス産業の各業種は自動車・機械修理業を除けば，すべてサービス投入が物財投入を上回っている。サービス部門が製造業へ近づいているという主張は成り立たない。

　広告は付加価値率27%であるが，中間投入のうち54%は情報通信（新聞・出版，映像制作）であり，これらを加えたサービス投入率は81%である。放送は付加価値率4割弱であるが，中間投入の中心は情報通信（映像音声制作）とサービス業内部（派遣等）であり，付加価値率にこれらを加えたサービス投入率は8割を超える。映像文字情報制作は付加価値率4割であるが，中間投入のうち12%は情報通信，11%はサービス業内部であり，これらを加えたサービス投入比率は63%である。なお，物財投入の中心は紙・印刷などである。宿泊は付加価値率39%であるが，中間投入のうち7%は運輸情報通信，5%はサービス（ビルメンテナンス，警備など）であり，これらを加えたサービス投入比率は51%となる。物財投入は食材，飲料，電水料が中心である。

その他事業所サービス	娯楽	宿泊業	洗濯・理美容・浴場業	その他個人サービス
0.06	0.10	0.26	0.11	0.10
0.06	0.05	0.13	0.06	0.05
0.03	0.08	0.07	0.03	0.05
0.11	0.10	0.05	0.07	0.06
0.26	0.33	0.51	0.27	0.26
0.07	0.10	0.10	0.07	0.09
0.67	0.57	0.39	0.66	0.65
1.00	1.00	1.00	1.00	1.00
0.81	0.75	0.51	0.76	0.76

2 長期不況下での家計によるサービス消費の実態

姉歯氏はサービス支出のウェイト上昇を「豊かな消費社会」とみなすのは幻想であると批判している。だが、日本の現実をみれば、1990年代以降長期不況のなか家計消費支出（実質）は減少をたどり、そのなかでサービスから財への転換（逆転）がすすんでいるのである。家計消費支出が縮小を続けることじたいが貧困の進行であり、そのなかでサービス支出は実質額では財支出よりも減少率が大であった。サービス産業の就業者数をみても1990年代以降は家計向けの生活関連サービス、余暇関連サービスはほぼ横ばいであり、増加をたどったのは対企業サービスと公共サービスであった（飯盛『日本経済の再生とサービス産業』2014年、青木書店、第3章）。

1990年代以降は高齢化の進展により全世帯では年金生活者の比率が高まっているので、家計消費支出の時系列での比較は現役世代である勤労者世帯でみるのが妥当である。勤労者世帯家計消費支出は実質額では不況が本格化した1993年以降減少をたどっている（表4-2）。勤労者世帯家計消費支出は1970年から92年に4.27倍へ伸び、そのうち財支出は3.45倍、サービス支出は5.89倍となったが、この間の物価上昇を割り引いた実質での伸びは、家計消費支出1.40倍、財支出1.28倍、サービス支出1.56倍である。なお「こづかい、交際費、仕送り」も5.06倍に大きく伸びた。次に、1992年から2010年には実質額では、家計消費支出は0.89倍で、財支出0.97倍、サービス支出0.92倍である。家計消費支出（実質）が1.4倍に増加した1970→92年にはサービス支出の伸び率が財支出の伸び率をかなり上回っていたが、家計消費支出が1割減少した1992→2010年にはサービス支出は財支出よりも減少率が大であった。なお、この時期には財・サービスに区分されない「こづかい、交際費、仕送り」は7割に急減した。

飯盛『経済再生とサービス産業』（2001年、九州大学出版会）4章でみたように、1990年代不況以降は家計消費支出減少のなかで、保健医療費、教養娯楽費、理美容費については、サービスから財への転換が生じている。病院診療から売薬へ、旅行・月謝から園芸用品・ペット用品・パソコンへ、理美容サービスから理美容用品への転換などである。

なお、「産業連関表」によってマクロ次元でみると、わが国の家計消費支出

表 4-2　勤労者世帯家計消費支出の推移（1世帯あたり年間支出額）

	1970年	→	1992年	→	2010年
家計消費支出（千円） 　消費者物価上昇率 　同実質伸び率	991	×4.27 ÷3.04 1.40	4234	×0.90 ÷1.01 0.89	3820
財支出（千円） 　同物価上昇率 　同実質伸び率	602	×3.45 ÷2.69 1.28	2075	×0.91 ÷0.94 0.97	1891
サービス支出（千円） 　同物価上昇率 　同実質伸び率	229	×5.89 ÷3.77 1.56	1349	×1.01 ÷1.09 0.92	1361
こづかい，交際費，仕送り（千円）	160	×5.06	810	×0.70	568

出所）「家計調査年報」による。

　総額（帰属家賃除く）は，2000年232.0兆円から2010年220.7兆円へ11.3兆円減少した。そのうちサービス購入（運輸通信含む）は2000年75.6兆円から2010年74.9兆円へ減少した。住宅賃貸料（家賃）は12.2兆円で一定，飲食店への支出は15.3兆円から14.1兆円へ減少した。サービス支出のなかで教育・医療福祉介護への支出は2000年14.0兆円から2010年16.6兆円へ2.6兆円増加し，これを除いたサービス支出は61.6兆円から58.3兆円へ3.3兆円減少している（表4-3）。2000～2010年のあいだに家計の教育・医療福祉介護への支出は増加しており，これは公的支援の不足による家計への圧迫をもたらした。すなわち，教育・医療福祉介護以外への家計消費支出は218.0兆円から204.1兆円へ13.9兆円（9.4％）減少した。

　この間，物品賃貸，娯楽，宿泊への支出は大幅に減少し，増加したのは電気通信（携帯電話），放送（ケーブルテレビ），情報サービス（ネットサービス）への支出に限られる。なお，飯盛『サービス産業の展開』（1990年，同文舘）6章でみたように，1980年代，バブル経済期にみられた家計消費支出におけるサービス化は，教育費，家賃負担の増加によるところが大であり，レジャー関連支出は高所得層（上位5分の1）を除けば伸びが小さかった。公的支援の不足による家計への圧迫はバブル景気の時期についても妥当するものであった。

84　第Ⅱ部　サービス経済研究とその論争の到達点

表4-3　「産業連関表」による家計消費支出の推移

(単位：兆円)

	2000年	2005年	2010年
運輸サービス	14.71	14.79	14.40
郵便	0.33	0.23	0.25
電気通信	6.57	6.88	7.26
公務	0.74	0.79	0.84
教育	5.63	6.03	5.79
医療福祉介護	8.37	9.20	10.82
宗教・各種団体	1.89	2.46	2.37
放送	0.90	1.09	1.67
情報サービス・広告	1.34	1.36	2.15
映像文字情報制作	1.33	1.43	1.59
物品賃貸・貸自動車	1.00	0.65	0.58
自動車・機械修理	3.34	3.00	3.03
その他事業所サービス	0.50	0.89	0.95
娯楽	9.75	8.46	6.95
宿泊	6.75	5.31	3.85
対個人サービス	12.17	12.69	12.15
廃棄物処理	0.28	0.24	0.23
サービス支出計	75.60 (32.6%)	75.50 (32.9%)	74.88 (33.9%)
住宅賃貸	12.16	11.91	12.16
飲食店	15.32	14.34	14.07
家計消費支出計(帰属家賃除く)	232.01	229.22	220.72

注) 2010年は延長表。

3　豊かな社会から脱工業社会へ

　いわゆる「豊かな社会」論は，J. R. ガルブレイス『ゆたかな社会』(1958年：鈴木哲太郎訳，1958年，岩波書店)，W. ロストウ『経済成長の諸段階』(1960年：木村健康他訳，1961年，ダイヤモンド社) で説かれたものであった。それらは，工業化達成によって大衆消費社会が実現した戦後期に提唱されたものである。これに対し，脱工業社会論は，工業化による順調な経済発展が終焉を迎えた1970年代に至って登場したものである。その代表であるダニエル・ベル『脱工業社会の到来』(1973年：内田忠夫訳，1975年，ダイヤモンド社) は，その第2章で，財貨の量によって生活水準が測られていた工業化社会に対し，これからの脱工業社会では教育・医療・文化など生活の質が生活水準の尺度になると説いた。そして脱工業社会の到達点は，教育，医療，公共行政のような生活と社会の質の向上を

目的とした共同的性格のサービスのウェイトが高まってゆく社会である，としている。

　さらに，三次産業の拡大は，①工業化段階での運輸通信業の拡大，②工業化達成・大衆消費社会実現段階での商業の拡大，③製造業比率が下降する脱工業段階での金融不動産とサービス業の拡大，④最後の段階では公共サービス部門の拡大，という順で発展段階論的にとらえられている。1960年前後に登場した「豊かな社会論」は三次産業の発展段階の第二段階までしかとらえきれていなかった。

　ガルブレイス，ロストウが説いた大衆消費社会＝豊かな社会を，過剰生産と消費者信用の膨張がもたらした浪費，過消費の体制[2]として，「豊かさという幻想」を批判することは正しい。それは姉歯氏の著書の第Ⅰ部（1～4章）と第Ⅱ部・5章で詳細にとりくまれている。だが，ダニエル・ベルの脱工業社会論を，「サービス消費支出の増大傾向を豊かさの指標ととらえる議論」とみなすことは正しくない。それは，物財生産力が過剰となったあとでは，公共サービス拡充による生活と社会の質の向上が目標となってゆくことを説いている。これはそれ以降の新自由主義の展開がもたらした生産力の暴走に対する批判となりうるものである。脱工業社会論は過剰生産・過剰競争から脱却する脱成長主義を含んでいる，といえる。

第3節　再生産におけるサービス部門の位置
―村上研一氏，寺田隆至氏の研究―

1　山田喜志夫氏，川上則道氏らの見解

　サービス部門を不生産的とする通説の立場をとるのであれば，物質的生産部門でうみだされた所得の再分配によってそれが維持される仕組みを示す必要がある。これを最も明快に示したのは山田喜志夫『再生産と国民所得の理論』（1968年，評論社）第4章である。山田氏によれば，サービス労働は価値を形成しないのであるから，サービス業資本の不変資本はその価値が生産物に移転されることはなく，その素材的内容をなすものは生産手段ではなく，「社会的消費財」である。社会的再生産におけるサービス部門の位置づけは，再生産表式へ

新たにサービス部門を付け加えることによってではなく，サービス部門を支えるために提供される消費財を第II部門の亜部門（IIb）として分離することによって，解明されることとなる。

　川上則道『計量分析・現代日本の再生産構造』(1991年，大月書店) も，サービス労働価値不生産説にたち，不生産的部門によって購入される資材・設備を消費手段ととらえ，これら資材・設備を生産する部門をII部門のなかに位置づけている[3]。サービス部門を不生産的とすれば，社会的再生産における位置づけが問題となるのは，当然ながら消費者向けのサービスのみである。企業向けサービスは，生産過程の延長もしくは利潤からの費用控除として位置づけられる。なお，サービス部門を価値形成的とする論者のなかでも，ベ・ア・メドベゼフ (В.А.Медведев)『社会的再生産とサービス分野 (*Общественное воспроизводство и сфера услуг*)』(1968年，モスクワ)，赤堀邦雄『価値論と生産的労働』(1971年，三一書房) は，サービス部門を消費手段のみに限定している[4]。山内清『拡大再生産表式分析』(2012年，大川書房) も，資本関係に包摂された今日のサービス産業は価値形成的であるとみる。ただし，物質的生産活動の一環を担う対企業サービスは物的生産労働とみなすべきであり，サービスは人を対象とした消費的サービスに限定すべきである，と主張する (同，7章1節)。

　山田喜志夫『現代経済の分析視角』(2011年，桜井書店) 4章は，サービス経済化は資本主義的分業の全般的展開にもとづくものであることを説明している。すなわち，サービス経済化の要因として，生産過程からの要因5点 (財貨生産の生産性上昇，間接業務の外注化，海外移転，自動化，リース利用増加)，流通過程からの要因3点 (業務外注化，広告・販売部門の肥大化，金融の肥大化)，消費過程からの要因3点 (専門技術職教育の拡大，消費の社会化，耐久消費財の修理・レンタル) の計11点をあげる。だが，これらサービス産業の実態分析は，価値論・再生産論におけるサービス部門の位置づけを確定したうえではじめて可能となるものである。サービス産業の拡大を事実として追認して，それを分業の全般的展開の結果，資本の論理の追求の結果とみなすことは，サービス部門を不生産的とみなし所得再分配過程に位置づける理論的立場とは相容れない。

　サービス部門を価値形成労働として社会的再生産のなかで正当に位置づける

ことによってその実態分析が可能となる。山田氏はこの前提を欠いたままで，サービス産業拡大の事実をフォローしているのである。これは，現実のサービス産業拡大を説明する理論としてはすでに破綻しているサービス労働価値不生産説の誤りから目をそらすための，価値形成論次元での議論を避けるための逃げ道ではないか。佐藤拓也氏は，飯盛の「有用効果概念をサービス産業に一律に適用する方法」の問題点を指摘し，異種混成産業としてのその雑多性をそのまま受け入れたうえで，そのものとして分析すべきであると指摘する[5]。渡辺雅男氏も，三次産業をサービス部門と流通部門に分割する「単純な二分法」を批判し，その分析にはより高度な分類が必要であると指摘した[6]。だが，理論的基準はまず価値論・再生産論視点からの区分であり，これを踏まえたうえで，具体的な課題に応じて，大企業型と中小企業型，大都市型と地方型，労働集約型と資本集約型，単純労働型と専門職型，異業種参入型と自立型というような区分が用いられるのである。

2 村上研一氏の見解

　サービス部門価値不生産説の立場からの再生産構造分析として最新の著作は，村上研一『現代日本再生産構造分析』(2013年，日本経済評論社) である。村上氏はサービス部門を「消費過程で機能し収入によって補てんされる」不生産的部門ととらえており，医療福祉，教育，宗教・非営利団体，対個人サービス (生活関連・余暇関連) をこれに含めている (同，17ページ)[7]。そして，物財生産の延長とみなせない対企業サービス，すなわち情報サービス，法務財務会計サービス，コンサルティング，その他専門サービスなどは，商業・金融保険不動産業とともに流通部門に含めている (同，16ページ)。私見によれば，これら対企業サービスの多くは物財は生産しないが，流通機能を担うものではなく，村上氏が消費過程に位置づける教育，医療福祉，対個人サービスと同じく，無形生産物 (有用効果) を提供し価値を形成するのである。

　また，村上氏はサービス産業のうち，廃棄物処理，放送，研究は物質的生産部門に含めている。廃棄物処理は物財リサイクルの機能を担い，放送は広義の交通業，研究は結合労働力の一環として物質的生産を担うとされる (同，15ページ)。だが，私見によれば，これらの機能は自然を対象とする物質的生産では

なく，リサイクル，情報伝達，知識という無形生産物（サービス）の提供であり，サービス部門に含めるべきものである。これらは無形生産物（有用効果）を提供するがゆえに価値形成的である。

　無形生産物を提供し価値を形成するサービス部門は，物財生産の延長に位置するもの，消費者を対象とする教育，医療・福祉，対個人サービス，物財非関連の対企業サービスに分かれるが，村上氏の理解では価値形成的であるのは第1のグループだけであり，第2・第3のグループは不生産的部門となるのである。サービス部門を不生産的とする立場からの再生産構造分析では，それを最初から対象外とするものが多いのであるが，村上氏の著作には，サービス産業にかんする分析も含まれている。その第2章では，1980年代におけるリース業による機器・設備購入の増加，リースによる設備投資の代替，第3章では，1990年代における情報サービス・広告，医療・福祉による資材購入の増加，第4章では，1980年代における宿泊業・娯楽業分野での建設投資の急増と90年代での縮小などが分析されている。

3　寺田隆至氏による「サービス部門を含む経済循環」の把握

　寺田隆至氏は，「サービス経済化と経済循環・再生産論」と題する論考（上・中・下・追補，『函大商学論究』43巻2号，44巻1号，44巻2号，45巻1号，2011〜12年）を発表している。寺田氏は，山田喜志夫，川上則道，村上研一氏らと同じくサービス部門価値不生産説をとる。

　この論文の上巻（前掲，43巻2号）では，再生産表式の生産手段生産部門（I）を中間財（原材料）生産のIα部門と，資本財（労働手段）生産のIβ部門に分割し，消費手段生産部門（II）と合わせて三部門構成とする。これに伴い生産物価値も，不変資本価値（C）を中間財価値（Ca）と資本財価値（Cb）に分け，これに可変資本価値（V）と剰余価値（M）を加えた四価値構成とする。この三部門四価値構成の表式例によって国民所得論における経済循環の把握（三面等価原則）をマルクス再生産論の立場から検討する。粗付加価値額は三部門のCb＋V＋Mの合計であり，これは最終生産物である資本財Iβと消費財IIの価格の合計に等しい。生産された粗付加価値額は所得として分配され，この所得が最終生産物に支出される。労働者に分配される所得V，資本家に分配される

所得 M プラス Cb のうち，V と M は消費財の購入へ，Cb は資本財の購入へ支出される。三部門間の取引は貨幣流通によって媒介され，貨幣は出発点に還流する。

　寺田氏論文の下巻 (前掲，44巻2号) では，サービス部門を含む四部門四価値構成の再生産表式と経済循環図を提示している。サービス部門を不生産的部門とする山田喜志夫氏は，すでにみたようにサービス部門を新たな生産部門として再生産表式に追加するのではなく，サービス部門に消費財を提供する消費手段生産部門の亜部門を表式に追加して，それによってサービス部門の態様をとらえるという方法をとっている。ところが寺田氏は，本質ではない見かけ上の現象であるサービス部門を S 部門として設定する。これは現象形態である価格で表示される。ただし，サービス部門で用いられる資本財と中間財は「不変資本としての消費財」としている。寺田氏による S 部門を組み込んだ四部門四価値構成の再生産表式は，Iα 部門，Iβ 部門，II 部門に S 部門を加えた四部門と，Ca，Cb，V，M の四価値からなる。V と M は物財に支出される Vp，Mp とサービスに支出される Vs，Ms に区分される。四部門間の取引を媒介する貨幣の流れについては詳細かつ精緻な説明がされている。

　この四部門四価値構成の再生産表式によって寺田氏はサービス部門を含む三面等価原則の可否を検討し，それは，本質でない見かけ上の現象のなかで，粗付加価値額＝最終生産物価格という関係を含めて成立すること，サービス部門を組み込んでも最終生産物としての消費財，資本財，そしてサービスの各々の需給は一致することを確認する。そして追補 (前掲，45巻1号) では，サービス部門を対個人サービス，対事業所サービス，政府サービス (公共サービス) に三分割した経済循環図を示している (同，52-60ページ)。

　寺田氏によれば，サービス取引 (売買) という現象は，「労働のサービス」取引と「商品のサービス」取引に分かれ，前者は労働力の時間ぎめでの売買，後者は時間ぎめでの商品の売買である。この主張は寺田論文の中巻 (前掲，44巻1号) で説明されている。『資本論』1巻6篇17章「労働力の価値または価格の労賃への転化」のなかに，「商品として市場で売られるためには，労働は，売られる前に存在していなければならない」(ME全集第23巻，694ページ) のであるから，労働者が資本家に売るものは労働力であって労働ではないとの指摘 (労賃

形態の必然性論）がある。これを根拠に寺田氏は，「サービス取引」現象とは「売られることのできないものが売られている」現象であり，本当に売られているのは労働力であり，商品（モノ）であると主張する。

労働力や商品の消費権限が，特定の有用効果という結果を定めて譲渡されるならば，本来は労働や商品の消費にさいしてうみだされ，それゆえ決して売ることのできない「有用的働き＝サービス」が有用効果をもたらすものとして取引される現象が生ずる，というのが寺田氏の主張である。寺田氏がいう「労働のサービス」を提供しているのは直接サービスを供給する業種であり，理美容，教育・医療・福祉，プロスポーツ，芸能，会計，コンサルティング，警備，放送，廃棄物処理などがあげられている。また，「商品のサービス」を提供しているのは，物財あるいは施設関連のサービスを供給する業種であり，リース・レンタル，浴場，スポーツ・娯楽施設，宿泊業などがあげられている（前掲，44巻1号，35ページ）。

4 寺田説の問題点

寺田氏の主張に対しては以下の3点を指摘しておきたい。第1に，「労働のサービス」の取引は消費者が労働力を時間ぎめで購入することであるというとらえ方は，労働力は資本関係のもとでのみ商品になるというその特殊性を看過したものである。また，「商品のサービス」取引は時間ぎめでの商品の売買であるという見方は，それが物財・施設のたんなる賃貸（時間ぎめでの売買）ではなく，それに付随するサービス提供をも含むことをみていない。このことはすでに姉歯氏の著作の検討のなかでみたところである。寺田氏が依拠する『資本論』1巻17章の叙述の意味は，労働者が資本家に売るものは労働力であって労働ではないこと，労働がうみだす価値と労働力の価値の差額が剰余価値の源泉だということである。1巻17章の冒頭では，商品の価値とはその生産に支出された労働であり，その大きさはその商品に含まれている労働の量で測られる（ME全集第23巻，693ページ）といっている。商品であるサービスの価値はまさにその提供に投下された労働量で定まるのである。

第2に，寺田氏の主張のように，人的サービスに対する支払いがそれを提供する労働力の購入であるとすれば，その支払いはＶ部分のみしか補てんしな

いことになる。また，物的サービスに対する支払いが時間ぎめでの商品の購入であるとすれば，その支払いはC部分を補てんするのみであり，投入労働価値（V＋M）を含まないこととなろう。寺田説によれば，サービスがC＋V＋P（平均利潤）で売られるためには消費者からの収奪（価格上乗せ）が必要である，ということになる。サービス部門の平均利潤確保は消費者からの収奪によって可能になるとの見解は，サービス部門を不生産的とみなす他の多くの論者によっても採られているものである。

　サービス部門は価値を生産しないので，サービス提供に含まれる価値はそこで用いられる物財と労働力の価値（C＋V）であり，サービス部門の平均利潤はサービスの価格をそれよりPだけ上乗せした価格にすることによって得られるという見解は，ソ連邦『経済学教科書（初版）』第2分冊（1954年：刊行会訳，1959年，合同出版社，336ページ），遊部久蔵『労働価値論史研究』（1964年，世界書院，133ページ）ですでにみられる。川上則道氏も同様に，サービス企業の平均利潤部分はサービス提供に必要な物財の価格に上乗せされたものであると説いている[8]。寺田氏の主張はこれらの説と同じく，資本関係に包摂されたサービス部門を再収奪機構ととらえるものとなっている。

　第3に，寺田氏は，サービス部門を含む経済循環図の意義を，「サービス部門の拡大は，サービス部門用消費財の総量を限界づける物質的生産力の発展水準によって根本的に限界づけられている」のを示すことにみいだしている（追補，前掲，45巻1号，63ページ）。工業生産力が社会の需要をみたすにはまだ不足していた時代には，支配階級の浪費のうえに成り立つような不生産的な活動を批判することは正当であり，サービス部門を不生産的とみなす見解はこの時代には説得力があった。だが，現在は工業生産能力が過剰化・飽和化した時代であり，所得再分配によって健康，環境，文化など公共サービス拡充で生活と社会の質を引き上げてゆくことを目標とすべきである。物財の生産能力はすでに需要を大幅に上回る過剰生産・飽和状態となっており，競争激化で低賃金の新興諸国への生産移転・低価格化がすすみ，先進諸国での賃金低下・失業増大がつづいている。すでに達成された巨大な生産力を所得再分配による生活の質向上（医療・福祉，教育・文化，環境など）へ向け，これによって雇用創出＝内需拡大をすすめることで経済の安定化を図るべきである。これは，飯盛『日本

経済の再生とサービス産業』（2014年，青木書店）で強調したことである。

21世紀に至っての世界的な再生産構造を概括すれば，消費財生産は新興諸国に移転し，部品・装置・機器生産を先進諸国が担い，ソフトウェア，特許，法務・会計，コンサルティング，デザインなど高度な対企業サービスは米国に集中している。そして高度な対企業サービス＝知識集積が米国多国籍企業の国際競争力を支えている。第二次大戦後の米国は冷戦体制のなか，電子・原子力・航空宇宙など軍需関連先端産業を集中的に担うことで西側諸国を統合していたのであるが，1990年代以降，冷戦の終焉により軍需関連先端技術であったIT技術は民間移転され，これが米国多国籍企業の競争力を支えることになった，といえる。サスキア・サッセン『グローバル・シティ』（2001年［1991年］：伊予谷登士翁監訳，2008年，筑摩書房）によれば，製造機能を新興諸国へ分散させた多国籍企業の世界経済支配・管理は，ニューヨークに集中する情報技術・法律・会計・特許・コンサルティングなど高度な専門サービスを提供する大企業によって支えられている。これら対企業サービスの急増と第1節でみた公共サービスの民間産業化は，1980年代以降のグローバル化と新自由主義への転換がもたらしたものであり，ダニエル・ベルが予測できなかったものである。

第4節　サービス部門の労働過程分析
—— 阿部浩之氏の研究 ——

1　阿部氏の主張

最後に，サービス部門の労働過程特性について最近注目すべき主張を示している阿部浩之氏の論考にふれておこう。阿部氏の主張は以下の三つの連続論文で示されている。
・「感情労働論」（経済理論学会『季刊 経済理論』47巻2号，2010年）。
・「ケア労働の理論的検討」（政治経済研究所『政経研究』96号，2011年）。
・「対人サービス労働における熟練の問題について」（同『政経研究』99号，2012年）。

阿部氏は『季刊 経済理論』47巻2号掲載の論文で，対人サービス＝接客労働を感情労働と呼び，接客労働の統制における労働者の感情管理を重視している。このなかで氏は，感情労働における顧客を労働対象と位置づけ，マクドナルド

などファーストフード店を典型とするマニュアル化された感情労働と看護・介護職にみられるマニュアル化されない感情労働を対比させ，後者は組織的に集団として行われる，とする。続いて，『政経研究』96号の論文では，医療・看護・介護というケア労働は，多様性と不安定性をもつ「生身の人間」を労働対象とする対人サービス労働であり，労働の成果をより確実にするために，労働者は個別的には「見立て」，組織的には「集団力」をもって対応する，とみている。さらに『政経研究』99号では，物財生産と比しての対人サービスの労働組織の特性を検討している。

『資本論』第1巻4篇「相対的剰余価値の生産」では，物財生産における生産様式は単純協業→マニュファクチュア（分業にもとづく協業）→機械制大工業へと発展し，熟練はたえず解体され単純労働力化されてゆく，と説かれている。これに対し阿部氏は，対人サービス労働では機械化が困難であることから，労働組織はマニュファクチュア型となり熟練の役割が大であると説く。『政経研究』99号掲載の論考のなかで氏は，物的生産労働にみられる労働内容の定型性・成果の定測性に対し，対人サービス労働では労働内容の非定型性・成果の非定量性がその特性をなす，とみている。そして，小幡道昭氏[9]に習い，対人サービス労働においては労働対象がモノではなく人であることから，熟練の解体＝マニュアル化を阻害する可能性がある，その労働組織はマニュファクチュア的な形態になる，と主張する。阿部氏は対人サービス労働の典型として病院をとりあげ，それは医師，看護師，薬剤師，技師，介護士，作業療法士，事務職などさまざまな職種の協業からなるマニュファクチュア的労働組織である，とみる。そして，対人サービス労働ではマニュファクチュア型の労働組織の性質が濃厚であり，機械制大工業型の労働組織には収れんせず，熟練は依然として大きな意味を有する，と主張する。

物財生産の労働組織が機械制大工業型であるのに対し，対人サービスの労働組織はマニュファクチュア型であるとの阿部氏の主張は，サービス経済論のなかでは新たな問題提起であり，注目すべきである。阿部氏はその根拠を対人サービス労働の非定型性・非定量性に求めている。阿部氏の主張に対して問うべきことは，まず，対人サービス労働とは何か，サービス労働は対人サービス労働だけか，ということである。サービス部門の定義，種々の視点からのサービ

ス部門の分類・区分を明瞭に示しておくことがサービス部門研究の出発点である。そして，非定型性・非定量性がみられるのは対人サービス労働だけではない，マスコミ，出版，情報サービス，広告，映画，芸術・文化など情報業（精神的生産）と呼ぶべき分野の労働もその特性をもち，機械化は困難でマニュファクチュア型になると思われる。まず，サービスの定義・分類の問題からみてゆこう。

2 サービスの定義・分類基準

　労働過程を構成するのは生産手段（労働対象，労働手段）と労働そのものである。自然を対象とする物質的生産過程においては自然素材としての労働対象（原料）が加工され新たな生産物がうみだされるが，サービス部門では自然素材としての労働対象は存在せず労働がうみだす有用効果 (Nutzeffekt) ＝サービスが無形の生産物となる。物財は労働対象を加工した有形生産物であるのに対し，サービスは労働そのものがうみだす無形生産物である。サービス労働においては労働対象（原料）は存在せず，それが働きかける対象はサービス対象と呼ぶべきであろう。サービス部門がサービス提供の対象（人もしくはモノ）を購入することはないから，サービス対象は生産手段（不変資本 C）の一部たる労働対象とはならない。

　対人サービスとは人間を対象としたサービスであり，これに対立する概念は物財を対象とした対物サービス（修理など）であろう。ただし，対物サービスのばあいもそれを購入するのは人間であるから，対物サービスは物を媒介とした間接的な対人サービスといえる。そうすると対人サービスは直接サービス，対物サービスは物財関連サービスと呼ぶのが妥当である。対物サービス（修理，保全など）のばあいも，それは物財を加工し新たな対象物生産物をうみだすものではなく，サービス提供によって物財に価値を追加するにとどまる。なお，直接的サービスのばあいはサービスの提供と消費は時間的・場所的に一致するが，物財関連サービスでは分離される[10]。これは，サービスの対象からみた区分である。だが，今日では，対人サービス，対物サービス以外にも，媒体に対象化されて流通する知識・情報サービスが増加している。これはマルクスが「精神的生産物」と呼んだものであり，これがサービス対象による区分の第3の

表 4-4 サービス対象による区分と機能別分類を組み合わせたサービス部門の分割

	物財関連	直接サービス	知識・情報関連
対個人サービス	家財修理，レンタル，クリーニング	宿泊業，娯楽業，生活関連サービス，学習塾，個人教授所	映画，芸術，文化
対企業サービス	機械修理，設計，リース，ビルメン，計量・検査など	会計法務コンサル，警備，協同組合	放送，新聞・出版，情報サービス，広告
公共サービス	廃棄物処理	教育，医療福祉，各種非営利団体	研究

ものをなす。ここでは知識・情報を伝達する媒体がサービス活動の対象となる。この問題での私の見解は，『サービス産業論の課題』(1993年，同文舘) 8章で示した。

　サービス対象・サービス提供の態様からみた区分とは別に，社会的再生産の視点からの区分としては，生産手段として機能するか，消費手段として機能するかの区分が必要である。この視点からは対個人サービス，対企業サービス，公共サービスという区分が可能である。これはサービスの供給先による区分であり，一般には機能別分類と呼ばれている。なお，公共サービスとは国公営・非営利団体が中心の分野であり，消費者向けがほとんどである。サービス対象による区分と機能別分類を組み合わせてサービス部門の具体的な業種分割を示したのが表 4-4 である。以上のようにサービス部門の分類は，サービス対象による区分と機能別分類が基本であるが，さらに具体的な課題に応じて，規模別類型化，立地特性による分類，労働力類型による分類，資本集約度による類型化などが必要となる。これについては飯盛『日本経済の再生とサービス産業』(2014年，青木書店) 第5章をみられたい。

3　サービス部門の規模別類型化と機械化の困難性

　阿部氏は対人サービスでは規模拡大は可能であるが，その非定型性・非定量性ゆえに機械化は困難であり，熟練の重要性は残る，それゆえ，労働組織はマニュファクチュア型になる，と説く。そしてその典型としての病院をとりあげている。だが，非定型性・非定量性ゆえに機械化が困難であるのは対人サービ

96 第Ⅱ部 サービス経済研究とその論争の到達点

表4-5 サービス業の規模別類型化

	生活関連	余暇関連	企業関連
大企業型		公園・遊園地	放送，情報サービス，事務用機器賃貸，労働者派遣
大企業・中小企業並存型		映画制作配給，旅館	機械設計業，広告，各種物品賃貸，警備業，建物サービス
中堅企業型	冠婚葬祭，特殊浴場	ゴルフ場，興行団，遊戯場，ゴルフ練習場，ボウリング場，映画館，教育技能教授，旅行業，競輪競馬等，その他の物品賃貸，その他の娯楽，自動車賃貸	産業用機器賃貸，廃棄物処理，機械修理，土木建築サービス，リネンサプライ，商品検査，計量証明，その他の専門サービス，速記入力複写
中堅企業・小企業並存型	クリーニング，その他の洗濯理美容浴場業	学習塾，テニス場，スポーツ娯楽用品賃貸	民営職業紹介，デザイン，特許事務所，自動車整備
小企業型	公衆浴場，理容，美容，司法書士，写真業	獣医	法律事務所，会計士・税理士事務所

出所) 2012年「経済センサス」より作成。
注) 大企業型：従業者100人以上事務所の売上高シェア6割以上。
　　大企業・中小企業並存型：100人以上事業所の売上高シェア4割以上6割未満。
　　中堅企業型：100人以上事業所の売上高シェア4割未満。9人以下事業所の売上高シェア3割未満。
　　中堅企業・小企業並存型：100人以上事業所の売上高シェア4割未満，9人以下事業所の売上高シェア3割以上5割未満。
　　小企業型：9人以下事業所の売上高シェア5割以上。

スだけではなく，知識・情報サービスの分野もそうである。「サービス業基本調査」「経済センサス」によって規模別売上高シェアを基準にサービス産業を大企業型，中堅企業型，小経営型に類型化することができる（表4-5）。規模拡大が可能であるが機械化が困難な業種がマニュファクチュア型となる。

　大企業型業種は大きな資金・設備を必要とし中小企業の参入は困難な分野であり，具体的には遊園地，放送，情報サービス，リース業がある。また，映画制作，広告，警備，ビルメンテナンス，ホテルは大企業が多く中小企業も存立している業種である。これら大企業型業種のうち放送，情報サービス，映画制作，広告は知識・情報サービスの分野であり，機械化すなわち機械による熟練の代替はデジタル化によっても限界がありマニュファクチュア型（分業にもとづく協業）の労働組織であるといえる。遊園地，ホテル，警備は施設・機器・装置で多額の投資を要するが対人サービスの機械化は困難であり，大規模であ

るがマニュファクチュア型の労働組織となる。ビルメンテナンスは対物サービスであり大手では機械化・情報化がすすんでいるが、中小は労働集約型である。リース業は物融の機能を担うのであり、売上高に対して雇用は少ない。

　知識・情報サービスは媒体に対象化され流通可能であるから全国市場に展開可能であり、大企業が中心となる。遊園地、ホテル、警備、ビルメンテナンスは需要の大都市集中が規模拡大を可能とした。サービス産業では大企業型の分野は多くはない。市場が地域限定的で大企業の参入は少ないが、一定の資金・施設を要するため小企業の参入は困難な中堅企業型の業種が最も多い。生産と消費が時間的・場所的に一致する対人サービスの分野では、大都市以外では規模拡大は困難である。法務・財務・会計などは資格取得によって小経営でも開業可能であり、わが国では規模拡大はすすんでいない。理美容業も地域市場が基盤であるので小経営が中心である。機械化によって熟練が解体されチェーン化がすすんだのはクリーニング業である。病院・ホテル対象のリネンサプライは規模も大きく機械制大工業（特殊化された諸機械のあいだへの労働者の配分と区分（『資本論』1巻4篇13章4節「工場」）に近い労働組織となる。

4　人間を労働対象とみなす見解

　阿部氏は、人間を対象とするサービスを対人サービスと呼び、対人サービスにおいては人間そのものが労働対象になると説く。だが、対人サービスを受けとる人間はサービスの購入者すなわち消費者であって、労働対象ではない。物財生産においては自然素材（原料）が労働対象であり、それが加工され新たな生産物がうみだされる。労働対象は労働過程の結果である新たな生産物へ素材的・価値的に移転される。対人サービスにおいて人間そのものが労働対象になるとすれば、サービス労働が生産するものは加工された人間ということになろう。

　すでにみたように、対人サービスに対立する概念は対物サービスであるが、それを購入するのは人間であるから、物を媒介とした間接的な対人サービスとみるのが妥当である。そうすると人間を対象とする対人サービスは直接サービスと呼ぶべきである。サービス労働がうみだすのは無形生産物たるサービスそのものであり、対人サービスにおいてもそれを受け取る人間は消費者であって

労働対象ではない。物財生産部門とサービス部門の区分は労働対象（自然素材）の有無によるものである。ところが，対人サービスにおいては人間そのものが労働対象になるとの見解は，阿部氏のほかにも，鈴木和雄，森田成也氏にもみられる。森田成也『資本と剰余価値の理論』（2008年，作品社），同『価値と剰余価値の理論』（2009年，作品社）は，熟練形成に投入された教育・訓練などのサービス労働は労働力に対象化されて価値を形成し，その熟練の価値は生産活動に応じて生産物に移転される，とする。さらに森田成也『マルクス経済学・再入門』（2014年，同成社）では，サービスも投下労働の実体を有するがゆえに価値をもつと明言している。

また，鈴木和雄『接客サービスの労働過程論』（2012年，御茶の水書房）は，接客サービス労働では労働対象が顧客になることから，労働過程への参加者の関係は，製造業のばあいのような管理者・労働者の二極関係ではなく，顧客が加わった管理者・労働者・顧客の三極関係になるということを強調する。森田氏の説では，熟練を一種の生産手段とみなすという問題があり，鈴木氏の説では，接客サービスでの三極関係は生産と消費が時間的場所的に一致するというサービスの特質によるものであり，顧客が労働対象になることによるものではないことが見落とされている。森田説については『佐賀大学経済論集』42巻6号（2010年）の拙論（「複雑労働還元問題とサービス労働——森田成也氏の近著によせて」）で，鈴木説については同43巻5号（2011年）の拙論（「接客サービス労働の労働過程——鈴木和雄氏の諸論稿の検討」）で検討を加えている。

さらに述べれば，対人サービス労働においては人間そのものが労働対象になるとの主張は，すでに1990年代から登場した「サービス労働・労働力価値形成説」のなかでみられたものであった。その代表をなす斎藤重雄氏は『サービス論体系』（1986年，青木書店），『現代サービス経済論の展開』（2005年，創風社）のなかで，サービス労働を対人サービスに限定し，サービス労働は人間そのものに対象化・物質化されて労働力という生産物をつくりだす，と主張する。斎藤氏によって提唱された「サービス労働・労働力価値形成説」は櫛田豊『サービスと労働力の生産』（2003年，創風社）によって精緻化されている。斎藤説については「サービス労働と労働力商品の擬制性——斎藤重雄氏への回答」（『佐賀大学経済論集』43巻2号，2010年），櫛田説については「サービス部門の労働過程特性」（同，

44巻3号，2011年）で検討を加えた。

　サービス経済をめぐる論争は1950年代・60年代の生産的労働論争から始まり，1970年代・80年代の価値形成労働論争へと発展し，90年代以降は，まだ残された問題であった労働過程論次元での論争へと深められている。サービス部門の労働過程特性の研究は，斎藤・櫛田氏によって価値形成労働論の視点から，森田氏によって熟練形成労働の視点から，鈴木和雄氏によって接客労働の視点からとりくまれた。阿部氏はさらにすすんで『資本論』第1巻4篇における協業→マニュファクチュア→大工業という生産様式の変革がサービス部門ではどう展開するかという新たな課題にとりくんでいる。医療・介護の労働現場をふまえた阿部氏の研究の今後の展開に期待したい。

注

1）　姉歯曉「R. A. ウォーカーのサービス経済論批判について」(『國学院経済学研究』19集，1988年)。

2）　J. B. ショア『浪費するアメリカ人』(1998年：森岡孝二監訳，2000年，岩波書店)。

3）　川上氏のこの説に対する批判は次の拙論で示した。飯盛「再生産表式とサービス部門——川上則道氏の論考によせて」(『佐賀大学経済論集』35巻5・6号，2003年)。同「労働価値説とサービス部門——川上則道氏の論考によせて」(同，36巻1号，2003年)。これへの川上氏の回答は，川上則道「サービス生産をどう理解するか」(『政経研究』83号，2004年)。

4）　飯盛『生産的労働の理論』(1977年，青木書店) 第8章をみよ。

5）　佐藤拓也「有用効果概念とサービス産業の実証分析」(『佐賀大学経済論集』44巻5号，2012年)。

6）　渡辺雅男「サービス経済論争における飯盛説の新たな展開とその問題」(同上，44巻5号，2012年)。

7）　村上氏の理論的立場については，次を参照。村上研一「マルクスの消費労働概念と生産的労働」(関東学院大学『経済学研究科紀要』28号，2006年)，同「生産的労働・価値形成労働の要件と範囲」(同，29号，2007年)。

8）　川上則道「サービス生産をどう理解するか (上)」(『経済』2003年1月号，164ページ)。

9）　小幡道昭『経済原論——基礎と演習』(2009年，東京大学出版会) 30ページ。

10）　この点については，長田浩『サービス経済論体系』(1989年，新評論) 3章が詳細な分析を示している。

第5章　生産的労働・サービス論争における新たな主張
——二宮厚美氏の物質代謝・精神代謝両輪説——

　マルクス経済学の通説では，物質的財貨の生産＝物質代謝活動が人間社会存続の根本条件であることを根拠に，物財生産のみを生産的活動とみなし，サービス部門を社会の消費過程に位置づけてきた。これに対し，物質的生産は労働力を形成するサービス部門によって支えられており，その役割は大きくなっているのであるから，サービス部門も間接的に物質代謝活動を担っており生産的・価値形成的であるとする拡張説が登場した。これら通説，拡張説は物質代謝概念にもとづいており，後者は前者の修正説である。そして，従来からあるサービス部門価値生産説は，サービス労働は無形生産物（使用価値）である有用効果をうむことで価値を形成する，と主張する。これまでのサービス部門をめぐる論争では，生産的労働・物質代謝限定説と呼ぶべき通説，通説を修正する物質代謝概念拡張説，これらとは論拠を異にする有用効果生産説の三つのグループがあった。

　本稿ではこれまでの論争の流れをふまえ，二宮厚美氏が最近発表された新たな主張を検討する。二宮氏は人間社会存続のためには，物質代謝労働＝物質的生産労働と並んで人間そのものを生産する対人サービス労働（精神代謝労働）＝非物質的生産労働が必要であるから，対人サービス労働も生産的・価値形成的である，と主張する。これは，物質代謝・精神代謝両輪説と呼べるものである。二宮説は対人サービスの有用性を人間そのものの生産＝精神代謝に求めており，これは有用効果生産説を対人サービス分野について補完するものとなりうる。ただし，二宮説はもうひとつのサービス部門である対企業サービスについてはふれていない。本稿の末尾では，対企業サービスをも含むサービス部門の把握は有用効果生産説によって可能となることをも指摘する。

第1節　サービス部門拡大と経済理論

1　サービス部門を不生産的とする見解

　マルクス経済学の伝統的な理解では，物質的財貨をうみだす活動が生産的労働であり，物財をうまぬ不生産的なサービス部門は物財生産部門で生産された社会的総生産物（国民所得）によって維持扶養される，とされてきた。これはすでにアダム・スミス『諸国民の富』(1776年)で説かれていた理論であった。そしてマルクス経済学の通説でも，サービス部門は不生産的部門とみなされ，その肥大化は現代資本主義の腐朽性・寄生性を表わすものとされてきた。旧ソ連邦科学院『経済学教科書』(1954年)における国民所得論の叙述（14章・36章）では，国民所得をうむ労働は物質的財貨を生産する労働だけであり，有形的生産物をうまないサービス労働は商業労働と同様に不生産的である，サービス部門は物質的生産部門で生産された所得の再分配によって扶養される，となっている。その結論は，不生産的部門の働き手の割合を少なくして物質的生産部面で働く人々の割合を大きくすることが国民経済的課題である，ということであった。わが国でも金子ハルオ『生産的労働と国民所得』(1966年，日本評論社)，山田喜志夫『再生産と国民所得の理論』(1968年，評論社)，川上則道『計量分析・現代日本の再生産構造』(1991年，大月書店)らはこの立場をとってきた。

　だが，主要先進諸国では1970年代までに三次産業雇用比率は5割をこえ，21世紀に至った現在ではすでに7割をこえている。そしてそのなかでもサービスそのものを提供するサービス業が商業，製造業を上回る第1位の産業となり，とりわけ生活と社会の質の向上を担う公共サービス（教育，医療，福祉ほか）の拡大が著しい。家計消費支出に占めるサービス（教育，医療，福祉，生活関連サービス，交通・通信，娯楽ほか）の割合は，現在の日本ではほぼ4割を占めており，サービス部門は国民生活にとって不可欠の重要分野である。とりわけそのうち公共サービスは雇用安定化と内需型安定成長の鍵となるものである。また，米国では1990年代以降，対企業サービスのなかでも専門的サービス（情報，特許，法務・会計，コンサルティング，設計，デザインほか）が大きく成長し，巨大グローバル企業の展開を支えるものとなっている。サスキア・サッ

セン『グローバル・シティ』(2001 [1991] 年；伊予谷登志翁監訳，2008 年，筑摩書房)
はこのことを最初に解明した著作である。サービス部門を不生産的部門とみな
す通説は，現在のサービス部門の発展段階からかけ離れたものであり，それか
らの脱却が求められている。

2 第三次産業の発展段階論

　三次産業拡大は工業化段階での生産補助部門としての運輸・通信・公益事業
の拡大から始まる。『資本論』1巻4篇13章「機械と大工業」6節でも，これらは
当時確立していた物質的生産以外の新たな主要産業として論じられている。こ
れらは産業活動のインフラを担う部門であり，工業化達成とともにこの部門の
ウェイトは横ばいとなる。日本ではこの部門の雇用は高度成長開始期1955年
の5%からその終了期1975年の7%へ上昇し，それ以降は横ばい・低下となる。
工業化が達成され大衆消費社会が実現されると，物財の販売を担う商業部門が
拡大する。これは三次産業拡大の第2段階である。日本では商業部門（飲食業
含む）雇用は1950年11%，55年14%であったが，工業化が達成され大衆消費
社会となった1970年には19%，75年には21%へ高まった。1970年代以降は大
衆消費を支えるスーパーが小売業の主役となった。主要諸国ではこの段階で三
次産業雇用比率が5割をこえる。
　だが，商業は物財の販売を担う部門でありサービスそれじたいを提供するも
のではないために，物からサービスへの需要の移動により，商業のウェイトは
横ばいとなる。三次産業拡大の第3段階は工業部門の比重低下＝脱工業化によ
り，サービスそのものを提供するサービス業が拡大する段階である。日本では
1990年にサービス業雇用が商業を上回り，90年代前半にはサービス業が製造
業を上回る第1位の産業となった。米国ではすでに1970年代前半には，サービ
ス業が商業をさらに製造業を上回っていた。そして三次産業拡大の第4段階は，
教育，医療，福祉など生活と社会の質の向上を担う公共サービス部門が拡大し
てゆく段階である。主要先進諸国ではその雇用比率は2割をこえており，さら
に米国では1990年代に公共サービスが製造業をこえているのであるが，日本
ではその比率は21世紀に至って10%をこえ，2010年には15%に達したにとど
まる（表5-1）。なお，米国では，1990年代以降，冷戦終結による軍需関連先

表 5-1　日本の三次産業就業者数構成比　　　（単位：%）

	1955年	1970年	1995年	2013年
製造業	17.5	25.9	21.1	15.9
三次産業計	35.5	46.8	61.8	72.5
運輸・通信・公益事業	5.2	6.7	6.7	6.5
商業	13.9	19.3	22.2	21.8
サービス業	11.4	14.8	24.8	34.9
うち公共サービス	5.0	6.2	10.3	16.4

出所）「国勢調査」による。2013年は「労働力調査」。
注）「労働力調査」では2013年より，派遣労働者は派遣先産業の就業者として集計されているが，本稿では時系列での比較のため，前年までと同じく派遣業の就業者として集計している。

表 5-2　米国の三次産業就業者数構成比　　　（単位：%）

	1970年	1990年	2013年
製造業	25.7	17.6	10.3
三次産業計	63.1	72.6	81.0
商業	19.1	20.7	19.8
サービス業	26.6	33.3	43.5
公共サービス	15.9	18.5	24.0
対企業サービス	4.7	9.8	14.1

出所）*Employment and Earnings* による。

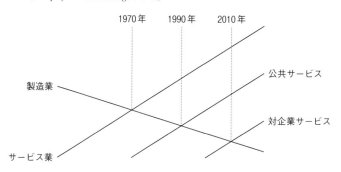

端技術（IT）の民間移転により，巨大企業のグローバル展開を支える対企業サービスが大きく伸びており，現在では対企業サービス雇用が製造業を上回っている（表5-2）。2014年『経済財政白書』3章2節では，米国やドイツに比べて日本は，コンサルティング・会計・法務といった専門職サービスの活用がたちおくれている，と指摘されている。

3 第三次産業分析と『資本論』

　第三次産業の拡大は物財関連の運輸・通信・公益事業，商業の拡大から始ま
り，これらが横ばいとなったのちはサービス業のみが拡大を続ける段階に入る。
主要先進諸国は1990年代以降はこの段階に達している。米国ではすでに1970
年代にこの段階に達しており，雇用のウェイトからみればサービス業はこの段
階から第1位の産業となっていた。そして，先進諸国ではサービス業のなかで
も公共サービスが大きく成長を続けており，米国では多国籍企業の展開を支え
る対企業サービスの拡大も著しい。以上にみた第三次産業の発展段階論はダニ
エル・ベル『脱工業社会の到来』(1973年；内田忠夫訳，1975年，ダイヤモンド社) 第2
章で最初に説かれたものであった[1]。

　三次産業は雇用でみれば先進諸国では7割をこえており，米国・英国では8
割をこえている。そのうち電力・ガス・水道業については配送機能をも担うこ
とから三次産業に含められているが，その機能は自然に対して働きかける物質
的生産とみるべきである。『資本論』では，運輸・通信業については2巻1篇で
の空間移動という有用効果生産（無形生産物）規定がある。さらに商業につい
ては3巻4篇の商業資本論の規定，金融・保険・不動産業については3巻5篇の
利子生み資本の規定がある。『資本論』は三次産業のうち商業，金融・保険・
不動産業，運輸・通信業については分析の理論を提供しているのであるが，現
在では最大の分野となっているサービス部門についてはその分析のための理論
を明示していない。『資本論』が執筆された時代には，サービス労働はいまだ
支配階級への個人的奉仕にとどまり，僕婢階級（家庭内使用人）によって担わ
れていた。すなわちまだ社会的分業の環をなすには至っておらず，商品とはな
っていなかった。したがってサービス労働は支配階級に寄生する不生産的労働
とされ，商品を出発点として資本主義を分析する『資本論』の対象外とされて
いたのである。

第2節　物財生産労働のみを生産的とする通説

1　通説が依拠する『資本論』冒頭商品論

　物財をうむ労働のみを生産的としサービス労働を不生産的とみなす通説が依

拠するのは，『資本論』第1巻第1篇「商品と貨幣」，第1章「商品」での叙述である。その第1節「商品の二要因，使用価値と価値」では，商品は一方で人間のさまざまな欲望をみたすという有用性をもち，他方で商品どうしの交換比率（価格）は，それらの共通性が労働の生産物であることから投下労働量によって決まる，と説いている。前者が商品の使用価値であり，後者が価値である。第1節ではまず最初に「商品は……その諸属性によって人間のなんらかの種類の欲望を満足させる物である」(ME全集第23巻，47ページ) として，富の素材的内容である使用価値の定義を示す。すなわち，「ある一つの物の有用性は，その物を使用価値にする。……この有用性は，商品体の諸属性に制約されているので，商品体なしには存在しない。それゆえ……商品体そのものが，使用価値または財なのである」(同，48ページ)。価値の素材的担い手である使用価値の定義を示したあとで，価値形成についての叙述が続く。「ある使用価値または財貨が価値をもつのは，ただ抽象的人間労働がそれに対象化または物質化されているからでしかない」(同，52ページ)。「商品を生産するためには，彼は使用価値を生産するだけではなく，他人のための使用価値，社会的使用価値を生産しなければならない」(同，55ページ)。最後に，「どんな物も，使用対象であることなしには，価値ではありえない。物が無用であれば，それに含まれている労働も無用であり，労働のなかにはいらず，したがって価値をも形成しない」(同，56ページ)。

　続いて第2節「商品に表示される労働の二重性」では，労働は，抽象的人間労働という面では商品価値を形成し，具体的有用労働という面では使用価値を生産する，と説く。ここでは，①労働は使用価値を形成する有用労働として，人間と自然とのあいだの物質代謝を，したがって人間の生活を媒介するための，永遠の自然必然性である，②使用価値すなわちいろいろな商品体は，自然素材と労働との結合物である，③自然素材とは，人間の助力なしに天然に存在する物質的基体であり，人間はただ素材の形態を変えることができるだけである，と述べている (同，58ページ)。そして最終節の3節「価値形態または交換価値」では，人間労働は価値を形成するが価値ではない，それは財貨へ対象化され，財貨のなかに凝固された状態で価値になる，と明言している (同，69ページ)。

　以上のように『資本論』冒頭商品論では，使用価値と価値を形成するのは人

間と自然とのあいだの物質代謝を担い物質的財貨を生産する労働であるとされている。使用価値は有形物，物財であり，それに対象化され物質化された労働が価値を形成すると述べている。これは，物財生産労働のみが使用価値を生産し価値形成的とする通説の根拠となっているものである。

2　物質代謝概念拡張の試み

　だが，『資本論』が書かれた19世紀後半とは異なり，教育・医療・福祉という公共サービス，生活関連サービス，余暇関連サービスからなる対個人サービス部門が労働力再生産にとって不可欠のものになっているという現実を背景に，物財生産部門のみを生産的活動とみなす通説への批判・修正が生じることとなる。通説の修正はまず，人間と自然とのあいだの物質代謝活動の範囲を拡げる試みとして登場した。長岡豊『資本と労働』(1972年，有斐閣)，松原昭『賃労働と社会主義』(1976年，早稲田大学出版会) は，労働力を形成するサービス労働は物質的生産活動に不可欠であるから，物財生産労働と同じく価値を形成すると主張し，置塩信雄『現代資本主義分析の課題』(1981年，岩波書店) は，人間じしんも自然の一部であるから人間に働きかけるサービス労働も自然変革活動として物質代謝活動に含めることで価値形成的とする。

　物質代謝概念を労働力再生産に必要な対人サービス労働にまで拡げることでそれを価値形成的とする長岡・松原・置塩氏の主張に対しては，価値はその素材的担い手としての使用価値 (生産物) を前提とすること，使用価値なくして価値はない，という価値論の大原則から逸脱していることを指摘せねばならない。すなわち，対人サービス労働は労働力を生産するから価値形成的であるとするならば，労働力そのものをそれがつくりだす生産物 (使用価値) とせねばならないのである。斎藤重雄『サービス論体系』(1986年，青木書店)，同『現代サービス経済論の展開』(2005年，創風社)，櫛田豊『サービスと労働力の生産』(2003年，創風社) では，長岡・松原・置塩氏らと同じく物質代謝概念を対人サービス労働にまで拡げたうえで，サービス労働は人間そのものに対象化・物質化されて労働力という生産物をつくりだすと主張する。物質代謝概念の拡張によるサービス労働価値形成説のなかで，斎藤・櫛田氏のサービス労働・労働力価値形成説と呼ばれる主張は，サービス労働が形成する価値の素材的担い手 (使用価

108 第Ⅱ部　サービス経済研究とその論争の到達点

値)を労働力としたことで，価値論の原則に即したものといえる。だが，この主張に対しては，労働力とは人間能力の総体であって生産物ではなく，資本関係のもとで商品化を強制される擬制的商品であること，労働力は生産物ではなくしたがって人間そのものは労働対象(生産物の自然素材)ではないことを指摘しておかねばならない。

3　物質的生産の第一義性を価値論の前提とみなす見解——唯物史観と価値論

　物質的生産部門のみが使用価値と価値を生産し，サービス部門はそれを生産しないとする通説は，金子ハルオ『生産的労働と国民所得』(1966年，日本評論社)で体系化されていた。金子氏は1970年代以降に登場したサービス部門を生産的とする諸説を批判した著作『サービス論研究』(1998年，創風社)のなかで，マルクス経済学がサービス部門を価値非形成とみなすのは，それが物質的財貨の生産こそは人間社会の存在と発展の根本条件であるとする唯物史観の考えにもとづいていることに由来する(同，9ページ)と言っている。これは物質的生産の第一義的役割という唯物史観の命題を価値論の前提とみなす理解であり，この理解は金子氏より前の世代である遊部久蔵氏の『価値論と史的唯物論』(1950年，弘文堂)のなかで，「価値論と唯物史観の共通基盤は物質的生産過程である」と明言されていた。

　金子ハルオ氏はこの理解の具体的な根拠づけとして，エンゲルス「カール・マルクス葬送の辞」(1883年)のなかでの，人間は政治や科学や芸術や宗教等々にたずさわるまえに，まず飲み・食い・住まい・着なければならない，いかなる社会においても人間は生活するためにはまず，「直接的な物質的生活資料」をたえず生産しなくてはならない(ME全集第19巻，33ページ)という指摘をあげている。またこれと同じ内容のことが，史的唯物論の確立を示すものとされる『ドイツ・イデオロギー』(1846年)のⅠフォイエルバッハ，Ａイデオロギー一般のⅠ「歴史」の冒頭部分で次のように述べられている。「生きるためにはなにはさておき，飲食，住，衣その他若干のことがなくてはかなわない。したがって最初の歴史的行為はこれらの必要の充足のための諸手段の産出，物質的生活そのものの生産であり，しかもこれは……あらゆる歴史のひとつの根本条件である」(ME全集第3巻，23-24ページ)。

第5章　生産的労働・サービス論争における新たな主張　　109

　長岡・松原・置塩・斎藤・櫛田氏らの主張も，唯物史観を価値論の前提とみなしたうえで，物質代謝活動の範囲を対人サービス労働にまで拡げることでサービス部門の価値形成を説いたものであった。唯物史観の基本命題には「物的生産の第一義性」と並んで「経済的土台（生産諸関係）の規定的役割」（土台―上部構造論）もある。前者は自然対人間の考察から得られる生産力にかかわる命題であり，後者は社会的諸関係の考察から得られる生産関係にかかわる命題である。生産力にかかわる前者の命題を価値論と結びつけるのは誤りであり，この誤りをもたらしたのは，この命題と後者の命題の混同であると考えられる。

　「物質的生産の第一義性」の命題は，自然は人間より先に存在し，人間は自然によって制約されるという客観的事実により，自然に対する働きかけをとおしての生活手段の獲得（物質的生産活動）が人間生活の基本条件であることを示したものである。これに対して「土台―上部構造論」は社会的諸関係の検討そのものから導かれる命題である。『経済学批判・序言』（1859年）にみられる唯物史観の定式のなかで，マルクスは，人間社会を経済的土台（生産諸関係）と上部構造（国家機構）の統一である「経済的社会構成体」ととらえ，後者は前者を反映したものであると説いている。この命題は，国家の役割は生産諸関係の根幹である所有関係を維持することにあるとの理解を媒介として導きだされている。「物的生産の第一義性」の命題と「土台―上部構造論」がそれぞれ論拠を異にするものであることは，『ヘーゲル国法論批判』（1844年），『経済学・哲学手稿』（1844年），『ドイツ・イデオロギー』（1846年）など唯物史観形成過程の検討によっても確認されるものであり，飯盛『サービス経済論序説』5章（1985年，九州大学出版会）で論じた。

　生産諸関係は物質的生産部門のみならず流通部門・サービス部門にもみいだせるものであり，これらを含む総体としての生産諸関係が社会の経済的土台（下部構造）を構成する。価値法則は生産関係に属するものであるから，サービス部門をも価値形成的とみなすことは，生産力にかかわる「物質的生産の第一義性」の命題となんら矛盾するものではない。「物質的生産の第一義性」の命題は，経済活動（社会の下部構造）のなかでは物質的生産部門が第一義的なものであるとするものであり，サービス部門が経済活動（社会の下部構造）に属さないとするものではない。『経済学批判・序言』の定式では，「人間の社会的

第Ⅱ部　サービス経済研究とその論争の到達点

図 5-1　史的唯物論の再構成

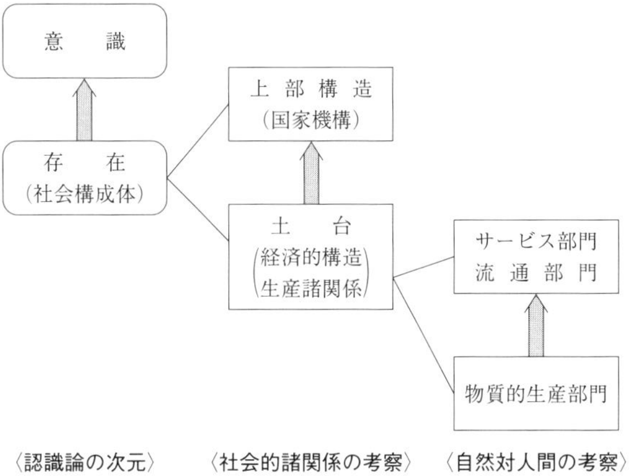

意　識

存　在
（社会構成体）

上 部 構 造
（国家機構）

土　台
（経済的構造）
生産諸関係

サービス部門
流 通 部 門

物質的生産部門

〈認識論の次元〉　　〈社会的諸関係の考察〉　〈自然対人間の考察〉

出所）飯盛『サービス経済論序説』(1985年，九州大学出版会)

存在が彼らの意識を規定する」という認識論次元での命題も示されている。唯物論によれば，意識は物質の反映であり，物質とは客観的実在のことである。意識諸形態は客観的実在＝物質である社会構成体を反映するものであり，社会構成体は経済的土台（下部構造）と国家機構（上部構造）に分割され前者が後者を規定する。さらに経済的土台のなかでは物質的生産部門が第一義的なものである（図 5-1）。

　従来の通説では，史的唯物論の次元を異にするこれら三つの命題が混同され，客観的実在→経済的土台→物質的生産，意識→上部構造→不生産的部門という誤った理解がなされていた。この誤りは，スターリン『弁証法的唯物論と史的唯物論』(1950年) のなかに典型的にみられたものである。

第 3 節　二宮厚美氏の対人サービス＝精神代謝＝非物質的生産説

1　二宮氏による新たな主張

　前節でみたように，物質的生産活動のみを生産的とみなす通説に対しては，物質代謝概念の拡張によってサービス部門をも生産的とみなす説が登場したのであるが，二宮厚美氏は最近の著作でこれら諸説とまったく異なる新たな見解

を発表している（「マルクス経済学と社会サービス労働」，『経済』2014年5月号掲載論文）。

二宮氏は，人間社会の存続のためには，自然に対する働きかけすなわち物質代謝労働＝物質的生産労働とともに，人間そのものを生産する対人サービス労働（精神代謝労働）＝非物質的生産労働が必要であるから，対人サービスも生産的・価値形成的である，と主張する。二宮氏は，サービス部門を物財生産の延長に位置づけるのではなく，サービス部門は物財生産と並んでともに人間社会存続のため不可欠なものであるから生産的と主張する。二宮氏は，エンゲルス『家族・私有財産および国家の起源』(1884年) を手がかりに，『資本論』冒頭商品論の「労働は，……人間と自然とのあいだの物質代謝を，したがって人間の生活を媒介するための，永遠の自然必然性である」(ME全集第23巻，58ページ）という規定に，対人サービス（精神代謝労働）を付け加える。冒頭商品論・1章1節では，物が使用価値となるのはその有用性によってであるとされており，二宮説の意義は，対人サービスの有用性を人間そのものの生産＝精神代謝に求めたことにある。

二宮氏によれば，人間能力の総体である労働力の再生産には物財だけでなくサービスも必要である。物財は人間の自然に対する働きかけ，自然と人間とのあいだの物質代謝活動をへて獲得されるが，サービスは人間相互の関係＝精神代謝関係をへて提供される。エンゲルス『家族・私有財産および国家の起源』の「序言」は言う。歴史における究極の決定的契機は，直接的生命の生産および再生産であるが，それはそれじたいまた2種類に分かれる。すなわち，一方では生活資料の生産とそれに必要な道具の生産，他方では人間じしんの生産，種族の繁殖（家族の発展段階）である。二宮氏によれば，保育，教育，医療，介護，娯楽，文化などさまざまな対人サービス労働は，家族のなかでの「人間じしんの生産」すなわち精神代謝労働を起点として発展してきたものである（前掲論文，131-132ページ）。

『家族・私有財産および国家の起源』の第1章では，人類の先史の文化諸段階を野蛮，未開，文明の3段階に分割し，第2章ではこの3段階に照応する婚姻の三つの形態（群婚，対偶婚，一夫一婦）が論じられている。これは家族の発展段階を区分したものであるが，エンゲルスのこの著作の「序言」での家族のなかでの「人間じしんの生産」を今日に至る対人サービス労働発展の起点とし

112 第Ⅱ部 サービス経済研究とその論争の到達点

てとらえることは，妥当であるといえる。

2 二宮説の論拠

『家族・私有財産および国家の起源』で歴史を究極において規定する2種類の生産とされているのは，一方では，人間と自然とのあいだの物質代謝を担う物財生産労働＝生活手段の生産，他方では，人間相互の応答関係＝精神代謝をとおして人間じしんを生産する対人サービス労働＝非物質的生産労働のことである，と二宮氏はとらえる。二宮氏は対人サービス労働を非物質的生産と規定するが，この概念は『剰余価値学説史』(1861～63年) ですでに用いられている。『剰余価値学説史』第1分冊・余論 (生産的労働) のなかには，「非物質的生産」の領域という規定があり，具体的には，著述家，芸術家，弁士，俳優，教師，医師，牧師などがあげられているが，これら領域での資本主義的生産の現象は生産全体とくらべれば，とるにたりないものであるから，まったく考慮外におくことができる，といっている (ME全集第26巻Ⅰ，522-523ページ)。

ここでの「非物質的生産」とは，『剰余価値学説史』のなかで幾度も「サービスの価値」として言及されている対人サービスのことである。なお，ここでサービスは，芸術生産物のように有形物に対象化され流通する (生産と消費とが分離する) ばあいと，実演する芸術家のように生産と消費とが時間的・場所的に一致するものに区分されている。対企業サービスをも含むサービス部門を有用効果 (無形生産物) 生産概念でとらえる理論が明瞭に示されるのは，『資本論』1巻公刊後10年をへた時期に執筆された2巻1篇1章の草稿においてである。そこではサービス部門は「生産過程の生産物が新たな対象的生産物ではないような産業部門」(ME全集第24巻，68ページ) と定義され，無形の生産物たる有用効果をうみ，生産手段としても消費手段としても機能する (同，69ページ) ことが述べられている。

なお，二宮氏は対人サービス労働は人間そのものを生産する精神代謝労働であるというが，医療，介護，理美容業は人間の精神ではなく身体を対象としている。このことについて二宮氏は，人間は物質ではなく，肉体と精神を統一した人格であるから，これら人間の身体を対象とする対人サービスも精神代謝労働の範疇でとらえることが可能である，という (前掲論文，135-136ページ)。『資

第5章　生産的労働・サービス論争における新たな主張　**113**

本論』1巻4章「貨幣の資本への転化」3節「労働力の売買」では，労働力とは人間の生きた人格のうちに存在する「肉体的および精神的諸能力の総体」のことである（ME全集第23巻，219ページ）と定義されている。人間性と人格の形成をマルクス労働過程論にもとづいて解明した古典的著作である芝田進午『人間性と人格の理論』（1961年，青木書店）では，『資本論』でのこの定義をもとに，人格とは人間の肉体的および精神的諸能力の具体的担い手にほかならない，とされている（同，129ページ）。

3　二宮説の位置づけ

　金子ハルオ氏を代表とする通説では，人間社会存続のためには自然と人間とのあいだの物質代謝＝物質的生産が不可欠であるから物質的生産のみが生産的であり価値を形成する。物財をうまないサービス部門は社会の消費過程に位置し，物財生産部門によって維持扶養されるととらえる。これは，生産的労働・物質代謝限定説と呼ぶべきものである。これに対し，置塩・長岡・松原・斎藤・櫛田氏らの物質代謝概念拡張説では，人間社会存続のためには物質代謝＝物質的生産が不可欠であるが，物質的生産は労働力を形成する対人サービス労働によって支えられており，対人サービス労働も間接的に物質代謝＝物質的生産を担っているのであるから，生産的であり価値を形成するととらえる。

　これは物質代謝概念を対人サービス労働にまで拡張することで，これを生産的・価値形成的とするものであり，通説を土台とした拡張説である。物質代謝概念拡張説のうち置塩・長岡・松原氏の主張では，サービス労働が形成する価値の素材的担い手（使用価値）が示されておらず，斎藤・櫛田氏は労働力そのものをサービス労働の生産物としてそれがつくりだす価値の素材的担い手を示したのであるが，労働力は擬制的商品であり生産物ではないというマルクス経済学の原則を逸脱している。このように物質代謝概念拡張説はいずれも理論的には成り立ちえないものである。

　二宮氏が提唱された説は，人間社会存続のためには，物質代謝＝物質的生産と並んで人間そのものを生産する精神代謝＝対人サービス労働も不可欠である，それゆえ物財生産と並んで対人サービス労働も生産的・価値形成的とするものである。これはこれまでの生産的労働・サービス労働をめぐる論争のなかでは

みられなかった新たな説の提案である。二宮氏はこの新たな説を、『家族・私有財産および国家の起源』を手がかりにつくりだされたのである。二宮説は、生産的労働・物質代謝限定説と呼ぶべき通説、通説を土台とした物質代謝概念拡張説に対して、物質代謝・精神代謝両輪説と呼べるものである。

　サービス部門の価値形成を主張する理論としては次節でみる有用効果（無形生産物）生産説があるが、それはサービスが使用価値となるその有用性にはふれていない。価値は素材的担い手としての使用価値を前提とするのであるから、対人サービスを使用価値たらしめる有用性を人間そのものの生産＝精神代謝と明確化した二宮説は、従来からあるサービス労働価値生産説＝有用効果生産説をこえる有意義なものである、といえる。なお、対人サービス労働の価値形成を認める最新の著作としては二宮氏のほかにも、山内清『拡大再生産表式分析』(2012年、大川書房) と、森田成也『マルクス経済学・再入門』(2014年、同成社) がある。山内氏は対人サービス労働は労働力再生産に必要であるから価値形成的となり、森田氏はサービスも投下労働の実体を有するがゆえに価値形成的であり、それは労働力に対象化されるという。森田説については『佐賀大学経済論集』42巻6号 (2010年) 掲載の論考「複雑労働還元問題とサービス労働——森田成也氏の近著によせて」で検討を加えている。

第4節　サービス部門＝有用効果（無形生産物）生産説

1　『資本論』冒頭商品論と2巻1篇・有用効果生産説との統一的理解

　『資本論』2巻1篇での運輸業・有用効果（無形生産物）生産説は、1950・60年代に交通経済論の分野で交通＝生産論争として論じられたものである。赤堀邦雄『価値論と生産的労働』(1971年、三一書房) は、この有用効果生産説を無形生産物をうむサービス部門一般に適用することで、サービス部門の価値生産を主張した。だが、氏は、冒頭商品論は物財生産を対象としたものであるから、サービス部門の分析ではそれは無視してよいと主張しており、『資本論』1巻冒頭商品論と2巻1篇有用効果生産説との連関・整合性が問われることはなく、体系性・一貫性を欠いた主張にとどまった。

　だが、有用効果（無形生産物）の概念は冒頭商品論ですでに登場している。1

第5章 生産的労働・サービス論争における新たな主張 **115**

巻1章2節「労働の二重性」のなかで，物質的財貨の生産は自然素材と有用効果（有用労働の結果）の結合としてとらえられており，『資本論』初版では，この有用効果をもたらすことが労働の目的とされている（飯盛『日本経済の再生とサービス産業』2014年，青木書店，173ページ参照）。この叙述は，自然素材がないサービス部門では有用効果そのものを生産物とみなす理解を可能にするのであり，これによって『資本論』2巻1篇の運輸業・有用効果生産説を冒頭商品論の具体化としてとらえることができる。この立場からのサービス労働有用効果生産説・価値生産説を，私は『サービス経済論序説』(1985年，九州大学出版会)，『生産的労働の理論』(1977年，青木書店) で示した。馬場雅昭『サーヴィス経済論』(1989年，同文舘) も，サービス労働は有用効果生産によって価値を形成するとみるが，サービスも「意識から独立した客観的実在」であるから物質であると主張する。これは，前節の図 5-1 で示したように，認識論次元での物質（客観的実在・存在）が意識を規定するという命題と，自然対人間の考察から得られる物質的生産の第一義的役割とを混同したものである。

また，マルクスじしんが「独立した科学的価値をもつ」と述べたフランス語版『資本論』第1巻 (1872年) では，冒頭商品論での「使用価値または財貨」との表現がフランス語版では「財貨」を除くものとなり，また冒頭商品論の「対象化または物質化」という表現がフランス語版では「具現されている」となっている。このことから，フランス語版『資本論』の冒頭商品論はサービスをも含むものと読める，という説が生ずる（船木勝也「国民所得論における生産的労働についての一覚書」，『東北学院大学論集』80周年記念号，1966年)。このように，冒頭商品論の叙述は物財生産に限定されてはいるが，サービス部門は不生産的で価値を形成しないとの叙述はみられないのである。なお，『資本論』1巻1章3節でのA簡単な単独の価値形態→B全体的な，展開された価値形態→C一般的な価値形態→貨幣形態という価値形態論の展開は，貨幣の成立を解明したものである。サービスは金属・物財ではないから貨幣とはなりえないが，このことからサービスが商品となりえないとはいえない。価値の実体は投下労働であり，交換価値＝価値形態はその現象形態である。また，1章4節で説かれる商品の物神的性格・物神崇拝は，物財生産では生産過程と消費過程が切り離されることによって生ずるのであり，生産と消費が時間的・場所的に一致するサービス部門で

116 第Ⅱ部 サービス経済研究とその論争の到達点

はこれは生じない。

2 僕婢階級によるサービス提供

『資本論』が書かれた19世紀半ばの英国では，サービス部門はいまだ支配階級に寄生した家庭内労働・個人的奉仕という形をとっていた。それは召使とか従僕とかの僕婢階級によって担われており，社会的分業を担うものとはなっていなかった。1861年の英国の人口調査によれば総労働人口800万人のうち121万人（15%）が僕婢階級（家庭内使用人）に属しており，この時代のサービス業は召使いが多かった（ME全集第23巻，583-584ページ）。サービス提供の担い手はその当時，支配階級の家庭内使用人（僕婢階級）がほとんどであり，サービス部門が社会的な産業部門として確立してはいなかったため，非物質的生産であるサービス部門は『資本論』の対象外とされた。『剰余価値学説史』（1861～63年）では，芸術，教育，医療など非物質的生産が純粋に交換のために営まれ商品を生産するばあいを論じているが，「この領域での資本主義的生産のこれらいっさいの現象は，生産全体と比べれば，とるに足りないものであるから，まったく考慮外におくことができる」と述べている（ME全集第26巻Ⅰ，522-23ページ）。また，『直接的生産過程の諸結果』（1863年）では，「作家，歌手，教師は企業家に雇われていれば……生産的労働者になる」と述べたあとで「サービスとして受用されうるだけの労働で……それでも直接に資本主義的に搾取されうる労働は，資本主義的生産の大量に比べれば，全体としてあるかないかの大きさである。それゆえ，このような労働は，まったく無視してもよいのである」(国民文庫版，119ページ)，と述べている。

『資本論』1巻4篇13章6節によれば，当時確立していた物質的生産以外の新たな主要産業は鉄道，汽船航海，電信，写真業，ガス製造業であった。工業化の展開がたちおくれたわが国では，戦前期においてもまだ家庭内使用人がひとつの階層をなし，社会的分業としてのサービス部門のウェイトは小さかった。1930年，日本の「国勢調査」では，全産業就業者2955万人のうちサービス業は248万人（8.4%）を占めたが，サービス業のうちほぼ3分の1の80万人は家事サービス（使用人）に従事していた。これは当年の公務74万人を上回り，教育39万人，医療25万人を合わせた人数よりもはるかに多かった。前近代社会の

遺制としての僕婢階級は，資本主義の発展とともに消滅してゆくものであり，サービス提供は社会的分業の大きな環となり，資本のもとへの包摂もすすんでいく。わが国での家事サービス（使用人）従事者は1960年32万人に減少し，2010年には2万人とわずかになっている（「国勢調査」）。

　他方で1節でみたように，先進諸国ではサービス部門はすでに就業者数第1位の産業となっている。

3　有用効果（無形生産物）概念の成立

『資本論』2巻1篇1章4節では，資本循環の一般的定式 G—W…P…W′—G′ を示したあとで，「独立の産業部門でも，その生産過程の生産物が新たな対象的生産物ではなく商品ではないような産業部門がある。そのなかで経済的に重要なのは交通業だけであるが，それは商品や人間のための本来の運輸業であることもあれば，たんに報道や書信や電信などの伝達であることもある」(ME全集第24巻，68ページ），と述べている。これに続いて運輸業の生産過程の分析が有用効果概念を用いて示されている。「運輸業が売るものは，場所を変えることじたいである。うみだされる有用効果は，運輸過程すなわち運輸業の生産過程と不可分に結びつけられている。……その有用効果は，生産過程と同時にしか消費されえない。それは，この過程とは別な使用物として存在するのではない。……運輸業についての定式は，G—W$<^{Pm}_{A}$…P—G′ となる。……運輸業では G′ は生産過程でうみだされた有用効果の転化形態で」ある（同，69ページ）。ここでは運輸業は場所移動という無形の生産物＝有用効果をうみだし，それは他の商品と同じく C＋V＋M という価値を有し，生産手段としても消費手段としても消費されうる，貨物輸送のばあいその価値は貨物に追加される，ということが述べられている。

　ここでの叙述は，『資本論』第2巻草稿の最終段階（1877〜78年）で書かれたものであり，マルクスの完成された学説とみなすべきである。すなわち，有用効果生産説を一般規定，使用価値完成説を貨物運輸の特殊規定とする明瞭な定式となっている[2]。ここでの有用効果概念は物財（新たな対象的生産物）以外の生産物すなわち非有形的な使用価値たるサービスを指すものと理解すべきである。マルクス段階のサービス提供は支配階級の家庭内所得再分配で養われる寄

生的活動であり，その担い手は不生産的・寄生的人口であった。だが，現代社会のサービス部門は社会的分業の不可欠の大きな環をなしているのであり，この有用効果概念でもってその機能をとらえるべきである。

　なお，マルクスは『剰余価値学説史』(1861〜63年) 段階では，運輸業を採取産業，農業および製造業のほかの第4の物質的生産部面と位置づけている (ME全集第26巻I，524ページ)。この段階での運輸業規定はまだ不完全であり，場所変更サービスでその機能をとらえるのは，『資本論』第2巻草稿第1稿 (1865年) に至ってである。

　すなわち，第2巻初稿3章「流通と再生産」は述べる。「運輸業の本来の生産物は，移動すなわち輸送される商品のあるいは人の場所変更である。……鉄道によってたえず売られているものは，それが提供するサービスである。……それは，それの生産過程のなかで，それが輸送する商品や人間によって消費されるのである」(マルクス・ライブラリ③『資本の流通過程』大月書店，276-277ページ)。この運輸業規定は有用効果概念の実質的確立を示しており，その直後に完成された『資本論』1巻初版 (1867年) の冒頭商品論で有用効果概念が登場し，この10年後に執筆された2巻1章の草稿で，有用効果生産説が前掲のように整然と述べられたのである。

　『剰余価値学説史』でマルクスは運輸業を第4の物質的部面に位置づけていたが，『資本論』第2巻初稿ではその機能を場所変更サービスとしてとらえており，『資本論』1巻4篇13章では鉄道業は「物質的生産以外の新たな産業」として扱われている。そして『剰余価値学説史』では，サービス提供が社会的分業の環となることを想定して，サービスへの価値規定が検討されており，第1分冊の余論 (生産的労働について) では，対人サービス部門はすでに非物質的生産部門と位置づけられている (ME全集第26巻I，522ページ)。『資本論』冒頭商品論で登場する有用効果概念は，この部門への価値規定の適用を可能とするものである。

4　対企業サービスと知識・情報関連サービス

　非物質的生産物 (使用価値) ＝有用効果を生産するのがサービス部門であり，それは対個人サービスと対企業サービスからなる。対個人サービスだけでなく対企業サービスをも「サービス部門」として一括する根拠は，それが労働対象

第5章　生産的労働・サービス論争における新たな主張　119

を欠き，その生産過程の生産物が新たな対象的形態ではないような産業部門で
あることによる。対企業サービスのばあいも，それは物財を加工し新たな対象
的生産物をうみだすものではなく，サービス提供によって物財に価値を追加す
るにとどまる。それゆえに，対企業サービスについても対個人サービスととも
に物質的生産部門と区別してサービス部門として扱うべきである。『資本論』2
巻1篇1章では，運輸業がうみだす有用効果は「それが個人的に消費されれば，
その価値は消費と同時になくなってしまう。それが生産的に消費されて，それ
じしんが輸送中の商品の一つの生産段階であるならば，その価値は追加価値と
してその商品そのものに移される」(ME全集第24巻，69ページ)という。

　対企業サービスは，情報，修理，警備，メインテナンス，法務・財務・会計，
デザイン，コンサルティング，設計などのサービスを企業に対して提供するの
であるが，直接に物財を生産するものではない。社会的再生産においてはこれ
らは，生産手段生産部門（第Ⅰ部門）にぞくするサービスである。対個人サー
ビスのみをサービスとみなす見解では，対企業サービスは物財生産の延長とし
かみなされない。現実をみれば，対個人サービスはすでに需要が充足されてお
り横ばいとなっているが，対企業サービスは産業活動を支える分野として，生
活充実を担う公共サービスと並んで独立の産業として大きく伸びている。サー
ビス＝有用効果（無形生産物）説をとることによって，対個人サービス（消費
手段）だけでなく対企業サービス（生産手段）をも含めて，サービス部門を非
物質的生産部門としてとらえることができる。有用効果生産説は対個人サービ
ス，対企業サービスのいずれも無形使用価値（生産物）をうむことで価値を形
成すると説く。だが，それは，対個人サービスの有用性は何かということには
答えていない。二宮氏によれば，対人サービスの有用性は人間そのものの生産
＝精神代謝である。二宮氏の精神代謝説は有用効果生産説を対個人サービス分
野にかんして補完するものとなりうる。対企業サービスの有用性はそれが物質
的生産の延長であることから物質代謝概念でとらえられる。

　サービスをそれが働きかける対象から区分すれば，対人サービスと物財関連
サービスとに区分される。対人サービスのばあいはサービスの提供と消費は時
間的・場所的に一致するが，物財関連サービスでは消費者は現場にいる必要は
ないから，サービスの提供と消費とは分離される。物財関連サービスは物財の

修理，メインテナンス，設計などであり，それは物財とともに消費される。さらに今日では，対人サービス，物財関連サービス以外にも，媒体に対象化されて流通する知識・情報関連サービスが増加している。ここでは知識・情報を伝達する媒体がサービス活動の対象となる。これは，マルクスが『聖家族』(1844年)，『ドイツ・イデオロギー』(1846年) で「精神的生産」と呼び，その価値形成についてもふれているものである。また，『剰余価値学説史』第1分冊の余論 (生産的労働について) において，非物質的生産領域 (サービス部門) のうち，その結果が媒体に対象化され「売れる商品として生産と消費の中間で流通することができる」(ME全集第26巻I，522ページ) ものとして言及されている。

　情報サービス，放送，新聞・出版，映画・ビデオ制作，レコード・CD制作など知識・情報関連産業の拡大は，サービス (無形生産物) の一部である精神的生産物が媒体 (メディア) の発展によって大量・広汎に流通可能となったことの結果である。これら産業の生産物は知識・情報そのものであって，媒体は情報伝達の手段である。『資本論』1巻5章1節「労働過程」では，生産物の主要実体をなす原料と「労働の遂行そのものを助ける」補助材料 (燃料，照明，触媒など) が区別されており，知識・情報生産における媒体・伝達手段は補助材料としてとらえるべきである。このことによって知識・情報提供業は物財である媒体ではなく知識・情報サービスそのものを生産する部門ととらえられる (飯盛『サービス産業論の課題』1993年，同文舘，第8章「情報化とサービス経済」)。

　サービス産業の大企業型業種は知識・情報関連が多いのであるが，これはそれが媒体の発展によって全国展開可能となったことによる。サービス産業で他に大企業型の分野は，遊園地，ホテル，警備，ビルメンテナンスなど需要が大都市に集中する業種に限られる。サービス産業では市場が地域限定的で大企業の参入は少ないが，一定の資金・施設を要するため小企業の参入は困難な中堅企業型の業種が最も多い。情報サービス，放送，新聞・出版，映画・ビデオ制作，レコード・CD制作など知識・情報関連産業は，販売先からみればいずれも対企業サービスに属する。対企業サービスはこれら知識・情報関連業種のほかに，高生産性で産業活動高度化に資する専門サービス，技術サービスと低生産性でコスト削減，代行型のものからなる。サービス業の機能別区分を表5-3に示しておく。

第5章　生産的労働・サービス論争における新たな主張　**121**

表5-3　サービス業の機能別区分

対個人サービス	生活関連	洗濯・理美容・浴場，その他生活関連
	余暇関連	宿泊，娯楽，学習支援
対企業サービス	知識・情報関連	情報サービス，放送，新聞・出版，映画・レコード制作
	専門・技術サービス	法務・財務・会計，デザイン，コンサル，機械設計，検査，計量証明，土木・建築サービス，エンジニアリング，ほか
	代行型サービス	修理，警備，ビルメン，派遣，ディスプレイ，メーリングサービス，設備洗浄，集金取立，ほか
公共サービス	教育・研究 医療・福祉・介護 宗教・各種団体 廃棄物処理	

注

1）　第三次産業拡大の国際比較については，飯盛「サービス産業拡大の国際比較と日本の特徴」(『経済』2014年11月号）で示した。

2）　運輸・交通業規定をめぐる論争については，馬場雅昭『流通費用論の展開』(1999年，同文舘）が詳しい。

第6章　再論 斎藤重雄説・櫛田豊説について*

第1節　斎藤重雄説の展開と到達点

1　斎藤氏による問題提起

　斎藤重雄氏の著作のなかでサービス論が最初に登場するのは，『国民所得論序説』(1984年，時潮社) である。そのなかで斎藤氏は，いわゆる生産的労働の本源的規定 (物質的生産の第一義的役割) を価値論の前提とする通説を受け入れたうえで，「使用価値の階層性」なる概念を提案している。すなわち，物的生産物を使用価値の「基層」として，サービスを使用価値の「上層」として区分し，このことからサービス労働は「準生産的労働」であり，「準価値」を形成する，とされている (同，1篇3章，2篇1章)。続く氏の著作『サービス論体系』(1986年，青木書店) では，その第7章で，現在のサービス労働は労働力の再生産に不可欠なものとなっているがゆえに，物質的生産に従事する労働力を形成するサービスは「準使用価値」から「使用価値」へ転化しており，したがってそれは価値を形成すると主張している。そして，価値を，物質的財貨の価値のみに限定せず，「労働力の価値を含む価値一般」として扱い，「価値とは，自然素材と物的労働力に還元される人類生存の根本的二大要因に注がれる主体的努力の一般的・抽象的結晶である。」(同，18ページ) と述べている。

　労働力を形成するサービス労働は労働力に対象化されて価値を形成するという氏の主張は，ここで登場する「労働力の価値を含む価値一般」という概念の導入によって可能となるものであった。さらに斎藤氏は，同書の第7章で，現

＊　第6章の第1節〜第3節は，旧稿「サービス労働と労働力商品の擬制性──斎藤重雄氏への回答」(『佐賀大学経済論集』43巻2号，2010年7月号) に，冒頭の論文要旨を削除し，叙述の順序も入れ替えたうえ，加筆・修正を加えて再構成されたもので，著者のメモには「斎藤説・櫛田説の検討」とあった。斎藤説，櫛田説については第3章でも論じられているため，章題は「再論 斎藤重雄説・櫛田豊説について」とさせていただいた。

代資本主義におけるサービスの基本矛盾を，資本そのものが生産力発展の帰結としてサービスをとおしての労働者階級の能力の発達を必然とするが，他方で，資本はそれを自らの要請の枠内にとどめようとすることに求めている。そして斎藤氏はこの対立が利潤率低落法則に発現する，と説く。すなわち，「労働者階級は，資本によって生活の犠牲や人間能力の発展の歪みを強制されるとはいえ，サービスの受容によって労働力の質的発展を確実に伴うことを通してこの犠牲や歪みの是正，この基礎をなす実質賃金の増大を獲得するに至る。この結果は，実質賃金率上昇が労働生産力発展を上回ることが常態となり平均利潤率が低落傾向を示すようになり，なによりも変革主体が高い水準で形成されたこと，すなわち現代資本主義の実践的批判を意味する。」(同，277ページ) ということである。

　斎藤説では，利潤率低落法則がサービス論と変革主体形成論の結節点をなすのであるが，私は，変革主体形成論におけるサービス部門の役割の解明は，『資本論』1巻4篇における「労働の社会化論」をもとにとりくむべきものである，と考えている。この点については次節で具体的に述べることとする。

2　斎藤説の骨格

　斎藤重雄編『現代サービス経済論』(2001年，創風社) のなかで，斎藤氏は，I部第1章「サービス経済論への序言」とII部第1章「サービスの生産と生産物，消費」を執筆され，そのなかで斎藤説の骨格と呼ぶべきものが示されている。I部1章で斎藤氏は，財貨は労働対象たる自然素材と労働の結合の成果，サービスは労働対象たる人間と労働が結合した成果である，と定義する (同，21-22ページ)。氏によれば，労働能力の形成に入りこむ労働のみがサービス労働であり，物財生産部門以外で労働力形成に入らない分野は物財生産過程の延長あるいは流通過程に含められる (同，23-24ページ)。続けて斎藤氏は，サービス労働が価値を生産するか否かの問題は「生産的労働の本源的規定の再考・見直し」(同，26ページ) であると述べ，生産的労働の本源規定を価値論の前提とみなす通説にたったうえで，現在ではサービス労働も労働力の再生産に不可欠となっているがゆえに，労働力を形成するサービス労働も価値を形成する，と主張する。

さらにⅡ部1章で，斎藤氏は，「労働対象を変化させること」を「生産一般」の定義とみなし，財貨の生産では労働対象である自然素材が変化させられ，サービスの生産では労働対象である人間が変化させられ労働力が形成される，とする（同，187ページ）。斎藤氏のこの説によれば，サービス労働の生産物（サービス）は労働対象たる人間の内部に，固定した状態で存在することになる。これを斎藤氏は「内部存在観・固定状態観」（同，184ページ）と呼んでいる。これに対し，サービスは非有形的な使用価値（有用効果）を生産し，これが消費されるというサービス労働価値生産説によれば，サービスは人間の外に流動的な形で存在するのであり，斎藤氏はこれを，「外部存在観・流動状態観」（同，184ページ）と呼んでいる。

3　斎藤説の体系化

　斎藤氏のサービス論は氏による最新の著作『現代サービス経済論の展開』（2005年，創風社）で体系化されている。その第1章では，サービス部門の発展を変革主体形成＝労働者の能力の発展という視点からとらえることが現代サービス論の課題である，という氏の『サービス論体系』(1986年，青木書店）以来の主張がまず示されている。これはマルクス資本蓄積論をサービス経済化をふまえて補強することとされている。第2章はサービスをめぐる論争史の概観であり，このなかで斎藤氏は，サービス労働は人間＝労働力そのものを生産すると説く自説を「サービス＝人間生産物説」と名づけている（同，66-70ページ）。これによって，サービス労働は無形のサービスをうみだし，それは人間の外部に存在するとみる「サービス労働価値生産説」と斎藤氏の「サービス労働・労働力価値生産説」とのちがいが明瞭となった。斎藤氏によれば，サービス労働がうみだすサービスは労働対象たる人間の内部に存在するのである。

　サービス労働は労働力そのものを生産するという2章の主張と，サービス部門の発展は労働者の能力の発展をもたらすという1章の主張をふまえて，第7章ではサービス部門を不生産的とする金子ハルオ説（通説の代表）への批判が展開される。そこでは，マルクス時代のサービスと現代のサービスとの著しいちがいを看過していることに金子説の問題点を求めている。続く第3章では，集団を対象とするサービス提供の価値形成の検討をとおして，サービス労働が

うむサービスは人間の外部に存在すると説くサービス労働価値生産説の矛盾点を指摘し、サービスは労働対象たる人間の内部に存在すると説く斎藤説の正当性を主張する。そこでは、使用価値と価値の統一的理解、サービス商品の社会的価値の把握のためには、サービス生産物が人間の外部に存在するとみる「外部存在観」よりも、サービス生産物は労働対象たる人間の内部に存在すると説く「内部存在観」のほうが妥当である、とされている。

第4章では、購入した物財やサービスによる消費活動を「セルフサービス活動」と呼び、それを労働力の生産・再生産のための目的意識的活動とみなしている。これは、サービス労働が労働力商品に対象化されて価値を形成するとみる説から、必然的に生ずる見方である。第5章は価値と価格の規定関係を、第6章は、監督労働の二重性、生産的機能を論じている。第8章・第9章は、サービスは労働対象たる人間の内部に存在するとの主張にもとづいて、サービス労働がうみだすサービスはそれが対象とする人間の外に存在するとみる刀田和夫氏の説への批判にあてられる。また、第10章から第13章までは、金子ハルオ氏と同じくサービス労働非生産説をとる原田実氏と川上則道氏への批判にあてられている。

第2節　労働力商品の擬制性について

1　斎藤氏による問題提起とこれまでの私じしんの見解

私は、斎藤重雄著『現代サービス経済論の展開』(2005年、創風社)への書評(『経済』2005年11月号掲載)のなかで、サービス労働が人間に対象化されて労働力の価値を形成するという斎藤氏の説に対して、「労働力は資本関係のもとで擬制的な商品となるのであり、その価値は生活手段(物財とサービス)の価値として実在するにすぎず、労働力それじたいに担われるものではない。」(同、127ページ)と指摘した。斎藤氏はこれへの反論(「労働力商品の擬制性、等の諸問題」、日本大学『経済集誌』76巻3号、2006年10月)を発表された。このなかで斎藤氏はまず、飯盛が労働力商品擬制説と労働力価値外在説をとっていることを「初めて目にした」(同、1ページ)と語り、以下4点で私の回答を求めている。

①労働力は生産物ではないのか(同上、4ページ)。

②労働力は商品ではないのか，またそれは売買商品と賃貸商品のいずれか（同上，7ページ）。

③飯盛がいうサービス＝無形生産物は擬制的生産物ではないか（同上，8ページ），またサービス商品は擬制的商品ではないか（同上，9ページ）。

④サービス提供過程においては労働対象は存在しないとする飯盛説は論証に欠ける。論証が不可能であれば自説と決別すべきである（同上，10ページ）。

　まず最初に，私はサービス経済についての論文・著作を発表し始めた時期から，労働力商品擬制説と労働力価値外在説をとっていたことを指摘しておく。私の第一作『生産的労働の理論──サービス部門の経済学』(1977年，青木書店) では，第3章第3節で，労働力商品と一般商品の区別を明言している。すなわち，「労働力の価値は，その生産・再生産に必要な生活手段の価値によって間接的に規定されるのであって，一般商品のごとくその生産に投下された労働が直接価値を形成するのではない。労働力商品は社会的総生産物とは別個の商品世界に属する。」と述べた（同上，91ページ）。また，私の理論レベルでの研究を体系的に示した『サービス経済論序説』(1985年，九州大学出版会) では第7章第1節で，労働力そのものを直接に形成するサービス労働は労働力価値を形成し，サービス労働は労働者の消費行為をとおして労働力価値として対象化されると主張する下山房雄氏への批判として，「この見解は，商品の価値形成の機構と労働力の価値形成のそれとを単純に同一視し，労働力がいかなる条件のもとで商品となるかを見落としている。」と明言している（同上，221ページ）。

　労働力商品擬制説と労働力価値外在説はマルクスじしんによって『資本論』のなかで明言されているものであり，私にとっても自明の理であり，サービス経済の研究に着手して以来40年近く依拠してきた学説である。

2　斎藤氏への回答

　斎藤氏による問題提起のうち，①労働力は生産物ではないのか，②労働力は商品ではないのか，については，『資本論』の叙述をあげれば十分である。『資本論』1巻2篇4章「貨幣の資本への転化」の第3節「労働力の購買と販売」では，労働力が商品として市場でみいだされる条件は，一方で，自由な人格として自分の労働力を商品として売り，他方では生産手段をもたないために生きてゆく

ために労働力を商品として売らざるをえない「二重の意味で自由な労働者」の存在であることが指摘されている。すなわち労働力は，資本関係のもとで擬制的な商品となるのである。歴史的にいかにして労働力が商品となったか，二重の意味で自由な労働者，「鳥のように自由な労働者」が生まれたかは，『資本論』1巻7篇24章「いわゆる本源的蓄積」で詳細に述べられている。『資本論』1巻2篇4章3節は続けて，労働力の価値は，他の商品の価格と同じように，その生産のために社会的に必要な労働時間によってきまり，労働力の所有者である労働者の維持・再生産のために必要な生活資料の生産に必要な労働時間（生活資料の価値）によってきまる，と述べる。労働力は生産物そのものではないからこそ，その価値はその生産に必要な生活資料の価値によって間接的に定まるのである。

　斎藤氏は②の質問のなかで，労働力商品は売買商品か賃貸商品か，とも問うている。労働力＝人間そのものを生産物とみなす斎藤氏によれば，労働力商品は売買されるのではなく賃貸されるものとならざるをえない。売買は所有権の譲渡であり，人格的自由が保障された現代社会では労働力＝人間そのものの所有権の譲渡は存在しないのであるから，労働力商品は賃貸されるのであって，それは労働力の占有権の有償譲渡であり，人格を含む処分権の譲渡を含まない，というのが斎藤氏の説である（斎藤，前掲論文，5-6ページ）。斎藤氏と同じくサービス労働・労働力価値形成説にたつ櫛田豊氏は，労働力の賃貸は剰余労働を生まないことを根拠に，斎藤氏の労働力商品賃貸説を否定する（同『サービスと労働力の生産』2003年，創風社）。労働力商品は賃貸商品であるとみる斎藤氏の説は，労働力＝人間そのものを生産物とみなす見解から派生したものである。労働力はそもそも生産物ではなく，生産物たる生活資料の消費によって生産されるものなのである。労働力は社会的総生産物，国民所得には含まれない。『資本論』1巻2篇4章3節「労働力の購買と販売」の最後の部分で，労働者は労働期間が終了したのちに賃金支払いを受けることを労働力の「前貸し」「信用貸し」と呼んでいるが，これは賃金の後払いのことであり，労働力の賃貸のことではない。

　斎藤氏の③の質問は，サービス＝無形生産物とする飯盛説は，サービスを擬制的生産物とみなすものではないか，ということであった。私は，サービス労働は非有形的な使用価値（有用効果）をうみだし，それを素材的担い手として

価値が形成されると考える。斎藤氏によれば，サービス労働は労働力＝人間という生産物をつくりだすのであるが，私見によれば，サービス労働はサービスという無形生産物をつくりだし，その消費によって労働力が生産される[1]。私にとってはサービスは物財と同じく生産物そのものであり，労働力は擬制的な生産物・擬制的な商品である。私見によればサービス＝無形生産物であるから，サービス提供過程では労働対象となる自然素材・原材料は存在しないのであり，これは物財生産と比してのサービス提供の労働過程の特性である。斎藤氏の④の質問への回答を結論のみ示せばこうなるのであるが，この点詳細には本稿の第3節で述べるものとする。

第3節　斎藤重雄説の問題点——私見との対比

1　斎藤氏が誤った原因

　斎藤氏の説は「サービス労働・労働力価値形成説」と呼ばれており，サービス労働の価値非形成を説く「通説」，サービス労働は無形生産物をうみ価値形成的とする「拡張説」とは異なる「第三の説」である。前節でみたように氏の説は最新の著書のなかで，サービス労働は人間＝労働力そのものを生産するという「サービス＝人間生産物説」として明瞭化された。だが，この説は，労働力を生産物とみなすことによって成立するものである。労働力は社会的総生産物と国民所得をうみだす主体ではあるが，生産物そのものではない。斎藤説の大前提である労働力＝生産物説は誤りであるがゆえに成り立たない。斎藤氏が労働力＝生産物説をとった原因は，氏が生産的労働の本源的規定（物質的生産の第一義的役割）を価値論の前提とみなす通説に依拠していることにある，と私は考える。この通説を前提としているために，現在ではサービス労働も労働力再生産に不可欠となっているから本源的な生産的労働であるとし，労働力を含む「生産一般」「価値一般」の概念を導入し，サービス労働が生産する労働力＝人間そのものを生産物とみなすことで，サービス労働も本源的な生産的労働になるとしたものであろう。

　斎藤氏が生産的労働の本源的規定を価値論の前提とみる通説を引き継いでいるのは，昭和30年代に展開された生産的労働論争についての検討をやってい

ないことによると思われる。この論争のなかでは生産的労働規定と価値規定との分離が必要であるとの主張が登場しており，これは1970年代の価値形成労働論争へとつながってゆくのである。さらに私は生産的労働の本源的規定と価値規定とは別の次元の問題であることを理解するためには，唯物史観の基本命題の検討が必要であると考えている。

　最後に斎藤氏は，利潤率低落法則をサービス論と変革主体形成論の結節点ととらえているが，私は生産的労働の本源的規定と歴史的規定は資本主義的生産の二者闘争性を労働主体にそくしてとらえたものであり，『資本論』1巻4篇では，この両規定を手がかりに資本主義の発展そのものが労働主体の成長を必然とすることが述べられている，と考える。マルクス生産的労働論は労働解放論・変革主体形成論としての内容を有し，国富増進を課題としたスミスの生産的労働論とは異なることは，生産的労働の学説史的考察，スミスとマルクスの対比によって明らかとなる。斎藤氏のばあい，この学説史的な考察がみあたらない。

　斎藤氏の長年にわたるサービス論研究が労働力＝生産物説，サービス＝人間生産物説という誤った結論にたどりついた原因は，生産的労働の本源的規定への依拠という伝統的見解から離れることができなかったことにある。なぜそれができなかったかといえば，昭和30年代に展開された生産的労働論争について本格的な検討がなされていないこと，生産的労働規定についての学説史的考察とりわけA.スミスとK.マルクスの根本的なちがいがとらえられていないことによるといえる。前者を検討すれば，生産的労働論と価値論は内容を異にし別々に論ずべきものであることが理解され，後者の検討からは，マルクスの生産的労働論はむしろ資本主義的労働の二者闘争性・変革主体形成を示したものであることが理解される。

2　唯物史観の基本命題の検討，サービス部門の労働過程特性

　斎藤説は通説と同様に，生産的労働の本源的規定（物質的生産の第一義的役割）を価値論の前提とみなしている。サービス部門の社会的再生産における正当な位置づけを確立するためには，この固定観念を打破せねばならない。これは唯物史観の諸命題の再検討を必然とする。「物質的生産の第一義性」の命題

は，自然は人間より先に存在し人間は自然によって制約されるという客観的事実から，自然に対する働きかけをとおしての生活資料の獲得すなわち物質的生産活動が人間生活の基本条件であることを示したものであり，自然対人間の考察から得られる生産力にかかわる命題である。これに対し，唯物史観の2番目の命題である「土台―上部構造論」は社会的諸関係の検討そのものから導かれる命題であり，この命題は，国家の役割は生産諸関係の根幹である所有関係を維持することにある，との理解をもとに導きだされている。

生産諸関係（経済的土台）は物質的生産部門のみならずサービス部門や流通部門にもみいだせるものであり，これらを含む総体としての生産諸関係が社会の下部構造（経済的土台）を構成する。価値法則は生産関係に属するものであるから，サービス部門を価値形成的とみることは生産力にかかわる「物的生産の第一義性の命題」となんら矛盾するものではない。むしろ物質的生産以外をも含む総体としての生産諸関係（経済的土台）の解明を可能とするものである。通説では，唯物史観の理解において，「物的生産の第一義性」の命題と「土台―上部構造論」の混同，後者の前者への還元という混乱がある。すなわち，経済的土台→物質的生産，という理解があり，これによってサービス部門の正当な評価がさまたげられてきた，と私は考える。『経済学批判要綱・序説』(1857年)では社会の経済構造は生産的消費と消費的生産の統一としてとらえられ，『家族・私有財産および国家の起源』(1884年)では，生活手段の生産プラス人間じしんの生産としてとらえられている。〔この点は，本書の第5章と第7章を参照。〕

私は『サービス経済論序説』の第5章「唯物史観とサービス部門」で，『ヘーゲル国法論批判』，『経済学・哲学手稿』，『ドイツ・イデオロギー』など唯物史観形成過程の検討をとおして，「物的生産の第一義性」と「土台―上部構造論」がそれぞれ論拠と内容を異にする命題であることを確認した。通説ではこの二つの命題が混同され，このことによってサービス部門価値非形成説が支持されてきたのである。斎藤氏による唯物史観の理解も通説と同じであり，それゆえに，労働力を生産物とみなすことで，それを生産するサービス労働は価値形成的とみなしたのである。

斎藤氏らのサービス労働・労働力価値形成説によれば，サービス労働は労働力という生産物をつくりだすのであり，そのばあい人間そのものが労働対象

（生産物の主要実体）とされる。サービス経済論のなかでその労働過程特性の検討は最後まで残されていた問題だったのであり，それを正面からとりあげた著作は長田浩『サービス経済論体系』(1989年，新評論) がはじめてであった。私じしんも，サービス部門の労働過程特性についての見解を物質的生産部門・流通部門との対比において明示したのは，『サービス産業論の課題』(1993年，同文舘) の第8章「情報化とサービス経済」が最初であった。これは，『サービス経済論序説』(1985年) 刊行から8年後に刊行されたものであった。そこでは，サービス部門の労働過程の特性についての私見を提示し，サービス部門の一部である精神的生産部門（意識諸形態の産出）の増大を広義の情報化ととらえた。

　本稿で何度も強調したように，労働力は資本関係のもとで擬制的な商品となるのであり，労働力の価値は生活手段の価値として実在するにすぎない。労働力は生産物ではなく，その価値が労働力じたいに担われるものではない。サービス労働価値生産説によれば，サービス労働がうみだすのはサービス（無形生産物）そのものであり，サービスを購入する人間は消費者であって労働対象ではない。新たな生産物へ素材・価値両面で移転されるというのが「労働対象」の定義であり，労働が働きかける対象がすべて労働対象ではない。物質的生産は自然を対象とするのであり，自然素材＝物質的基体＝生産物の主要材料（実体）＝原料を有しない活動は物質的生産活動ではない。

　斎藤重雄氏によって提唱されたサービス労働・労働力価値形成説は，櫛田豊氏によって詳細に体系化された。櫛田氏は第1作『サービスと労働力の生産』(2003年，創風社) に続いて，第2作『サービス商品論』(2016年，桜井書店) を発表しており，そこではその説が生産物観，価値論，再生産論，投入・産出モデル，国民所得，国家論にまでわたる体系として仕上げられた。

　サービス部門をも生産的部門とみなすサービス労働価値生産説には，それが無形生産物をうむから生産的とみる有用効果生産説と並んで，労働力を形成するから生産的とする説もある。この説は1980年代後半から斎藤重雄氏によって提唱されたものであり，櫛田豊氏によって詳細に仕上げられた。

第6章　再論　斎藤重雄説・櫛田豊説について　**133**

第4節　櫛田豊著『サービス商品論』の検討*

1　『サービス商品論』の概要と主張

　本書『サービス商品論』の第1章「サービス生産物と新しい生産物観」では，サービス労働がうむ生産物（使用価値）を論ずる。まず，教育・医療・福祉などの対人労働部門で産出される人間の能力をサービス生産物と定義する。そしてサービス部門は人間的自然に変化をもたらし人間の能力を生産するとして物財生産と並んで物質代謝活動に含められる。そこで生産される人間の能力はサービス労働と個人的消費による「共同生産物」であり，これは人間の内部に存在することとなる。第2章「サービス商品と労働価値論」では，サービス商品生産過程とその価値形成の特徴が説かれる。サービス商品の生産では投下資本は労働力と労働手段だけであり，これに労働対象となる人間が結合し彼じしんが主体的な消費活動を行うことによって，人間能力たるサービス商品の共同生産過程が成立する。財貨商品の取引は所有権移転を伴う売買として行われるのであるが，サービス商品の取引はその生産過程の特徴によって債権にもとづく商品の形態転換，供給側の支払請求権・需要側の給付請求権という「サービス提供契約」として行われるのだと説く。さらに，サービス業では平準化生産は相対的に困難であるが，社会的必要労働時間は確定をしてゆくから，労働価値説は適用できること，集団的サービスの価値形成の問題についても論じている。

　第3章「有用効果生産物説の批判」・第4章「有用効果生産物説のサービス産業像批判」は，サービス労働は非対象的無形生産物（有用効果）を生産するという説への批判である。第3章はサービス労働・有用効果生産説，サービス部門・労働対象不在説，対企業サービスという飯盛説への批判，櫛田氏の人間能力＝サービス生産物説，サービス・共同生産物説，サービス提供契約説に対する飯盛からの批判への回答からなる。第4章は産業論レベルでの飯盛説批判である。サービス部門を対人サービス労働に限定する櫛田氏によれば，対企業サ

＊　本節は，初出一覧にあるように，『季刊 経済理論』第54巻第2号（2017年7月）に書評論文として執筆されたものに加筆・修正が施されている。タイトルは記されていなかったため，「櫛田豊著『サービス商品論』の検討」とさせていただいた。

ービスは物質的生産部門・流通部門のいずれかに属することとなる。有用効果生産説に立つ飯盛説では対企業サービスもサービス部門となるのであり，対企業サービスの理論的把握について櫛田氏は飯盛説を情報業・修理業を中心に批判している。

第5章「サービス部門と再生産表式」では，人間能力を生産するサービス部門を再生産表式の第III部門に含め，それが生産財の革新を迂回して教育・医療・娯楽などによって維持・形成される人間能力の量と質が高まることを示すものになると説く。サービス部門を不生産的とする通説では，そこで用いられる物的手段は消費手段とみなされるが，それを生産的部門とみる説では，それは生産手段となる。サービス部門IIIを追加した三部門分割の再生産表式を作成し，部門間の交換関係 $I(Vp+Mp)=IIC$，$I(Vs+Ms)=IIIC$，$II(Vs+Ms)=III(Vp+Mp)$ と貨幣流通によるその媒介が示される。20世紀後半からの資本主義諸国における教育・医療・福祉・娯楽などサービス部門比重の増大は人間能力発展のため不可欠なものであり，一定の制約はあるものの資本制経済の「文明化作用」として理論的に正当に位置づけるべしと主張し，サービス部門を生産的としその比重増大を肯定的に評価することは途方もない資本主義美化論に陥ると説く川上則道氏の主張が批判される。

第6章「サービス部門と投入・産出モデル」では，現実の生産過程で投入される労働力を消費財の投入と擬制的にみなした高須賀義博氏の物財二部門モデルにサービス部門を組み込んだ三部門投入・産出モデルを作成する。それは，労働力商品の生産に必要な消費財とサービスを内生部門に組み込んで各産業の中間投入および中間需要の対象としており，これによって財貨部門とサービス部門の相互依存性が明確に表現される，という。サービス部門を不生産的とする通説ではそれは財貨部門に依存するものであるが，このモデルでは両者の相互依存性が示される。さらに，サービス部門が生産物生産部門として物量体系に組み込まれることを論じたうえで，サービス部門が財貨とともに価値体系・価格体系を担うことが論じられる。第7章「サービス商品と国民所得」では，サービス部門を不生産的とする通説に対抗してサービス商品を純生産物である国民所得に加えることは，財貨生産と並んで人間能力の形成・維持向上を図るサービス部門も必要であることを主張するものであるとして，国民所得を純生

産物と同義とするのは「三位一体」論を柱とする新古典派国民所得論に追随するものだとの批判への回答も示す。

第8章「国民所得と公共部門」では，対人サービスのうち教育・医療・福祉など公共サービスでも，国民所得・剰余価値・利潤を生むとする。二木立氏が指摘した医療での競争の存在をあげ，それによる労働生産性増大を説く。公共サービスも生産的部門であるが，税金，社会保険からの再分配によって自己負担額が軽減されて国民生活が支えられることとなる。公共サービス就業者は先進諸国では2割に達しており，そのウェイト上昇はクリーピングソーシャリズム（柴垣和夫），人間発達保障条件の増大（角田修一）とみれるという。国家は階級国家であるとともに公共サービスを担う国民国家でもあり，公共サービスは労働過程論視点からの本源的な生産的労働であるとされている。

以上8章からなる本書は，櫛田氏のいわゆるサービス労働・労働力価値形成説を体系として仕上げたものといえる。以下に本書の評価と問題点を述べる。

2　サービス生産物＝人間能力説，サービスの共同生産説，
　　サービス提供契約説

通説では『資本論』1巻冒頭商品論での財貨に対象化・物質化された抽象的人間労働という価値規定と1巻5章冒頭労働過程論での生産的労働の本源的規定（物質代謝活動）が価値論の前提とされる。櫛田氏は斎藤氏と同じくこの通説の前提を受け入れたうえで，人間的自然に働きかけ人間能力を生産する対人サービス労働も物質代謝活動に含め，それは労働対象たる人間に対象化・物質化されて労働力という生産物そして価値を生産すると説く。サービス部門も労働力再生産によって間接的に物質的生産を担っているがゆえに生産的とみなすべしとの主張は，長岡豊『資本と労働』（1972年，有斐閣），松原昭『賃労働と社会主義』（1976年，早稲田大学出版部），置塩信雄『現代資本主義分析の課題』（1980年，岩波書店）でみられた。これは物質代謝概念拡張説であり，これを理論体系へと高めたのが斎藤・櫛田氏のサービス労働・労働力価値形成説である。これは通説と同じく物質代謝概念を前提としており，折衷説と呼ぶべきものである。物質代謝活動＝価値形成，物質化・対象化という通説を前提しているかぎり対人サービス労働の価値形成は人間への対象化，労働力という生産物の消費者と

の共同生産という説明にならざるをえない。

　本書『サービス商品論』は，人間の能力を生産物範疇でとらえサービス生産物＝人間能力説を説く。だが，労働力形成は物財とサービスの消費によってなされるが，労働力の価値はその再生産に必要な物財とサービスの価値によって間接的に定まる。労働力は生産物ではなく，それは資本関係のもとで強制されて擬制的な商品となるのである。また，新たな生産物への生産手段の価値移転は生産活動を通して遂行されるのであり，消費活動は価値移転機能をもたない。対人サービス労働は労働者の消費行為をとおして労働力価値として対象化されるとの見解は，下山房雄氏によって最初に説かれた（高橋洸編『現代賃金論』第1巻，1968年，青木書店）のであるが，そこではサービス労働は本来の労働生産物に対象化されるのではないから国民所得は生産しない，とされていた。

　サービスの共同生産過程論は櫛田氏の前著『サービスと労働力の生産』（2003年）ですでに登場しており，その7章1節ではサービスの取引を賃労働とサービス資本の循環定式で示している。そこではサービス提供の対象となる人間は労働対象ではなくサービス商品の購入者として扱われており，サービス提供の労働過程において人間はその労働対象になると説く櫛田氏の主張が資本循環論の次元では氏じしんによって否定されている。このことを私は「サービス部門の労働過程特性」（『佐賀大学経済論集』44巻3号，2011年）で指摘し，櫛田氏はそれへの反論「サービス商品の共同生産過程――飯盛信男氏の見解と他説批判を巡って」（同，44巻5号，2012年）を発表されたが，そのなかでサービス提供契約論，債権にもとづく商品の形態転換論が登場した。サービス部門をも生産的活動とみなしつつも，物質化・対象化という通説の前提にこだわり，サービス消費によって形成される労働力・人間能力そのものを生産物とみなしたことから，「労働と消費活動の共同生産物」という生産物観がうみだされ，この生産物観にもとづく商品論・労働価値論を説くためにサービス提供契約論，債権にもとづく商品の形態転換論が必要になったということであろう。また，サービス労働と消費活動の共同生産物とされる労働力は人間じしんに属するものであり，その売り手は労働者であってサービス業ではない。労働力の所有者ではないサービス業がその共同生産者になるという主張は成立しないのであり，サービス業が生産するのはサービスそのもので，労働者はそれを購入して労働力を再生

産するのである。

3 生産的労働規定，価値論，唯物史観との関連

1970年代から登場したサービス労働価値生産説は，サービス労働の価値形成を生産的労働規定から分離して価値形成労働論そのものとして，有用効果（非対象的生産物）生産から説くものである。赤堀邦雄『価値論と生産的労働』(1971年，三一書房) がその出発点であるが，私は『生産的労働の理論』(1977年，青木書店)，『生産的労働と第三次産業』(1978年，青木書店) で日本と旧ソ連での論争を検討し，生産的労働規定と価値規定の分離，価値形成そのものの検討が必要であることを主張した。そして『サービス経済論序説』(1985年，九州大学出版会) では，マルクス生産的労働論を資本主義的労働の二重性・矛盾を解く概念ととらえ，有用効果概念によるサービス労働価値生産説を展開し，物質的生産の第一義性は生産力にかかわる命題であるからサービス部門を社会の下部構造（生産関係）に位置づけることはそれとは矛盾しないことも述べた。

櫛田・斎藤両氏にはサービス経済論争におけるこの転換，すなわち生産的労働論争の批判的総括への考慮はなく，昭和30年代の生産的労働論争の延長線上で対人サービスの価値形成が説かれるのである。なお，有用効果概念を軸とした価値形成労働論争は第1段階のこの論争よりも早い終戦直後期に交通生産論争として展開されている (安部隆一『流通諸費用の経済学的研究』1947年，伊藤書店，同『「価値論」研究』1951年，岩波書店)。また，マルクスの生産的労働概念は資本主義的労働の二重性・矛盾（労働過程と価値増殖過程）を説いたものであることは，すでに田中菊次氏 (「生産的労働の概念」，東北大学『研究年報経済学』17・18合併号，1950年) が最初に指摘しており，荒又重雄『賃労働論の展開』(1978年，御茶の水書房) でも同じ見解がみられる。

櫛田説は通説を前提とした対人サービス価値形成説であるが，物質的生産＝生産的労働＝価値形成労働とみる通説の土台には，人間社会存続のためには自然に対して働きかける物質的生産が不可欠であると説く唯物史観の命題がある。遊部久蔵『価値論と史的唯物論』(1950年，弘文堂) では，価値論と唯物史観の共通基盤は物質的生産過程であると述べられていた。だが，物質的生産の第一義性は自然対人間の観点からの生産力にかかわる命題であり，それを価値論（生

産関係に属する）の前提とするのは誤りである。社会の経済的土台は物質的生産以外のサービス部門・流通部門をも含み，そこでの生産関係・所有関係の総体が上部構造を規定するのである。経済的土台＝物質的生産＝価値形成とみなす誤りが生じたのはこの二つの命題の混同によるものである。この二つの命題を異なるものとして分離することで，サービス論争を生産的労働規定・物質化対象化規定から切り離して価値形成労働論そのものとしてすすめることが可能となる。それは無形の非対象的生産物たる有用効果概念を軸にすすめることである。

4　対企業サービスの位置づけ，情報業・修理業

　サービス部門を対人サービスに限定する櫛田説では，対企業サービスはサービス部門ではなく物質的生産・流通部門のいずれかに属することとなり，この視点から情報業と修理業についての飯盛説が批判される。対企業サービスは情報業（情報サービス，新聞・出版，放送，映画・アニメ，広告ほか），専門サービス（法律・会計，デザイン，コンサルティング，設計，検査ほか），代行業（修理メンテナンス，警備，派遣，各種請負ほか）からなるが，これらの機能はサービスの提供である。櫛田氏は，ソフトウェアに代表される情報業では情報が労働対象となり，その生産物は加工された情報であって，それは広義の物質的財貨である，とする。情報財生産とはマルクスがいう「精神的生産」（『ドイツ・イデオロギー』『聖家族』）のことで，情報財＝精神的生産物は非対象的生産物＝サービスの一種であり，それは媒体への対象化によって流通可能となる（『剰余価値学説史』第1分冊・余論）のであるが，媒体は労働対象＝生産物の主要実体ではなく労働の遂行を助ける補助材料である。情報財生産では情報そのものが労働対象になるという説は，坂本賢三『技術論序説』(1965年，合同出版)，渡辺峻『現代銀行企業の労働と管理』(1984年，千倉書房) にもみられたが，情報は物質の反映であって自然的物質そのものではなく生産物の物質的基体＝労働対象とはなりえない。情報財生産についての私の見解は『サービス産業論の課題』(1993年，同文舘) 8章で詳細に示した。

　代行型対企業サービスのうち修理業では，故障した財貨が労働対象・修理された財貨が生産物であるとして，櫛田氏はそれを物質的生産部門に含める。私

は修理業の役割は自然素材を加工し新たな対象的生産物をうみだすものではなく，修理サービスという使用価値を財貨に付加することで財貨に価値を追加するにとどまると考える。修理される財貨は修理業によって購入され新たな生産物へと加工される労働対象ではない。『資本論』2巻1章で，運輸業の生産物は場所移動という有用効果であり，それが貨物輸送であればその価値は商品の価値に追加されるとされ，続く6章では保管労働の役割が同じように説かれる。通説に立つ渡辺雅男『サービス労働論』(1985年，三嶺書房) は運輸業も物質的生産に含めるが，これは『学説史』での不完全な運輸業規定によるものである。運輸業の機能をサービスとしてとらえたのはその直後の『資本論』2巻初稿 (1865年) であり，1巻冒頭商品論ではそれは「有用効果」と呼ばれ，1870年代末に書かれた2巻1章での運輸業規定はそれを具体化したものといえる。但馬末雄『商業資本論の展開 (増補改訂版)』(2000年，法律文化社) は，それを人間の運輸に限定すべき有用効果生産説を貨物運輸まで拡充した誤りとみるが，これは運輸業規定の発展過程を無視している。

注
1)　斎藤重雄氏が飯盛説を検討した論稿，飯盛が斎藤説を検討した論稿は下記のとおり。
　　斎藤重雄「生産的労働と国民所得」(日本大学『経済集誌』50巻2号，1980年)。同『国民所得論序説』(1984年，時潮社) II編第3章に再録。
　　―――「唯物史観とサービス――飯盛見解を中心に」(日本大学『経済集誌』55巻2号，1985年)。同『サービス論体系』(1986年，青木書店) 第6章に再録。
　　―――「サービス労働価値生産説の一論拠――飯盛信男氏の見解を巡って」(日本大学『経済集誌』62巻4号，1993年)。
　　―――「現代情報のサービス的性格――飯盛信男氏の見解を中心に」(日本大学『経済集誌』65巻2号，1995年)。
　　―――「書評　飯盛信男『規制緩和とサービス産業』」(『経済』1998年7月号)。
　　―――「書評　飯盛信男『サービス産業』」(『しんぶん赤旗』2004年4月18日付)。
　　―――「労働力商品の擬制性，等の諸問題――飯盛信男氏の問題提起に応えて」(日本大学『経済集誌』76巻3号，2006年)。
　　―――「接客労働とサービス産業――飯盛信男氏の見解と鈴木和雄見解へのコメントをめぐって」(日本大学『経済集誌』81巻2号，2011年)。
　　飯盛信男「サービス経済をめぐる理論研究の現状――大吹勝男氏，渡辺雅男氏，斎藤重雄氏の著作によせて」(政治経済研究所『政経研究』52号，1986年)。同『サービス産業論の課題』(1993年，同文舘) 第7章に再録。
　　―――「書評　斎藤重雄編『現代サービス経済論』」(『経済』2001年12月号)。

140 第Ⅱ部 サービス経済研究とその論争の到達点

―――「サービス論争の新たな段階――斎藤重雄編『現代サービス経済論』によせて」（『佐賀大学経済論集』34巻2号，2001年7月）。

―――「書評 斎藤重雄『現代サービス経済論の展開』」（『経済』2005年11月号）。

―――「サービス労働・労働力価値形成説の問題点」（政治経済研究所『政経研究』85号，2005年）。

第7章 サービス経済理論における新たな視点
──枝松正行氏の研究によせて──

　本章では，サービス経済研究において近年新たな主張を展開している枝松正行氏の諸論稿を検討する。氏の研究の特徴は，中期マルクスの検討から唯物史観におけるサービス部門の位置を解明したこと，サービス部門においては労働手段が労働対象となりサービス労働はそれに対象化されて価値を形成すると主張していること，にある。この2点はこれまでのサービス経済論争のなかにはみられなかったものであり，これまでの論争史のなかに位置づけて検討する必要がある。私は2015年度経済理論学会大会（於・一橋大学）で枝松正行氏報告のコメンテーターを務めた。本章の第1節では，中期マルクスの検討をもとにサービス部門を社会の下部構造に位置づけた枝松氏の研究をこれまでの諸説との比較で検討し，第2節では枝松氏のマルクス・有用効果概念にかんする理解の問題点をその形成過程の検討をも含めて明らかにし，第3節では，サービス労働手段を労働対象とみなす枝松説の誤りとその原因を示し，サービス労働価値形成説は有用効果生産説によって成り立つことを強調する。さらに最後の第4節では，サービス経済研究においては論争・研究の発展段階，現実のサービス産業の発展段階，マルクスじしんの研究の発展段階という三つの発展段階論が必要であることを強調した。

第1節　唯物史観とサービス部門

1　サービス労働を広義の物質代謝活動とみる置塩・櫛田説，物財生産とサービス部門を下部構造の両輪とみる枝松・二宮説

　物質的財貨をうみだす活動のみが生産的であり，物財をうまない不生産的なサービス部門は物財生産部門によって扶養されるという通説の土台には，人間社会存続のためには自然に対して働きかける物質的生産が不可欠であるとみる

唯物史観の命題がある。遊部久蔵『価値論と史的唯物論』(1950年，弘文堂) では，価値論と唯物史観の共通基盤は物質的生産過程である，と述べられていた。また，サービス部門を不生産的とみなす通説を代表する金子ハルオ氏は，それをも生産的と主張する諸説を批判した『サービス論研究』(1998年，創風社) で，マルクス経済学がサービスを価値をうまないものとするのはそれが史的唯物論の考えを出発点として基礎にしているということに由来する，と強調する (同，9ページ)。サービス部門も生産的活動に含まれると主張するためには，それも社会の下部構造 (経済活動) に含まれることを説明せねばならない。すなわち，サービス部門生産的労働説が史的唯物論と両立しうることを説明せねばならない。

　置塩信雄氏は『再生産の理論』(1957年，創文社) では，生産の概念をもっぱら物的財貨の生産に限定していたが，『現代資本主義分析の課題』(1980年，岩波書店) では，人間に働きかけるサービス労働も自然変革活動＝生産活動に含めている[1]。すなわち次のように述べる。「一部の経済学者たちは人間社会の再生産を支える生産を物的財貨の生産にしぼって考えている，このような考え方は正しいだろうか，また，そのような概念で現代の諸問題をとらえつくせるだろうか……人間自身も自然の一部なのである。人体に働きかけ，これを変化させる活動と，外的自然に働きかけこれを変化させる活動とは，ともに自然変革活動でありしたがってともに生産活動と考えないわけにはゆかない。……人間の生産活動には，(a) サービス生産，(b) 消費財生産，(c) 生産財生産，の三つのものがある」(同，85-86ページ)。

　サービス労働も価値を形成するという主張のなかで，サービス労働は人間に対象化されて労働力を生産するという説，すなわち「サービス労働・労働力価値形成説」をとる櫛田豊氏は，置塩信雄氏の主張と同じく，対人サービス労働は人間的自然への働きかけであるから自然変革活動であるとみなし，それを社会の下部構造に含める。櫛田豊『サービス商品論』(2016年，桜井書店) は，「教育，医療，娯楽，人の運輸などの労働過程は，人間と人間的自然との質料変換 (物質代謝) を媒介し，対象である人間的自然に有用な変化を与え，人間の能力を生産物として生産する」(同，29ページ) ととらえている。櫛田氏のこの著作への書評を私は経済理論学会『季刊 経済理論』54巻2号 (2017年) に発表している〔本

書第6章所収〕。置塩氏と櫛田氏は，人間も自然の一部であるから対人サービスも自然変革活動（物質代謝活動）に含まれ広義の物質的生産であり社会の下部構造（経済的土台）に含まれ，価値を形成するという説である。

　これに対し枝松氏は，エンゲルス『家族・私有財産および国家の起源』(1884年) での「生活手段の生産」と「人間そのものの生産」という2種類の生産から出発し，『経済学批判要綱・序説』(1857年) での「生産的消費」，「消費的生産」という2種類の生産を統一的に「生活の社会的生産諸関係の総体」ととらえ，生産・分配・交換・消費はその諸分岐である，とみる。そしてこれらを根拠に，サービス部門を社会の下部構造・生産関係総体のなかに位置づける。さらにこれを松原昭『労働の経済学』(1965年，早稲田大学出版部) にもとづき，労働主体の成長条件としてもとらえている。また，二宮厚美『ジェンダー平等の経済学』(2006年，新日本出版社) は，エンゲルス『起源』序言を手がかりに，人間社会存続のためには物質的生産＝物質代謝と並んで人間そのものを生産する対人サービス＝非物質的生産＝精神代謝が必要であるから，対人サービス労働も生産的であるとする物質代謝・精神代謝両輪説を唱えている (同，223ページ)[2]。

　対人サービスを社会の下部構造に位置づける根拠は，置塩氏・櫛田氏では，人間も自然の一部であるから対人サービスも自然変革活動（物質代謝活動）に含まれる，ということであった。櫛田氏によれば二宮氏がいう精神代謝は物質代謝に包摂される (櫛田，前掲書，301ページ)。これに対し，枝松氏・二宮氏は唯物史観にかんする古典的著作を検討したうえで，物質的生産と並んでサービス提供も人間社会存続に不可欠であり社会の下部構造・生産関係総体を構成するととらえる。置塩・櫛田氏では対人サービスも物質代謝に含めることで「物質的生産の第一義性」の命題が軽んぜられることになるが，枝松・二宮氏は物質代謝と対人サービスを社会の下部構造の両輪ととらえることでその命題は貫かれている。枝松氏は古典的諸著作における唯物史観の叙述とそれをめぐる戦前からの論争の検討をふまえ，唯物史観におけるサービス部門の位置づけを詳細に論じている。

2　枝松氏による「唯物史観とサービス部門」の検討

　枝松氏は駒澤大学『経営学研究』21号 (1996年)，22号 (97年)，23号 (98年) に

144 第Ⅱ部　サービス経済研究とその論争の到達点

発表した論稿「『生活の生産』概念とマルクス経済学の体系(上)(中)(下)」のなかで，マルクスとエンゲルスの著作にみられる「2種類の生産」概念をめぐる戦前からの論争をとりあげている[3]。マルクスの『経済学批判』(1859年) 序言における唯物史観の公式的叙述では，「物質的生産諸力の一定の発展段階に対応する生産諸関係の総体が社会の経済的構造を形成する。これが実在的土台でありその上に法律的政治的上部構造が立つ」とされている。ここでは，物質的生産諸力が歴史の究極的規定要因とされており，これがマルクス主義の通説であるとされてきた。これに対し，エンゲルスがマルクス没後に発表した『家族・私有財産および国家の起源』序文では，歴史の究極的規定要因は「直接的生活の生産と再生産」であり，これはさらに「生活資料の生産」と「人間そのものの生産」という「2種類の生産」からなっている，とされている。

　前者の叙述によれば社会の土台をなす生産諸関係の総体＝経済的構造は物質的生産に限定され，後者に依拠すればそれはより広範にとらえられることとなる。枝松氏はまずこの「2種類の生産」概念をめぐる戦前の河上肇対櫛田民蔵の論争を検討し，社会の下部構造を物質的生産に限定したスターリン論文(「弁証法的唯物論と史的唯物論」1938年) とそれに対する大熊信行氏の批判(『生命再生産の理論』1974年，東洋経済新報社に再録)をも論じている。枝松氏はこれら論争を概括したうえで，マルクス『経済学批判要綱・序説』での「生産一般」の叙述を詳細に検討する。

　エンゲルスが『起源』のなかで「2種類の生産」としてあげた生活手段の生産と人間そのものの生産は，マルクスの『経済学批判要綱・序説』では生産的消費と消費的生産と呼んだものである。これらをともに包括するものが「広義の生産」としての「生活の社会的生産諸関係の総体」(枝松氏による規定)であり，マルクスが「社会の経済的構造」と呼んだものの全容なのであり「実在的土台」であった，と枝松氏は言う。『要綱・序説』では，一定の生産は一定の消費・分配・交換を規定する (4段階の方法) としているが，枝松氏は，「2種類の生産」(2系列の方法) が「2種類の消費・分配・交換」を規定し，かつまたそれが出発点となる，包括者としての「生産」は，やはり「2種類の生産」の直接的統一としての「広義の生産」たる「ひとつの総体」つまりは「生活の社会的生産諸関係の総体」に帰着する，という。

第7章 サービス経済理論における新たな視点　145

　だが，この論稿のなかで枝松氏は，松原昭『労働の経済学——労働の社会的再生産についての研究』(1965年，早稲田大学出版部)，同『賃労働と社会主義——労働の経済学研究序説』(1976年，同) の主張を継承して，マルクスの経済学批判体系プランの前半体系のなかの「賃労働」篇を，所有の経済学に対抗する「労働の経済学」とみなしている。だが，後者はむしろ「生産一般」の法則を叙述する「広義の経済学」ではなかったのか。エンゲルス『反デューリング論』第2篇「経済学」(1878年) (ME全集第20巻，152ページ，155ページ) によれば，「生産一般」の法則を叙述する「広義の経済学」は，資本主義的生産様式の運動法則を解明し，同時に，その止揚の必然性を立証する「狭義の経済学」ができあがったあとではじめてうちたてることができるものであった。

　なお，『経済学批判要綱』のなかに散在する「生産一般」研究への展望をひろってみれば，次のとおり[4]。①生産一般の第1の経済法則は，「時間の節約」とさまざまの生産部門への「労働時間の計画的配分」とである (『経済学批判要綱』高木幸二郎監訳，大月書店，第Ⅰ分冊，93ページ)。②「対象化された労働の生きた労働に対する関連」(同，第Ⅱ分冊，218ページ)。③需要の構造 (同，第Ⅱ分冊，335ページ)。④欲望の体系と労働の体系 (同，第Ⅲ分冊，464ページ)。

3　枝松説の評価

　マルクスの唯物史観は『ドイツ・イデオロギー』(1846年) に至る初期マルクスの著作のなかで確立していたのであるが，それを導きの糸として本格的な経済学研究が開始されたのは『経済学批判要綱』(1857〜58年)，『経済学批判』(1859年) 以降の中期マルクスの段階に至ってである。枝松氏は中期マルクスの検討から，唯物史観におけるサービス部門の位置を明らかにした。唯物史観におけるサービス部門の位置についての私自身の見解を示しておこう。

　物質的生産＝生産的労働＝価値形成労働という通説の土台には，人間社会存続のためには自然に対して働きかける物質的生産が不可欠であると説く「物質的生産の第一義的役割」の命題がある。だが，この命題は，自然の人間に対する先在性・制約性により，自然に対する働きかけをとおしての生活手段の獲得が人間生活の前提であることを示したものであり，生産力にかかわるこの命題を価値論と結びつけるのは誤りである。そしてこの誤りをもたらしたのは，生

産力にかかわるこの命題と経済的土台（生産諸関係）の規定的役割・土台―上部構造論との混同，すなわち経済的土台＝物質的生産という理解にあった，と私は考える。生産力にかかわる「物的生産の第一義性」の命題と生産関係にかかわる「土台―上部構造論」を別次元のものとして理解しないかぎり，サービス部門を社会の経済的土台に正当に位置づけることはできない。このことは私がこれまで幾度ともなく強調してきたことである[5]。

　この二つの命題が内容を異にするものであることを，私は，『ヘーゲル国法論批判』（1843年），『経済学・哲学手稿』（1844年），『ドイツ・イデオロギー』（1846年）などでの唯物史観形成過程の検討をとおして強調した（拙著『サービス経済論序説』1985年，九州大学出版会，5章）。私はサービス部門は物財生産部門と並んで社会の下部構造を構成するという両輪説をとっており，枝松・二宮両氏と同じ立場である。枝松氏は主として『経済学批判要綱・序説』に依拠して，生産関係の総体・社会の下部構造を「2種類の生産」の統一，すなわち「生活手段の生産プラス人間そのものの生産」あるいは「生産的消費プラス消費的生産」としてとらえるべしと主張する。私は初期マルクスの検討から社会の下部構造・生産諸関係の総体は物質的生産には限定されないことを説いたのであるが，枝松氏は中期マルクスの検討からそれを「2種類の生産」の統一，対人サービス・人間そのものの生産を含むものと明瞭にとらえたのである。

第2節　有用効果概念の理解

1　枝松氏の有用効果生産論

　枝松氏は最新の論稿「Lebenの生産・生活過程とサービス概念」（『都留文科大学研究紀要』84集，2016年）のなかで，サービス労働の価値形成についてこれまでにない新しい説を唱えている。枝松氏は，サービス部門では労働手段と補助材料の減価償却・損耗部分が労働対象となり，労働対象に対象化された過去の労働の上にサービス労働が対象化されて有用効果（サービス商品）がうみだされ消費される，ととらえる。これは一面では，サービス労働は有用効果を生産するがゆえに価値を形成するというサービス労働価値生産説の立場である。だが，同時に，サービス部門では労働手段と補助材料が労働対象になるという主張も

第 7 章　サービス経済理論における新たな視点　**147**

含んでおり，議論を呼ぶものとなろう。有用効果 (Nutzeffekt) 概念について枝松氏は「一般の物質的生産過程はもちろん，運輸業やサービス業を含むすべての〈生産的消費過程〉の成果を表わす普遍的概念こそが『有用効果』なのであり，これには有形・無形のものが含まれる。前者は本来の物質的生産物であり，後者は日常的にはサービス商品と呼ばれ，無形生産物のように認識される」(同，77ページ) という。いわゆる有用効果生産概念は『資本論』2巻1篇での運輸業定式として理解されているが，実は，『資本論』第1巻冒頭商品論ですでに登場している。

　『資本論』1巻1章「商品」の第2節「商品にあらわされる労働の二重性」では，「この［使用価値を生産する生産的］活動は，その……対象，手段，結果によって規定されている。このようにその有用性がその生産物の使用価値に……表わされる労働を，われわれは簡単に有用労働と呼ぶ。この観点のもとでは，労働はつねにその有用効果に関連して考察される」(ME全集第23巻，57ページ) と述べる。そして『資本論』第1巻初版 (1867年) では，現行『資本論』のこの叙述に続けて，「この有用効果をもたらすということが，労働の目的とするところである」と述べている。ここでは，使用価値生産の側面からは労働は「有用労働」であり，有用労働の目的・結果が「有用効果」と呼ばれている。

　冒頭商品論は続けて「いろいろな商品体は，……自然素材と労働との結合物である。……人間は，彼の生産において……ただ素材の形態を変えることができるだけである」(同，58ページ) と述べており，ここでは，自然素材の形態を変えることが労働の有用効果であり，使用価値の生産は自然素材 (物質的基体) と有用効果との結合としてとらえられている。有用効果という概念は，有用労働の機能を労働主体にそくしてそれ自体として考察するためのものであると考えられる。そして，使用価値を有用労働の結果たる有用効果と自然素材との結合とする『資本論』1巻冒頭商品論の叙述は，自然素材を前提としないサービス提供においては有用効果そのものが使用価値になるという理解を可能とする。また，『資本論』2巻1篇における運輸業規定すなわち場所変更サービスという有用効果が使用価値であるという規定は，1巻冒頭商品論における有用効果規定の具体化として理解することができる。

148　第Ⅱ部　サービス経済研究とその論争の到達点

2　有用効果概念の形成過程

　この運輸業規定が実質的に確立したのは『資本論』第2巻第1草稿（1865年）に
おいてであったと私は考える。その第3章「流通と再生産」では，「運輸業の本
来の生産物は移動すなわち輸送される商品あるいは人の場所変更である。……
輸送によってたえず売られているものはそれが提供するサービスである……そ
れは，それの生産過程のなかで，それが輸送する商品や人間によって消費され
るのである。」（マルクス・ライブラリ③『資本の流通過程』大月書店，276-277ページ）と
述べている。『資本論』第2巻第1草稿（1865年）でのこの運輸業規定は，『資本
論』第1巻冒頭商品論（初版1867年）での有用効果概念へと進化し，2巻1篇
（1877～78年執筆）の完成された運輸業定式へと結実した，と私は考えている。

　なお，有用効果概念は，1巻4篇「相対的剰余価値の生産」のなかでの結合労
働の労働過程分析のなかでも展開される。単純協業→マニュファクチュア→大
工業という発展により生産物が結合労働・全体労働者の生産物へ転化するなか
で，個々の部分労働者の働きをとらえるために，有用労働をそれじたいとして
機能しつつある状態でとらえるために有用労働概念が用いられている。有用効
果概念が必要となったのは，自然素材がないサービス部門と結合労働過程を構
成する個別労働者の機能をとらえるためであった。なお，全体労働者・結合労
働の概念は，『直接的生産過程の諸結果』（1864年）で確立している。

　物質的財貨以外の非対象的生産物をうむ部門のなかで，『資本論』が書かれ
た時代にすでに資本に包摂されていたのは交通運輸業のみであった。それゆえ
運輸業生産過程の分析が有用効果概念を用いて示されている。『資本論』2巻1
篇1章の運輸業規定では，①運輸業が売るものは場所移動というサービスであ
ること，②その価値はC＋V＋Mよりなること，③そのサービスは個人的消費
にも生産的消費にも用いられ，後者ではその価値は輸送される商品に追加され
ること，が明言されている。価値は素材的担い手としての使用価値を必要とす
るが，運輸業のばあいは場所移動という有用効果が無形の使用価値となる。有
用効果概念は対象的形態をとらぬ生産物（使用価値）をとらえるために登場し
てきているのである。すなわちサービス労働は物質化・対象化されずとも有用
効果という生産物をうみだすことで価値を形成するのである。運輸業の有用効
果生産を説いた『資本論』2巻1篇1章4節「総循環」は『資本論』第2巻の第5草

稿 (1877年) で執筆されたものであり，マルクスの学説の完成段階を示すものである。

　次節でみるように，枝松氏は，サービス部門では労働手段が労働対象となりサービス労働はそれに対象化されることで価値を形成する，と説いているが，これは氏の有用効果概念理解が不十分であることから生じたものであるといえる。なお次節3項でみるように，サービス労働は人間そのものに対象化されて価値を形成するとみる櫛田豊氏らのサービス労働・労働力価値形成説では有用効果概念の検討じたいがみられない。

第3節　サービス労働手段＝労働対象とみる枝松説

1　サービス業と物品賃貸業の混同

　サービス労働価値生産説・有用効果生産説をとる赤堀邦雄氏を批判して，松原昭氏は，「サービス商品の価値を規定する抽象的人間労働には……サービス労働だけでなく，サービス労働の労働手段としての物的商品体のなかに対象化されている労働が加わる。……赤堀教授は，……サービス商品についても対象化された労働の価値部分の存在することを無視されている」(松原，前掲『賃労働と社会主義』97ページ) と指摘した。松原氏は，サービス商品の価値はサービス労働プラスサービス労働手段に対象化された労働によって規定される，と主張される。枝松氏は松原説に依拠し，サービス労働の労働対象を固定資本であるサービス労働手段と補助材料の減価償却・損耗部分と規定する。そしてこの労働対象のうえに実現された「有用効果」をサービス商品の使用価値および価値・剰余価値の統合体ととらえる。枝松説の結論は次のとおり。「この労働対象は使用・消費と同時に損耗・摩滅・消尽されてしまうとはいえ，労働対象の存在自体が商品体の価値・価格成分の基体となって労働の対象化・結晶化としての使用価値と価値・剰余価値の創造を可能にするだけでなく，商品の所有権移転を媒介する役割もはたす。なぜならば，サービス固定資本と補助材料の減価償却・損耗部分の所有権は損耗と同時にサービス資本家のもとを離れてサービス消費者のもとに移転される」(枝松，前掲論文，75ページ) からである。

　サービス部門の労働手段と補助材料を労働対象とみなし，サービス労働がそ

れに対象化・物質化されることで価値が形成され，サービス商品の売買は通常の物財取引と同じく所有権移転の形式ですすむこととなる。枝松説に対して指摘すべきは，まず，サービス部門で用いられる労働手段は生産的消費＝サービス提供のための生産手段であり，サービス部門が販売するのは労働手段を用いてうみだされる対象的形態をとらない生産物すなわちサービスそのものである，ということである。サービス部門においては生産と消費が場所的・時間的に一致する。それゆえサービスの消費はその提供手段＝労働手段（施設，機器）の利用を伴うこととなる。したがってサービス料金のうち労働手段の利用代に該当する部分は物品賃貸業のリース・レンタル料と混同されることとなる。だが，労働手段（固定資本）の価値はその摩損に応じて部分的に生産物に移転されているのであり，売買されるのは労働過程の結果としての生産物である。

　サービス部門では労働手段が労働対象になるとみる枝松＝松原氏の説は，サービス労働手段をサービス生産物の主要実体とみなすものである。これは物質化・対象化という価値規定へのこだわりから抜けだせていないということである。『資本論』では交通生産については詳しく述べているが，交通生産における労働対象についてはまったくふれていない。これは馬場雅昭『流通費用論の展開』(1999年，同文舘) 4章「交通労働の労働対象とその生産物」で強調されていることである。労働対象は生産物の自然素材＝物質的基体＝主要実体をなすものであるが，それはサービス部門では存在しない。労働対象の有無こそはサービス部門と物財部門を区分する基準なのである。

2　運輸手段（労働手段）を労働対象とみる誤り

　前節2項でみた『資本論』2巻1篇1章・資本循環論での運輸業規定はマルクス学説の完成されたものであった。これに対し，2巻2篇・資本回転論はこれより10年前の第4草稿 (1867〜68年) に執筆されたものであり，運輸業についてのまだ未完成の規定を含んでいる。その8章1節では，固定資本と流動資本の形態的区別の叙述のなかで次のように述べている。「本来の労働手段，すなわち固定資本の素材的な担い手は，ただ生産的に消費されるだけで，個人的消費にはいることはできない。……それは，生産物にははいらないで，……むしろ，すっかり摩滅してしまうまでは，生産物に対立して自分の独立な姿を保ってい

るからである。一つの例外は運輸機関である。運輸機関がその生産的機能を行なうときに……うみだす有用効果，すなわち場所の変換は，同時に，個人的消費にも，たとえば旅行者のそれにもはいる。旅行者はこのばあいにも，他の消費手段の使用の代価を支払うのと同時に，使用の代価を支払う。」(ME全集第24巻，195ページ)。

ここでは，旅客は運輸手段のレンタル料を支払うかのような叙述となっているが，旅客が払う運賃は運輸業が運輸手段を用いて提供する場所移動サービスの代価なのである。運輸手段は運輸業が場所移動サービスを提供するための生産手段であり，旅客にレンタルされる消費手段ではない。ここでの叙述をもとに生産手段たる運輸手段を旅客のための消費手段と混同する誤り (A.パリツェフ，重森暁氏) がみられることが，馬場雅昭『サーヴィス経済論』(1989年，同文舘) 4章2節で指摘されている。これはサービス業 (交通業) と物品賃貸業の混同である。レンタカーのばあいはレンタル料の支払いによって消費者はレンタル期間のその使用権を手に入れるのであるが，運賃支払いで消費者が手に入れるのは場所移動というサービスであり，運輸手段の使用権ではない。教育・医療・文化などサービス提供の本質を「消費手段たる固定資本の現物形態での貸付け」ととらえる渡辺雅男『サービス労働論——現代資本主義批判の一視角』(1985年，三嶺書房) の主張もこの混同による。

運輸業での労働対象についての交通経済論分野での論争については，馬場，前掲『流通費用論の展開』第4章「交通労働の労働対象とその生産物」で詳細な検討がみられる。それによれば，安部隆一『流通諸費用の経済学的研究』(1947年，伊藤書店) では交通労働対象＝不要説がとられ，佐藤光威 (「交通用役の経済学的考察」，中央大学『経商論纂』44号，1952年) は運送手段と運送労働力によって運送たる利用効果が生産されるとする。また，富永祐治 (「交通労働の生産性」，大阪商科大学『経済学雑誌』19巻1号，1948年) は，空運転時には労働手段たる運送手段が労働対象になる，と説いている。サービス業が働きかける対象は，サービス業によって購入され新たな生産物へと加工される労働対象ではない。サービスの購入者はサービスの消費者であり，労働手段とともに生産手段を構成する労働対象ではない。生産物の自然素材・物質的基体としての労働対象はサービス部門では存在しない。サービス提供は労働手段とサービス労働によってなされる

のであり，対象的形態をとらない無形の有用効果＝サービスが生産物である。

3　枝松・櫛田説でのサービス労働価値形成の根拠

枝松氏は，サービス部門では労働手段と補助材料が労働対象になると主張する。これによって，サービス労働が物財へ対象化・物質化されることで価値が形成され，サービス商品の売買は物財と同じく所有権移転の形式ですすむことになる。枝松氏によれば，サービス労働手段＝労働対象説によってサービス部門での価値対象性と所有権移転というアポリア（難問）を解決できるということになる。だが，労働手段は「生産物……にははいらないで，むしろ……生産物に対立して自分の独立した姿を保っている」(ME全集第24巻，195ページ)。生きた労働が対象化されるのは生産物の自然素材・物質的基体である労働対象にであり，生きた労働は労働手段を用いて労働対象を加工して新たな生産物をつくりだすのである。労働手段は過去の労働によって生産されたものであり，生きた労働はその価値を損耗の度合いに応じて新たな生産物へと移転させるのである。

また，補助材料（燃料・動力・照明・触媒ほか）は生産物の形成に加わるが生産物の主要実体ではない。そして，サービス部門では自然素材・物質的基体たる労働対象は存在せず，労働がつくりだす有用効果が無形の生産物となるのである。サービス部門がつくりだす無形生産物＝サービスを購入することで労働者は自らの労働力を再生産する。同じくサービス労働の価値生産を説きつつも，枝松氏とは論拠を異にする櫛田氏は，サービス労働は労働対象たる人間に対象化・物質化されて労働力という生産物そして価値を生産すると説く。また，労働力はサービス労働と消費者との共同生産として生産される，と説く。そして，財貨商品の取引は所有権移転を伴う売買として生ずるが，サービス商品の取引は供給側の支払請求権・需要側の給付請求権という「サービス提供契約」として行われる，と説く。櫛田氏の説は『サービス商品論』(2016年，桜井書店)で体系化されている。

枝松氏と櫛田氏はともにサービス部門を社会の下部構造・経済活動に位置づける。枝松氏は社会の下部構造を，「2種類の生産」概念によって物財生産プラス人間そのものの生産ととらえることで，櫛田氏は対人サービスも広義の物質

第7章　サービス経済理論における新たな視点　**153**

代謝とみなすことで，サービス部門を社会の下部構造に位置づける。これを土台に，両氏ともサービス労働の価値形成を説くのであるが，櫛田氏はサービス労働は人間に対象化・物質化されて価値を形成する，枝松氏はサービス労働はその労働手段（物財）に対象化・物質化されて価値を生産する，とみる。

　いずれも物質化・対象化という価値規定の通説にとらわれており，サービス労働の価値形成を立証できていない。労働力というのは人間能力の総体であり生産物ではないこと，それは資本関係のもとで商品化を擬制されていること，労働力の価値はその再生産に必要な物財・サービスの価値によって間接的に定まるがゆえに，櫛田説は誤りである。また，枝松説は，サービス部門の労働手段を労働対象とみなすことでサービス部門を物品賃貸業と混同し，サービスへの支払いを労働手段のレンタル料と混同している。サービス部門を社会の下部構造に含めたうえで，サービス労働は非対象的生産物である有用効果をうむことで価値を形成するとみる有用効果生産説によってサービス労働価値生産説は成り立つのである。

第4節　サービス経済研究での三つの発展段階

1　論争・研究の発展段階

　サービス経済研究のこれまでの蓄積を概括するためには次の3種類の発展段階をとらえておく必要がある。第1に，サービス経済をめぐる論争・研究のこれまでの動向・発展段階をとらえること。第2に，現実のサービス産業の発展・変化を段階的に区分してとらえること。第3に，マルクスにおけるサービス労働関連の叙述を彼の研究の発展段階に位置づけてとらえること。まず論争・研究の発展段階の概観をサービス経済関連研究書の一覧（表7-1）をもとにみてみよう。論争史で登場する著書は文献番号で示す。

（1）生産的労働論争――サービス部門を不生産的とした通説

　サービス部門をめぐる論争はまず，マルクスにおける生産的労働（本源的規定と歴史的規定）の理解の問題，すなわち生産的労働論争として開始された。これは，ソ連邦科学院『経済学教科書』（1954年）で生産的労働＝物質的財貨を生産する労働のみが価値・国民所得をうみだすという定式が示されたことによ

154　第Ⅱ部　サービス経済研究とその論争の到達点

表 7-1　サービス経済にかんする研究書（単著のみ，年代順）

①安部隆一（1947）『流通諸費用の経済学的研究』伊藤書店
②遊部久蔵（1950）『価値論と史的唯物論』弘文堂
③安部隆一（1951）『「価値論」研究』岩波書店
④石井彰次郎（1961）『交通の経済学的研究』春秋社
⑤金子ハルオ（1966）『生産的労働と国民所得』日本評論社
⑥山田喜志夫（1968）『再生産と国民所得の理論』評論社
⑦橋本勲（1970）『商業資本と流通問題』ミネルヴァ書房
⑧赤堀邦雄（1971）『価値論と生産的労働』三一書房
⑨飯盛信男（1977）『生産的労働の理論——サービス部門の経済学』青木書店
⑩飯盛信男（1978）『生産的労働と第三次産業』青木書店
⑪井原哲夫（1979）『サービス経済学入門』東洋経済新報社
⑫木村吾郎（1981）『現代日本のサービス業』新評論
⑬谷川宗隆（1981）『流通過程の理論——流通過程の再生産研究序説』千倉書房
⑭飯盛信男（1981）『日本経済と第三次産業』九州大学出版会
⑮赤堀邦雄（1982）『労働価値論新講』時潮社
⑯野村清（1983）『サービス産業の発想と戦略——モノからサービス経済へ』電通
⑰斎藤重雄（1984）『国民所得論序説』時潮社
⑱飯盛信男（1985）『サービス経済論序説』九州大学出版会
⑲渡辺雅男（1985）『サービス労働論——現代資本主義批判の一視角』三嶺書房
⑳山岸正（1985）『最新サービス産業事情——ソフト化時代の新潮流』日本能率協会
㉑大吹勝男（1985）『流通費用とサービスの理論』梓出版社
㉒斎藤重雄（1986）『サービス論体系』青木書店
㉓阿部照男（1987）『生産的労働と不生産的労働』新評論
㉔飯盛信男（1987）『経済政策と第三次産業』同文舘
㉕磯辺浩一・古郡鞆子（1987）『サービス産業論』日本放送出版協会
㉖羽田昇史（1988）『サービス経済論入門』同文舘
㉗馬場雅昭（1989）『サーヴィス経済論』同文舘
㉘長田浩（1989）『サービス経済論体系——「サービス経済化」時代を考える』新評論
㉙浅井慶三郎（1989）『サービスのマーケティング管理』同文舘
㉚飯盛信男（1990）『サービス産業の展開』同文舘
㉛大内秀明（1990）『ソフトノミックス』日本評論社
㉜川上則道（1991）『計量分析・現代日本の再生産構造——理論と実証』大月書店
㉝高橋秀雄（1992）『サービス業の戦略的マーケティング』中央経済社
㉞飯盛信男（1993）『サービス産業論の課題』同文舘
㉟刀田和夫（1993）『サービス論争批判——マルクス派サービス理論の批判と克服』九州大学出版会
㊱白井義男（1995）『サービスの経営管理』同友館
㊲飯盛信男（1995）『平成不況とサービス産業』青木書店
㊳金子ハルオ（1998）『サービス論研究』創風社
㊴羽田昇史（1998）『サービス経済と産業組織』同文舘
㊵飯盛信男（1998）『規制緩和とサービス産業』新日本出版社
㊶馬場雅昭（1999）『流通費用論の展開』同文舘
㊷白井義男（1999）『レジャー産業のサービス・マネジメント』同友館

㊸仲野組子 (2000)『アメリカの非正規雇用――リストラ先進国の労働実態』桜井書店

㊹浅井慶三郎 (2000)『サービスとマーケティング――パートナーシップマーケティングへの展望』同文舘

㊺飯盛信男 (2001)『経済再生とサービス産業』九州大学出版会

㊻小田切純子 (2002)『サービス企業原価計算論』税務経理協会

㊼櫛田豊 (2003)『サービスと労働力の生産――サービス経済の本質』創風社

㊽武藤幸裕 (2003)『サービス論から環境経営論へ――生命の再生産の視点から』丸善仙台出版サービスセンター

㊾飯盛信男 (2004)『サービス産業』新日本出版社

㊿B. V. ローイ (2004)『サービス・マネージメント　統合的アプローチ』(平林祥翻訳，白井義男監修) ピアソンエデュケーション

51米浪信男 (2004)『観光・娯楽産業論』ミネルヴァ書房

52林上 (2005)『都市サービス地域論』原書房

53斎藤重雄 (2005)『現代サービス経済論の展開』創風社

54R. ヒスク／J. ジョン／S. J. グローブ (2005)『サービス・マーケティング入門』(小川孔輔・戸谷圭子訳) 法政大学出版局

55二宮厚美 (2006)『ジェンダー平等の経済学――男女の発達を担う福祉国家へ』新日本出版社

56鄭森豪 (2006)『ビジネス・サービス』同文舘出版

57南方建明・酒井理 (2006)『サービス産業の構造とマーケティング』中央経済社

58飯盛信男 (2007)『構造改革とサービス産業』青木書店

59上林憲行 (2007)『サービスサイエンス入門――ICT技術が牽引するビジネスイノベーション』オーム社

60亀岡秋男監修 (2007)『サービス・サイエンス』エヌ・ティー・エス

61サスキア・サッセン (2008)『グローバル・シティ――ニューヨーク・ロンドン・東京から世界を読む』(伊予谷登志翁監訳) 筑摩書房

62内藤耕 (2009)『サービス工学入門』東京大学出版会

63山田喜志夫 (2011)『現代経済の分析視角――マルクス経済学のエッセンス』桜井書店

64木下栄蔵 (2011)『サービスサイエンスの理論と実践』近代科学社

65加藤幸治 (2011)『サービス経済化時代の地域構造』日本経済評論社

66譚暁軍 (2011)『現代中国における第3次産業の研究――サービス業および軍需産業の理論的考察』八朔社

67鈴木和雄 (2012)『接客サービスの労働過程論』御茶の水書房

68村上研一 (2013)『現代日本再生産構造分析』日本経済評論社

69姉歯曉 (2013)『豊かさという幻想――「消費社会」批判』桜井書店

70飯盛信男 (2014)『日本経済の再生とサービス産業』青木書店

71森川正之 (2014)『サービス産業の生産性分析：ミクロデータによる実証』日本評論社

72Paul P. Maglio, Cheryl A. Kieliszewski, and James C. Spohrer (2014)『サービスサイエンスハンドブック』(日高一義監訳) 東京電気大学出版局

73林上 (2015)『都市サービス空間の地理学』原書房

74寺前隆至 (2015)『経済循環と「サービス経済」の理論　批判的国民所得論の展開』八朔社

75加茂浩靖 (2015)『人材・介護サービスと地域労働市場』古今書院

76櫛田豊 (2016)『サービス商品論』桜井書店

77半澤誠司 (2016)『コンテンツ産業とイノベーション』勁草書房

る，昭和30年代のこの論争を経て，⑤金子ハルオ（1966）の物財生産労働のみが生産的でサービス部門は物財生産分野によって扶養される不生産的部門であるとの見解が通説として定着した。この通説の背景には，物質的生産の第一義的役割という唯物史観の基本命題を価値論の前提とみなす通念があったのであり，この考えはすでに②遊部久蔵（1950）で示されていた。その出発点は社会の経済構造を物財生産に限定したスターリン「弁証法的唯物論と史的唯物論」（『ソ連邦共産党小史』第4章，1938年）であったと思われる。

通説によれば現代資本主義における物質的生産の比重低下＝三次産業の比重増大は，経済成長の阻害要因，その腐朽性・寄生性の深化として否定的に評価された。⑥山田喜志夫（1968），㉜川上則道（1991），(63)山田喜志夫（2011），(68)村上研一（2013）がそうである。(74)寺田隆至（2015）は社会的再生産におけるサービス部門の位置づけにかんする最も詳細な研究であるが，サービス部門拡大は物財部門の発展を前提とすることの強調におわっている。また，(69)姉歯曉（2013）は，サービス部門は機械化をとおして製造業に近づいているのであるからサービス経済化は幻想であると説く。昭和30年代の生産的労働論争の帰結としての通説は生産的労働規定をもとにサービス部門の位置を定めようとしたものであり，⑦橋本勲（1970）もこれにそったものであった。

（2）生産的労働概念の拡張──サービス労働・労働力価値形成説

物財生産のみを生産物とみなす通説に対しては，サービス部門も労働力形成をとおして物財生産に貢献するのであるから生産的とみなすべきである，という主張が，長岡豊『資本と労働』（1972年，有斐閣），松原昭『賃労働と社会主義』（1976年，早稲田大学出版会），置塩信雄『現代資本主義分析の課題』（1981年，岩波書店）で登場した。これは，生産的労働が価値を形成するという前提のうえで，生産的労働概念を拡張してサービス部門の価値形成を説くものである。この拡張説は，サービス部門は労働力を生産するから生産的で価値形成的とみなすサービス労働・労働力価値形成説として体系化される。これは⑰斎藤重雄（1984），㉒斎藤重雄（1986），㊼櫛田豊（2003）で体系化され，(53)斎藤重雄（2005），(76)櫛田豊（2016）で完成される。さらに(55)二宮厚美（2006）は，対人サービス労働を人間そのものの生産＝精神代謝活動とみなし物質代謝・精神代謝の両輪で人間社会が存続する，と説く。サービス労働・労働力価値形成説は通説と同様に生産的

労働規定を前提としており，折衷説と呼ぶべきものである。これはサービス部門を物質的生産の延長とみなすものであり，その正当な評価のためにはサービス部門を社会の経済構造に含める必要がある。

（3）サービス労働価値生産説・有用効果生産説——交通生産論争の継承

　生産的労働規定をもとに物財生産のみを価値形成的とする通説への批判としては，サービス部門の価値形成を生産的労働規定とは切り離して価値形成労働論そのものとして，非対象的無形生産物を指す有用効果概念の検討をもとに説くべきとの主張がある。これはサービス労働価値生産説・有用効果生産説であり，その前提はサービス部門を物財生産部門とともに社会の経済構造に含めることである。生産的労働規定は価値規定とは無関係であり，サービス労働の価値形成は価値形成労働論そのものとして説くべしとの主張は阿部照男氏が1967年に発表したもの（㉓阿部 (1987) に再録）であり，有用効果生産説によるサービス労働価値生産説は⑧赤堀邦雄 (1971)，⑮赤堀 (1982) が最初に発表し，⑨飯盛信男 (1977)，⑩飯盛 (1978)，⑱飯盛 (1985) もこれを支持した。㉟刀田和夫 (1993)，㊽武藤幸裕 (2003) もこれに近い説を示した。

　『資本論』2巻1篇1章の交通業規定で登場する有用効果概念は終戦直後から交通経済論の分野で検討されており，①安部隆一 (1947)，③安部 (1951)，④石井彰次郎 (1961) がその代表である。1970年代に登場したサービス労働価値生産説は戦後期のこの交通生産論争の延長線上にあるものであり，この論争の成果をふまえた有用効果概念の詳細な検討は，⑬谷川宗隆 (1981)，㉗馬場雅昭 (1989)，㊶馬場 (1999) でもとりくまれている。

（4）その他，その後の展開

　㊳金子ハルオ (1998) は通説の代表者によるサービス労働・労働力価値形成説とサービス労働価値生産説の批判である。⑲渡辺雅男 (1985) はサービス部門を消費活動自立化ゆえに不生産的とし，㉑大吹勝男 (1985) は流通費用の検討をとおして通説を擁護した。㉘長田浩 (1989) はサービス部門の労働過程分析に重点を置いたものであり，㉛大内秀明 (1990) はサービス経済化が市場機構に代わるヒューマンネットワークの形成を必然にするとの歴史認識を示した。⑪井原哲夫 (1979)，㉕磯辺浩一・古郡鞆子 (1987)，㉖羽田昇史 (1988)，㊴羽田 (1998) はサービス産業の概説書である。⑫木村吾郎 (1981)，⑭飯盛 (1981)，⑳山岸正

(1985)，㉔飯盛(1987)，㉚飯盛(1990)，㉞飯盛(1993)，㊲飯盛(1995)，㊵飯盛(1998)，㊸仲野組子(2000)，㊺飯盛(2001)，㊾飯盛(2004)，(51)米浪信男(2004)，(56)鄭森豪(2006)，(58)飯盛(2007)，(66)譚暁軍(2011)，(70)飯盛(2014)はサービス産業の実態分析である。⑫は自営サービス業の詳細な分析，⑳は先端的サービスの中央集中を30年前から予測したもの，㊸は米国サービス産業での非正規雇用増加を分析したものである。

1980年代以降にサービス産業はマーケティング論でも注目されており，⑯野村清(1983)，㉙浅井慶三郎(1989)，㉝高橋秀雄(1992)，㊱白井義男(1995)，㊷白井(1999)，㊹浅井(2000)，(50)B. V. ローイ(2004)，(54)R. ヒスク(2005)，(67)鈴木和雄(2012)などの研究がある。㊻小田切純子(2002)は原価計算論分野での研究である。小泉構造改革から上げ潮路線へ転換した2007年以降にはサービス・イノベーション，サービス工学の研究も盛んとなり，(57)南方建明・酒井理(2006)，(59)上林憲行(2007)，(60)亀岡秋男監修(2008)，(62)内藤耕(2009)，(64)木下栄蔵(2011)，(71)森川正之(2014)，(72)Paul P. Maglio, Cheryl A. Kieliszewski, and James C. Spohrer

表7-2　飯盛執筆の書評一覧

渡辺雅男⑲：政治経済研究所『政経研究』49号（1985年）
斎藤重雄⑰㉒・大吹勝男㉑：政治経済研究所『政経研究』52号（1986年）
阿部照男㉓：『赤旗』1987年12月14日付
羽田昇史㉖：『運輸と経済』1988年9月号
馬場雅昭㉗：政治経済研究所『政経研究』59号（1989年）
長田浩㉘：政治経済研究所『政経研究』61号（1990年）
大内秀明㉛：『佐賀大学経済論集』23巻6号（1991年）
刀田和夫㉟：『佐賀大学経済論集』25巻2号（1992年）
羽田昇史㊴：『龍谷大学経済学論集』38巻4号（1999年）
武藤幸裕㊽：『佐賀大学経済論集』36巻3号（2003年）
櫛田豊㊼：『佐賀大学経済論集』36巻5号（2004年）
米浪信男(51)：『土地制度史学』186号（2005年）
斎藤重雄(53)：『経済』2005年11月号
鈴木和雄(67)：『佐賀大学経済論集』43巻5号（2011年）
姉歯曉(69)・寺田隆至(74)：『佐賀大学経済論集』47巻1号（2014年）
櫛田豊(75)：経済理論学会『季刊 経済理論』54巻2号（2017年）

鷲谷徹・高橋祐吉編『サービス産業の労働問題』（1982年，労働科学研究所）：『経済』1982年8月号
斎藤重雄編『現代サービス経済論』（2001年，創風社）：『経済』2001年12月号

(2014) が出ている。なお地理学・社会学分野でも㊼林上 (2005)，㉛サスキア・サッセン (2008)，㊺加藤幸治 (2011)，㊻林上 (2015)，㊼加茂浩靖 (2015)，㊼半澤誠司 (2016) が出ている。

以上とりあげたサービス経済関連研究書80冊弱について私が執筆した書評の一覧を表7-2 にあげておく。なおサービス産業個別業種の実態については，金融財政事情研究会編『業種別審査事典』で知ることができる。

2　現実のサービス産業の発展段階

ダニエル・ベル『脱工業社会の到来』(1973 年：内田忠夫訳，1975 年，ダイヤモンド社) 2 章では，三次産業の発展を，①工業化に伴う生産補助部門たる運輸通信公益事業の拡大→②工業化達成・大衆消費社会実現段階での商業の拡大→③工業製品飽和化・製造業比率が低下する脱工業段階での対個人サービス拡大→④医療・福祉・教育・文化という生活と社会の質向上を担う公共サービスの拡大，という四つの発展段階でとらえた。先進諸国での三次産業就業者比率の推移を概括すると，三次産業が5割をこえたのは米国では1950年代初め，イギリス，フランス，日本では70年代前半，旧西ドイツでは70年代後半であった。この時期には大量生産・大量消費を支える商業が大きく伸びている。これは②の段階であるが，③の段階ではサービス業就業者が製造業を上回り三次産業は6割を上回る。これは米国では1970年代前半，イギリス，フランスは80年代後半，日本，ドイツでは90年代前半である。④の段階は公共サービス就業者が製造業を上回る時期であり，三次産業比率は7割を上回る。米国では1990年代初め，イギリス，フランスでは90年代後半にそうなっており，日本，ドイツは2010年代にはそうなった。ILO 統計で教育・医療・福祉就業者の比率をみると (2013 年)，米 22.5%，英 23.7%，仏 21.9%，独 19.0%，日本 16.1% となっている[6]。

さらに，ダニエル・ベルも予測できなかったことであるが，1980 年代以降には成長鈍化とグローバル化のなかでコスト削減を担う対企業サービスが大きく伸びており，90年代以降は情報・通信技術の民間産業化により，情報・特許・コンサルティング・会計・法律など高度な専門的サービスが多国籍企業の競争力を支えるものとなってきた。アメリカとイギリスでは2010年代には対

160　第Ⅱ部　サービス経済研究とその論争の到達点

表7-3　三次産業・サービス業の就業者比率

	日本				米国		英国	
	1955年	1975年	1995年	2015年	1970年	2015年	1990年	2015年
製造業	17.5	24.9	21.1	15.6	25.7	10.3	22.6	10.1
三次産業	35.5	51.8	61.8	73.0	63.1	80.8	69.4	81.6
サービス業	11.4	16.5	24.8	36.0	26.6	43.4	33.1	44.4
他の三次産業	24.1	35.3	37.0	37.0	36.5	37.4	36.3	37.2

出所）日本：国勢調査，2015年は労働力調査，米国：*Employment and Earnings*，英国（グレート
　　　ドイツ：*Statistischen Jahrbuch Deutschland*，フランス：*Annuaire statistique de la France*.
注）2015年はいずれも旧分類に組み替え。

企業サービス就業者が製造業を上回り，三次産業就業者は8割をこえている。すなわち，④公共サービス拡大につづく，⑤対企業サービスの拡大という新たな発展段階が現れている。サービス産業拡大は対個人サービスから公共サービスへ，さらに対企業サービスへとすすんでいる。バリー・ジョーンズ『ポスト・サーヴィス社会』（1982：小倉利丸訳，1984年，時事通信社）は，民間サービス産業拡大には限界があり，所得再分配に支えられた公共サービスがウェイトを高める社会段階への転化が必然であると説いた。また，サスキア・サッセン『グローバル・シティ』（2001年［1991年］：伊予谷登志翁監訳，2008年，筑摩書房），関下稔『21世紀の多国籍企業』（2012年，文眞堂）は，高度の専門的対企業サービスが巨大企業のグローバル展開を支えていることを解明しており，これに対応するものとして，サービス工学・サービスサイエンスが登場した。

　三次産業のうち，運輸・通信・公益事業はインフラ部門，商業は物財の販売を担う部門であるので，一定のウェイトにたっすれば横ばいとなり，工業製品が飽和化した③の段階以降ではサービス部門のみが成長部門となる。日本では1995年以降サービス業就業者は25％から36％へ上昇，その他の三次産業は1955〜75年の高度成長期に24％から35％へ大きく伸びたのち95年以降は37％と一定である。米国では1970年以降サービス業は27％から43％へ上昇，その他の三次産業は37％前後で一定，英国では1990年以降サービス業は33％から44％へ上昇，その他の三次産業は36〜37％と一定，ドイツでは1991年以降サービス業は25％から37％へ上昇，その他の三次産業は36％台と一定，フランスでは1990年以降サービス業が31％から40％へ上昇，その他の三次産業は36％前後と一定である（表7-3）。

（単位：%）

ドイツ		フランス	
1991年	2015年	1990年	2015年
26.1	17.5	20.6	13.5
61.4	73.0	66.4	76.4
24.6	36.7	30.8	39.8
36.8	36.3	35.6	36.6

ブリテン）：*Annual Abstract of Statistics,*

日本では戦後期から1960年代までは工業化を支える運輸・通信業のウェイトが高まり，工業化が達成された70年代には大量消費を支える商業がウェイトを高め，80年代後半バブル期は余暇関連サービスが拡大し，90年代になるとサービス業が製造業をこえて唯一の成長産業となる。このような三次産業の発展段階を背景に，戦後期には交通労働をめぐる論争が展開され，工業最優先の高度成長期には三次産業を不生産的とする生産的労働論争がみられた。サービス業が第1位の産業となった1990年代に至ってサービス部門をも生産的とみなす有用効果生産説，サービス労働・労働力価値形成説が受け入れられるようになった。そしてグローバル化の進展は対企業サービスを成長産業としており，それをも包含するサービス産業論が求められている。

産業大分類「サービス業」は対個人サービス，対企業サービス，公共サービスを含み，これはサービス労働価値形成説・有用効果生産説でのサービス部門の範囲とほぼ一致していた。旧大分類・サービス業はそのウェイト上昇から，情報業，専門・技術サービス，生活・娯楽サービス，教育・学習支援，医療・福祉，その他サービスへと分割されたのであるが，以前は製造業に含められていた新聞・出版業は情報業に，以前はサービス業に含められていた物品賃貸業・駐車場は金融・保険・不動産業に移された。いずれもその機能に即して産業分類の所属が変更されたものである。なお，修理業も「産業連関表」では以前は製造業に含められていたが，1990年代以降はサービス業に移されている。

3　マルクス理論の形成過程・発展段階をふまえたサービス論の検討

マルクスによるサービス経済関連の諸叙述は彼の研究の発展段階に位置づけてとらえることが必要である。新MEGA 第II部門（『資本論』とその準備草稿）の刊行が完了したのは2012年であり，マルクス学説の形成過程を検討するための資料がそろったのはごく最近のことである。これを活用した詳細な研究としては，谷野勝明『再生産・蓄積論草稿の研究』(2014年，八朔社)，大谷禎之介『マ

ルクスの利子生み資本論』全4巻（2016年，桜井書店）がすでに発表されている。サービス・生産的労働規定にかんしてもその研究が必要である。この問題にかんするマルクスの叙述には，未完成・過渡的なものから完成されたものへ，一面的なものから多面的なものへという発展がみられる。この問題にかんしては，唯物史観，サービスの価値・有用効果概念，流通費用・運輸業規定，情報業，生産的労働規定についてのマルクスじしんの理論形成史をとらえておく必要がある。

（1）唯物史観の形成過程

　初期マルクスでは，1843年『ヘーゲル国法論批判』で政治制度は私的所有制に規定されることが，1844年『経済学・哲学手稿』で物的生産の第一義的役割・私的所有による労働疎外が指摘され，1846年『ドイツ・イデオロギー』で生産様式の発展が生産力と生産関係の矛盾から説かれ，物質的生産の第一義性＝人間に対する自然の先在性・制約性と経済的土台・上部構造論が区別されて史的唯物論が確立する。中期マルクスでは，1857年『経済学批判要綱・序説』で生産一般の理解として生産的消費と消費的生産，生産と消費の相互作用が説かれ，1859年『経済学批判・序言』で土台・上部構造論と生産力対生産関係の矛盾が語られる。1865～68年に執筆された『資本論』3巻7篇48章では，物質的生産力増強に傾注すべき「必然の王国」の次の段階では，達成された物質的生産力を土台に人間そのものの発展が目的とされる「自由の王国」が登場するという未来社会論が語られている。そしてマルクス没後1884年のエンゲルス『家族・私有財産および国家の起源』序言は，歴史における究極の決定的契機として，一方で生活手段の生産，他方では人間じしんの生産をあげている。

　以上マルクスにおける唯物史観形成過程をみれば，社会の下部構造・経済過程は物質的生産のみでなくサービス部門をも含むこと，そして人間そのものの成長にはサービス部門の発展が不可欠であることがわかる。本章でとりあげた枝松氏の諸論稿の意義はここにある。

（2）　サービスの価値・有用効果概念

　1861～63年『剰余価値学説史』では4章でサービスの価値についての多数の言及があるが，1864年『直接的生産過程の諸結果』ではサービス提供はいまだ資本に包摂されておらず支配階級に寄生したものであるからと分析の対象外と

第7章 サービス経済理論における新たな視点　163

されている。1857年『経済学批判要綱』2篇・資本の流通過程では，商品の使用価値は商品の運輸によって完成されると述べており，1861〜63年『剰余価値学説史』余論では，運輸業は採取業，農業，製造業に続く第4の物質的生産部面とされているが，これは過渡的な未完成の規定である。1865年『資本論』2巻第1草稿，3章7節に至って運輸業の生産物は，人間の運輸・商品の運輸ともに場所移動サービスとされ，運輸業の独自性は「それの生産物それが創造する使用価値が，それの生産過程から分離されることができないこと」に求められている。運輸業の生産物は対象的形態をとらない無形生産物（サービス）としてとらえられており，有用効果概念がこの段階で実質的に確立したとみることができる。

　1867年『資本論』第1巻1章2節では，有用労働の結果たる有用効果と自然素材（労働対象）の結合として使用価値が生産されると述べる。これは自然素材を前提としないサービス提供では有用効果そのものが使用価値になるとの理解を可能にする。1巻4篇13章6節では大工業生産力の異常な増大の結果としての僕婢階級・不生産的階級の大量化，物質的生産以外の主要産業たる運輸・通信・ガス業の確立に言及している。

（3）流通費用・運輸業規定

　1867〜70年『資本論』第2巻第2草稿・第4草稿，これは『資本論』2巻5章・流通期間，6章・流通費，8章・固定資本と流動資本に収められているが，運輸費，保管費についてまだ過渡的・未完成の叙述がある。1977〜78年『資本論』2巻第5草稿・第6草稿・第7草稿，これらは『資本論』2巻1篇・資本循環論に収められた。その1章4節・総循環で，非対象的生産物をうむ部門＝物質的生産以外の産業部門で重要なものとして運輸業をあげ，その定式が完成された形で示される。その生産物は場所移動サービスという有用効果，その価値はC＋V＋Mからなり，消費者によっても企業によっても購入されると述べている。私は『日本経済の再生とサービス産業』(2014年，青木書店)7章で有用効果生産説・運輸業規定の形成過程を検討した。

（4）情報業・生産的労働規定

　1844年『聖家族』では精神的生産への労働価値説適用の可能性についてふれており，1861〜63年『剰余価値学説史』余論では非物質的生産の領域では書

籍・絵画など媒体への対象化によって流通可能となるものがあると述べている。私はこの規定を手がかりとして情報業をとらえる試みを『サービス産業論の課題』(1993年，同文舘) 8章で示した。1867年『資本論』第1巻3篇5章1節で生産的労働の本源的規定，5篇14章で生産的労働の歴史的規定，全体労働者概念が登場する。これは冒頭商品論で登場する価値論と生産的労働規定とが次元を異にするものであることを示している。生産的労働の二つの規定は，労働過程と価値増殖過程の二者闘争性を労働主体にそくしてとらえたものであり，生産力の発展が資本による労働の包摂を完成させると同時に，労働主体の成長を必然にすることを説いたものであると私は考える。

注
1) 置塩氏はこの点で三土修平「生命の再生産という視点の経済分析上の意義について」(神戸大学『六甲台論集』27巻4号，1981年) を評価している。
2) 二宮説の検討は，拙論「生産的労働・サービス論争におけるあらたな主張」(『佐賀大学経済論集』47巻4号，2014年) で示した〔本書の第5章に収録〕。森田成也『家事労働とマルクス剰余価値論』(2014年，桜井書店) は，家事労働も価値形成的と主張するが，これはジェンダー論からの展開とみるべきものであると考える。
3) 「2種類の生産」を中心とする枝松氏の初期の研究は，二松学舎大学『国際政経』6号(2000年) 掲載論文「いわゆる生命再生産と経済学の体系転換」で総括されている。そこでは，生活手段の生産に対置される人間そのものの生産，生産的消費に対置される消費の生産も社会の下部構造・経済活動に位置づけるべしという立場から，サービス部門をめぐる論争への言及もみられる。それまでの研究がサービス経済論へと接近する手がかりになったということであろう。
4) 私は第1作『生産的労働の理論』(1977年，青木書店) 4章で，『経済学批判要綱・序説』での生産と消費とのあいだの媒介運動・相互作用の観点から社会的分業発展の論理が導きだされていることを指摘した。
5) 拙論「サービス論争の到達点と展望——拙論に対する諸批判への回答」(『佐賀大学経済論集』32巻2号，1999年)。拙論「サービス論争の新たな段階——斎藤重雄編『現代サービス経済論』によせて」(同，34巻2号，2001年)。
6) 1990年代以降を中心としたサービス産業の国際比較については，拙稿「サービス産業の拡大と雇用」(『日本労働研究雑誌』2016年1月号)〔本書の第1章に収書〕。1990年代以降わが国サービス産業の動向については，拙稿「日本経済長期停滞のなかのサービス産業拡大——非正規雇用増大と公共サービスの産業化」(『経済』2016年6月号)〔本書の第2章に収録〕。

第III部
マルクスの未来社会論と
サービス経済

第8章 「必然の王国」から「自由の王国」へ
――生産的労働・サービス経済論の最終章――

　サービス部門を不生産的とみなす通説では，サービス経済化は経済成長を阻害する，あるいは工業生産拡大の結果でしかない，とされてきた。この通説に対する批判として，マルクスの未来社会論ではサービス部門拡大が人間じしんの力の発展を担うものとされていることをあげておくべきである。本章の第1節では，物質的生活の条件を十分みたすまでに生産力が高まった段階で，人間じしんの能力の発展が自己目的とされる真の人間的な社会（「自由の王国」）が始まるとするのが，マルクスの未来社会論であることをみる。これは物質的生産の比重低下・サービス部門の拡大を意味する。第2節では，その未来社会論が展開されている『経済学批判要綱』の自由時間論を検討する。これは『資本論』第1巻完成10年前の草稿であり，労働時間と自由時間の対立関係とその止揚による「自由の王国」の実現が論じられている。だが，この段階ではその主体形成の検討が中心であり，資本主義止揚の必然性を説く論理はまだ具体化されていない。その必然性，すなわち資本主義は一方で生産力の飛躍的発展をもたらすが，それは労働者の搾取にもとづく利潤追求というその目的じたいによって制約されていることをとらえるためには，史的唯物論と資本蓄積論の確立が必要であった。第3節ではこれを論ずる。

　資本主義の発展は一方での富の蓄積と他方での貧困の蓄積をもたらし，購買力不足は1930年代の世界大不況とその後の世界大戦を必然とした。だが第二次大戦後には，労働運動などの発展によって，労働条件・社会保障など労働者状態の改善・購買力増大がすすみ，それによる経済成長は大量生産・大量消費社会を実現させた。1980年代以降，工業生産能力が需要を上回る飽和状態となった段階では，巨大企業のさらなる成長とグローバル展開を保障するものとして新自由主義が登場する。これへの対抗は，高度な生産力を土台に成長至上主義から脱却し，健康，文化，環境など生活と社会の質的充実を達成すること

168　第Ⅲ部　マルクスの未来社会論とサービス経済

であり，これこそが人間そのものの成長が目的となる「自由の王国」の実現である。第4節ではこれを論ずる。自由時間論を軸とするマルクスの未来社会論は生産的労働・サービス経済論の最終章に位置づけられるべきものである，というのが本章の結論である。

第1節　サービス部門を不生産的とみる通説と
　　　　　マルクスの未来社会論

1　サービス部門を不生産的とする通説

　マルクス経済学の通説では，物質的財貨をうみだす活動が生産的労働であり，物財をうまない不生産的なサービス部門は流通部門と同様に，物財生産部門でうみだされた社会的総生産物（国民所得）によって維持・扶養される，とされてきた。この通説の立場を，論争史と学説史の検討をふまえ体系的に示したのは，金子ハルオ『生産的労働と国民所得』(1966年，日本評論社) であった。この通説すなわち物財生産部門のみを価値生産部門とし，それ以外の部門を不生産的部門とみなす物的生産物概念による国民所得理論は，旧ソ連邦において1930年代末より公式的見解となったものであり (飯盛『生産的労働の理論』1977年，青木書店，5章)，ソ連邦科学院『経済学教科書』(初版1954年) における国民所得論の論述 (同，14章・36章) へと集約されたものである。

　そこでのサービス部門の位置づけは，次のようになっている。①価値したがって国民所得を生産する労働は物質的財貨を生産する労働だけであり，有形的生産物をうまないサービス労働は商業労働と同様に，価値を形成しない不生産的労働である。②サービス部門で得られる所得は，物質的生産部門で生産された「本源的所得」から再分配される「派生的所得」である。③したがって，非生産的な部門の働き手の労働の割合を少なくして，物質的生産部面の働き手の割合を大きくすることは，最も大きな国民経済的意義をもっている。④資本主義社会におけるサービス業資本は，国民所得の再分配（消費者の収奪）を通じて平均利潤を獲得する，その肥大化は現代資本主義の腐朽性・寄生性の一表現である。『ソ連邦国民経済年鑑 (Народное хозяйство СССР)』では1983年まで，就業人口は物質的生産部門（貨物運輸，商業ほかを含む）とそれ以外の不生産的部

門に分割され，物質的生産の比率は1940年88.3％から1983年73.4％を維持し，不生産的部門は同期間に11.7％から26.6％への上昇にとどまっている。

この物的生産物概念による国民所得論は現代資本主義における第三次産業の比重増大をその腐朽性・寄生性の深化として批判するものであり，わが国では岩波書店『日本資本主義講座』(1954年) のなかで，都留重人，野々村一雄，上杉正一郎，広田純，田沼肇の各氏によって展開されたものである。そして，サービス部門を不生産的部門とみなす通説の立場から，サービス部門が物財生産部門からの所得再分配によって維持・扶養される仕組みの解明を試みたのが，山田喜志夫『再生産と国民所得の理論』(1968年，評論社) であった。

2　サービス部門拡大は成長を阻害するという見解

山田氏によれば，現代資本主義のもとでのサービス部門肥大化の意義は，過剰生産と過剰労働力の解決という点にある。サービス部門を不生産的とすれば，そこで用いられる物的手段は社会的生産の第II部門 (消費手段生産部門) によって供給されることとなり，したがってサービス部門の肥大化は第II部門のウェイト上昇をもたらし，究極的には拡大再生産のテンポを低下させることとなる。サービス部門の肥大化は，資本蓄積 (拡大再生産) の阻害要因であり，生産力の浪費を意味するのであるが，かかるサービス部門が，同時に，市場創出の好適な手段となりかつ利潤獲得の場となっているところに，現代資本主義の腐朽性・寄生性があらわれている，というのが山田氏の結論である (山田，前掲書，132-134ページ)。なお，川上則道『計量分析・現代日本の再生産構造』(1991年，大月書店) も，サービス部門を不生産的部門と位置づけ，不生産的部門によって購入される資材・設備を消費手段ととらえている。さらに川上氏は『経済』2003年1月号・2月号発表の論稿「サービス生産をどう理解するか (上) (下)」のなかで，サービス部門を不生産的部門とみれば，サービス部門の発展は社会的生産の第II部門 (消費手段生産部門) の拡大をもたらし，拡大再生産のテンポを抑制する，という。これに対し，サービス部門をも生産的部門とみなせば，サービス部門の発展は第I部門 (生産手段生産部門) の拡大をもたらし拡大再生産のテンポを引き上げる。これは資本主義生産についての途方もない美化論に陥ることとなるがゆえに，この説は誤りである，と主張している

170　第Ⅲ部　マルクスの未来社会論とサービス経済

（同，2003年2月号，176ページ）。川上氏はまた，サービス部門不生産説の立場から「産業連関表」をもとにわが国の剰余価値率をほぼ200％と推計しているが，泉弘志『投下労働量計算と基本経済指標』（2014年，大月書店）がサービス労働価値生産説の立場からそれをほぼ100％と推計したことを対比させて，サービス労働価値生産説は搾取率を不当に低く示すものであると批判している（「現代日本の搾取率について──統計分析と理論問題」，『経済』2015年9月号，161ページ）。

　村上研一『現代日本再生産構造分析』（2013年，日本経済評論社）も，サービス部門を不生産的とする立場をとるが，固定資本マトリックスを活用したサービス部門での投資活動の検討がなされている。寺田隆至『経済循環と「サービス経済」の理論』（2015年，八朔社）は，山田・川上氏と同じくサービス部門不生産説をとるが，サービス部門を含む四部門・四価値構成の再生産表式と経済循環図を提示している。すなわち，中間財生産部門・資本財生産部門・消費手段生産部門・サービス部門の四部門構成，中間財価値・資本財価値・可変資本価値・剰余価値の四価値構成からなる再生産表式を作成し，サービス部門を含む経済循環の把握を試みている。さらに，サービス部門を対個人サービス，対事業所サービス，政府サービス（公共サービス）に三分割した経済循環図も示されている。寺田氏のこの著作は，サービス部門不生産説の立場から社会的再生産におけるサービス部門の位置を解明した最も詳細な研究成果である。だが，サービス部門を含む再生産表式と経済循環図の意義を，氏は「サービス部門の拡大は，サービス部門用消費財の総量を限界づける物質的生産力の発展水準によって根本的に限界づけられている」のを示すことにみいだしている（同，296ページ）。

　サービス部門も高度に発展しており，それが人間じしんの成長に貢献していること，多国籍企業の世界支配も高度な専門的サービスによって支えられていることをみておくべきである。

3　サービス経済化を幻想とみなす主張

　以上のようにサービス部門を不生産的とみなし社会の消費過程・所得再分配過程に位置づける通説の立場からは，サービス部門の拡大は現代資本主義の腐朽性・寄生性を表示するもの，生産力の浪費，経済拡大の阻害要因とみなされたのであるが，現実にはサービス部門は大きな成長をたどっている。サービス

産業の大きな発展という現実の説明としては，それを不生産的とみなす通説からは，サービス産業拡大は製造業の衰退ではなく，製造業のよりいっそうの発展，資本主義的な分業の結果として生じていることであって，サービス経済化は幻想である，という主張が現れている。姉歯曉『豊かさという幻想』(2013年，桜井書店) では，サービス消費の増加は耐久消費財の増加と相対していることが強調され，それはサービス部門は消費過程に位置するものであるから物質的生産部門に附随するものだという見方を裏打ちするものとされている。さらに姉歯氏は，サービス部門は人件費削減や機械化によって製造業と同じ特徴を有するものになってゆくと説いているが (斎藤重雄編『現代サービス経済論』2001年，創風社，II部5章)，サービス業各業種の投入係数を「産業連関表」でみてみると，物財投入比率が5割をこえるのは自動車修理・機械修理のみであり，ほとんどのサービス業では労働投入 (付加価値)・サービス投入が中心となっている。サービス部門が製造業に近づいているという主張は事実に反する。

　山田喜志夫氏も最新の著作『現代経済の分析視角』(2011年，桜井書店) 4章で，サービス経済化は資本主義的分業の全般的展開にもとづくものであることを，生産過程からの要因，流通過程からの要因，消費過程からの要因，にもとづいて説明している。山田氏の説によれば，これらは現代資本主義の腐朽性・寄生性を表示するものであるはずであるが，これに該当するものは金融肥大化，広告・販売部門肥大化に限定されるであろう。第三次産業の拡大は，工業化に伴う運輸・通信・公益事業の拡大から始まり，工業化達成・大衆消費社会到来段階での商業の拡大が続くが，これらは物財関連部門であり，サービス提供そのものが拡大するのは次の段階である。そしてサービス部門のなかで大きく伸びているのは，公共サービス (教育・医療・福祉ほか) と知識・情報関連の専門的サービスであり，これらはサービスそれじたいを供給する分野であり，物財に附随するものではない。

4　マルクスの未来社会論

　サービス部門を不生産的とみなす通説の立場からは，物質的生産がまず重視さるべきものであり，その比重低下・サービス部門の肥大化は現代資本主義の腐朽化・寄生化を示すものとして否定的にとらえられざるをえないこととなる。

172　第Ⅲ部　マルクスの未来社会論とサービス経済

だが，この見方は，マルクスが描いた未来社会論とは異なるものであり，むしろそれと逆の方向を向いているといわねばならない。マルクスによる未来社会予測は，『資本論』3巻48章において，「必然の王国」から「自由の王国」への転換として示されている。それは，物質的生産力の増大は労働日の短縮を可能とし，それを土台として，人間の能力そのものの発達が自己目的とされる真の人間的な社会が到来する，という予測である。物財生産のみを生産的とみなす通説は，マルクスが描いたこの理想の未来社会像とは対立せざるをえない[1]。

　『資本論』第3巻草稿の10年前に執筆された『経済学批判要綱』では，物質的生産力の増大＝労働時間の節約は「個人の完全な発展のための時間すなわち自由時間の増大にひとしく，またこの自由時間はそれじしんふたたび最大の生産力として，労働の生産力に反作用をおよぼす」(『経済学批判要綱』高木幸二郎監訳，大月書店，Ⅲ，661ページ) と主張されている。そして，最大の生産力は，あらゆる個人の発展した生産力であるから，富の尺度は，もはや労働時間ではなくて，逆に「すべての諸個人のために遊離された時間と創造された手段とによる諸個人の芸術的・科学的等の教養」(同，Ⅲ，654ページ) にあてられる自由時間になる，と予測している。

　物質的生活の条件を十分充たすまでに生産力が高まる段階までは，物質的生産活動を発展させてゆくことが不可欠であり，人間社会はいまだ「必然の王国」の段階にあるのであるが，これが達成された段階では，自由時間の増大を土台とした人間自身の能力の発展が自己目的とされる真の人間的な社会すなわち「自由の王国」が始まる，というのがマルクスの未来社会予測である。これは物質的生産部門のウェイトが低下し，健康，福祉，教育，文化，芸術，環境保全など人間自身の発達を担う分野が拡充してゆく社会である。

第2節　マルクス未来社会論の構成

1　「必然の王国」から「自由の王国」へ

　『資本論』第3巻7篇48章「三位一体的定式」では，剰余労働一般は与えられた欲望の程度をこえる労働としてはいつでも必要であり，社会の再生産過程の不断の拡張の可能性は，労働の生産性すなわち一定の時間にどれだけの使用価

第8章 「必然の王国」から「自由の王国」へ　173

値が生産されるかにかかっていることを指摘したうえで，次のように述べている。「自由の国は，窮乏や外的な合目的性に迫られて労働するということがなくなったときに，はじめて始まるのである。つまり，それは，当然のこととして，本来の物質的生産の領域のかなたにあるのである。未開人は，自分の欲望を充たすために，自分の生活を維持し再生産するために，自然と格闘しなければならないが，同じように文明人もそうしなければならないのであり，……自由はこの領域のなかでは，ただ……社会化された人間，結合された生産者たちが，盲目的な力によって支配されるように自分たちと自然との物質代謝によって支配されることをやめて，この物質代謝を合理的に規制し自分たちの共同的統制のもとに置くということ，つまり，力の最小の消費によって，自分たちの人間性に最もふさわしく最も適合した条件のもとでこの物質代謝を行なうことである。しかし，これはやはりまだ必然性の国である。この国のかなたで，自己目的として認められる人間の力の発展が，真の自由の国が，始まるのであるが，しかし，それはただかの必然性の国をその基盤としてその上にのみ花を開くことができるのである。労働日の短縮こそは根本条件である」(ME全集第25巻，1051ページ)。

　ここでマルクスが説いていることは3点である。第1，人間じしんの力の発展が自己目的として認められる真の「自由の王国」は，物質的財貨の生産力が人間の欲望を充たすのに十分なまでに増大することによって可能となる。第2，盲目的な力によって支配されている資本主義のもとでの生産力の増大はその水準までには高まらない。第3，資本主義が止揚され生産活動の共同的統制・合理的規制を実現したうえで，さらに生産力の増大・労働生産性の上昇，労働日の短縮を追求することで「自由の王国」は実現される。マルクスは，生活に必要な物質的財貨を確保するために生産力を高めてゆかねばならない段階，すなわち「必然の王国」は，資本主義止揚ののちにも続き，長期にわたる社会主義建設の段階を経て，人間の能力そのものの発達が自己目的とされる真の人間的な社会が到来する，と予測していたのである。

　『資本論』第3巻ではこのようにわずか数ページでふれられているにとどまるマルクスの未来社会論＝「自由の王国」論は，その最初の草稿である『経済学批判要綱』(1857〜58年) で詳細に説かれている。すなわち，そのⅢ「資本にかん

174　第Ⅲ部　マルクスの未来社会論とサービス経済

する章」の第2篇「資本の流通過程」のなかで労働生産力の発展の指標としての固定資本，労働手段，機械体系を論じた箇所において，大工業がもたらす労働生産性向上によって労働日が短縮され，人間じしんの力の発展を自己目的とする「自由の王国」の実現が可能になるという，マルクスの未来社会論が示されている。1883年マルクスの死後エンゲルスによって編集された『資本論』第3巻（1894年刊行）の原稿をマルクスが書きあげたのは，『資本論』第1巻の完成時（1867年）であった。『経済学批判要綱』はその10年前に書かれたものである。

2　大工業の発展による労働日の短縮——自由時間と労働時間の対立

『経済学批判要綱』では，大工業の発展による労働日の短縮が労働解放の条件となることが以下のように説かれる。すなわち，機械制大工業の発展は，生産過程の単純な労働過程から科学的過程への転化をもたらし，「生産の規定的原理としての直接的労働……は……量的には小さな比率に引き下げられ，質的には，……一般的科学的労働，自然諸科学の技術学的応用にくらべて……従属的な契機として現れる」（『経済学批判要綱』，前掲，Ⅲ，648ページ）。機械体系の発展は，人間の労働力支出を最低限に引き下げ，労働解放の条件となる。大工業においては，「労働者は生産過程の主作用因ではなくなって，生産過程と並んで現れる。……生産過程の主作用因は，人間じしんが遂行する直接的労働でもなければ，彼が労働する時間でもなくて，彼じしんの一般的生産力の領有，自然に対する彼の理解……であって，これが生産と富との主柱として現れる。現代の富の基礎となっている他人の労働時間の窃盗は，……大工業それじしんの創造した基礎とくらべればあわれな基礎にみえる」（同，Ⅲ，654ページ）。

機械体系の発展によって直接的労働の役割が低下し，人間能力の発展が富の主柱になると予測したうえで『経済学批判要綱』では，「このようにして資本は，生産を支配する形態としての自己じしんの解体に従事している」（同，Ⅲ，648ページ）と説く。また，「直接的形態での労働が富の源泉であることをやめてしまえば，労働時間は富の尺度であることをやめざるをえず，したがってまた交換価値は使用価値の尺度であることをやめざるをえない。……それとともに交換価値に立脚する生産は崩壊し，直接的物質的生産過程は，それじしん窮迫性と対抗性とをはぎとられた形態をうけとる」（同，Ⅲ，654ページ）と結論づける。

「交換価値に立脚する生産」とは資本主義的生産様式のことであり，それが崩壊した未来社会においては，「もろもろの個性の自由な発展，またしたがって剰余労働を産出するための必要労働時間の引き下げではなくて，一般に社会の必要労働のある最低限への縮減［が生ずる］。そのばあい，この縮減には，すべての諸個人のために遊離された時間と創造された手段とによる諸個人の芸術的・科学的等の教養が照応する」（同，III，654ページ）とされる。

『経済学批判要綱』のII「貨幣にかんする章」では，社会の発展段階を人間と社会との関係という観点から3段階でとらえている。「最初の社会形態は人格的依存関係であり，そこでは人間の生産性はごく小範囲でまた孤立した地点でだけ発展する。物的依存性のうえにきずかれた人格的独立性は第2の大きな形態であり」（同，I，79ページ），そこでは，「人間の社会的関係は交換価値において，事物の社会的な関係作用に転化し，人格的な力能は物的なそれに転化している」（同，I，78ページ）。第3の段階は，「諸個人の普遍的な発展のうえに，また諸個人の社会的力能としての彼らの共有的・社会的な生産性を従属させることのうえにきずかれた自由な個性」（同，I，79ページ）であり，第2段階は第3段階の諸条件をつくりだす。

以上みてきたように，『経済学批判要綱』では，機械制大工業の発展による直接的労働の比率低下そのものが自動的に，交換価値に立脚する生産すなわち資本主義の崩壊をもたらす，と説かれている。資本主義の基盤をなす大工業の展開が，労働主体の成長・労働の資本からの解放を必然とすることは『資本論』1巻4篇で説かれているのであるが，それは資本主義止揚の主体形成を説いたものにすぎない。資本主義止揚の必然性は，『資本論』1巻7篇・資本蓄積論において「一方での富の蓄積，他方での貧困の蓄積」として説かれる。また，3巻3篇では利潤率低下傾向によって資本主義が生産力発展の制限となることが，その止揚の必然性を示すものとされている。『経済学批判要綱』（1857～58年）の段階では，資本主義崩壊の必然性を説く論理がまだ具体化されていなかった。

『資本論』第1巻より10年前に執筆された『経済学批判要綱』では，資本制大工業における労働時間と自由時間とは対立関係にあることが強調される。すなわち，生産力の増大をとおして，「資本はその意に反して，……社会全体にと

っての労働時間を最低限に引き下げ，……万人の時間を彼らじしんの発展のために解放するのに役だつ。だが資本の傾向はつねに，一方では自由に処分できる時間 [disposable time] を創造することであり，他方ではそれを剰余労働に転化することである。……こうした矛盾が発展すればするほど，生産力の増大はもはやこれを他人の剰余労働の領有に緊縛することはできなくなり，労働者大衆じしんが彼らの剰余労働をわがものとしなければならないということが，ますます明らかとなる」(同，III，657ページ)。

3 未来社会の構想──自由時間と労働時間の対立の止揚

これに続けて，資本主義が止揚された未来社会の構想が次のように示される。「彼らがそれをなしとげたならば，一方では必要労働時間はその尺度を社会的個人の欲望にもとめるであろうし，他方では社会的生産力の発展がきわめて急速に増大するであろうから，その結果，生産はいまや万人の富を目標にしておこなわれるにもかかわらず，万人の自由に処分できる時間が増大する。なぜなら現実の富はあらゆる個人の発展した生産力だからである。そのばあい富の尺度は，もはや労働時間ではけっしてなくて，自由に処分できる時間である」(同，III，657ページ)。ここで「社会的個人」(gesellschaftliche Individuum) というのは，分散した個人ではなく社会的関連のなかに位置づけられた個人，という意味である。このあとでは次のように述べている。「ブルジョア社会を全体として観察するならば，社会的生産過程の最後の結果としてつねに社会それじしん，すなわちその社会的諸関連における人間それじしんが現れる。……この過程の諸主体としては相互に関係しあう諸個人だけが現れ，そして彼らはこうした諸関係を再生産し，また新たに生産する」(同，III，661-662ページ)。

そして未来社会における労働時間の節約＝生産力の発展，自由時間と労働時間とのあいだの対立の止揚が次のように説かれる。「真実の経済は労働時間の節約にある。だがこの節約は生産力の発展と同じである。したがって享受を禁ずることではけっしてなくて，生産のための能力を，したがってまた享受の能力とともに，その手段を発展させることである。享受の能力は享受にとっての条件であり，したがって享受の第一の手段であって，この能力は個人の素質の発展，生産力である。労働時間の節約は自由時間の，つまり個人の完全な発展

第8章 「必然の王国」から「自由の王国」へ　177

のための時間の増大にひとしく，またこの時間はそれじたいふたたび最大の生
産力として，労働の生産力に反作用を及ぼす」（同，III，660-661ページ）。『経済学
批判要綱』で述べられた未来社会論・自由時間論は以上であるが，これに続い
て1861～63年に執筆された『剰余価値学説史』では，その内容が簡潔にまとめ
られている。

　すなわち，『剰余価値学説史』第3分冊，21章「経済学者たちに対する反対論
（リカードの理論を基礎とする）」では，『国民的苦難の根源と救済策，ジョン・
ラッセル卿への書簡』（ロンドン，1821年）という文献を検討している。「富とは
自由に処分できる時間である」，と述べたこの文献を検討するなかで，マルク
スは，「労働者たちは，彼らが彼らじしんの再生産のためにいま必要とするよ
りも今日では6時間長く労働している。……もし資本がなくなれば，彼らは6
時間だけ労働する。……しかし万人が，自由に処分しうる時間を，自分たちの
発展のための自由な時間をもつことになる」（ME全集第26巻III，336ページ）とい
う。

　さらに続けて，資本主義止揚・生産手段所有の社会化が達成された未来社会
では，「労働時間そのものは，それが正常な限度に制限されることによって，
さらに，それがもはや他人のためのものではなく，自分じしんのためのものと
なり，同時に雇い主対雇い人などの社会的な諸対立が廃止されることによって，
現実に社会的な労働として，最後に，自由に処分できる時間の基礎として，ま
ったく別な，より自由な性格をもつようになる。そして，同時に自由な時間を
もつ人でもある人の労働時間は，労働するだけの人間の労働時間よりもはるか
により高度な質をもつにちがいない」（同，337-338ページ）という。すなわち，労
働時間と自由時間の対立が消滅し，そして増大する自由時間はすべての人々の
科学的探究，芸術・文化・体育等の活動に向けられる，ということである。な
お，『剰余価値学説史』21章でのレイヴンストン，ホジスキン，ブレイらの初
期社会主義の理論は，鎌田武治『古典経済学と初期社会主義』（1968年，未来社）
で論じられている。

4　マルクス自由時間論の評価

　内田弘『〈経済学批判要綱〉の研究』（1982年，新評論）によれば，『要綱』をつら

178 第Ⅲ部 マルクスの未来社会論とサービス経済

ぬくテーマは，資本は「自由に活用できる時間」を，自覚的に制度をつくり制御してゆく万民の力量として育て，彼らに残して，歴史の舞台から去ってゆくであろう，資本は意図せずにそのような使命をはたすであろう，ということであった（同，42ページ）。内田氏は，『経済学批判要綱』は，「文明を開発し普及する資本が自由時間の主体と物質的条件を意図せずして形成してくる過程をあきらかにした古典として読むべき草稿」（同，353ページ）であるとみる。

なお，マルクスの自由時間論は，杉原四郎『ミルとマルクス』（1957年，ミネルヴァ書房）で，J. S. ミルとの比較ですでに注目されていた。さらに杉原四郎『J. S. ミルと現代』（1980年，岩波新書）は，J. S. ミル『経済学原理』4篇6章の定常状態論（ゼロ成長論）では，経済的進歩よりも人間的進歩の観点がつらぬかれている，と強調している。資本主義の基盤である大工業の発展によって労働生産性は高まるのであるが，剰余労働の搾取を前提とする資本主義のもとでは労働時間と自由時間の対立は止揚されず，また生産力の発展も制限されるのであり，資本主義が止揚され生産手段が社会化された未来社会において，生産力の十分な発展＝労働時間の節約＝自由時間の拡大が可能となり，人間の力の発展それじたいが目的となる「自由の王国」が実現される，というのがマルクスの思想である。海老沢照明『マルクス未来社会論と個人』（2006年，光陽出版）第2章「労働時間と自由時間の弁証法」は，このことを詳細に分析している。

資本主義は一方で生産力の飛躍的発展をもたらしたのであるが，他方でその発展は制約・限界を伴っている。このことを解明したのが，社会発展史観としての史的唯物論と資本主義の制約・限界を示す資本蓄積論である。

第3節 史的唯物論と資本蓄積論
―資本主義の積極的役割とその限界―

1 史的唯物論

資本主義の積極的役割を認めたうえでその限界を強調するマルクスの理論の土台には，社会発展を生産力と生産関係の矛盾からとらえる史的唯物論がある。マルクス『経済学批判・序言』（1859年）での史的唯物論の定式は次のものである。「人間は，彼らの生活の社会的生産において，一定の必然的な彼らの意志

第8章 「必然の王国」から「自由の王国」へ　179

から独立した諸関係，すなわち，彼らの物質的生産諸力の一定の発展段階に対応する生産諸関係にはいる。これらの生産諸関係の総体は，社会の経済的構造を形成する」(杉本俊朗訳，国民文庫，15ページ)。「社会の物質的生産諸力は，その発展のある段階で，それらがそれまでその内部で運動してきた既存の生産諸関係と，あるいはそれの法律的表現にすぎないが，所有諸関係と矛盾するようになる。これらの諸関係は，生産諸力の発展諸形態からその桎梏に一変する。そのときに社会革命の時期が始まる」(同，16ページ)。たえず発展してゆく生産力に対して，生産関係は一度形成されると，制度的に固定化されて変化しにくいものであり，生産力の飛躍的発展をもたらすものとして登場した資本主義は，その発展とともに生産力発展にとっての桎梏へと転化する，というのがマルクスの説である。

　レーニンは『ロシアにおける資本主義の発展』(1899年) のなかで，資本主義の進歩的な歴史的役割を，「社会的労働の生産力の向上とこの労働の社会化」(『レーニン全集』第3巻，大月書店，631ページ)，と要約した。資本の本源的蓄積すなわち個人的で分散的な生産手段の社会的に集積された生産手段への転化，したがって多数者の矮小所有の少数者の大量所有への転化，したがってまた民衆の大群からの土地や生活手段や労働用具の収奪は「小経営」の限界性を破壊するという歴史的役割をはたした。資本主義的生産様式は，以前とは比較にならないほどの生産諸力の急速な発展によって特徴づけられる。費用価格をその最低限まで縮減し，より多くの特別剰余価値を獲得しようとする衝動・諸資本間の競争の強制法則は，生産力増大の最も強力なテコである (『資本論』1巻4篇10章「相対的剰余価値の概念」)。

　さらに，『経済学批判要綱』III，「資本にかんする章」，第2篇「資本の流通過程」の最初の部分では，生産力の発展に対応して新たな消費がつくりだされなくてはならないことが指摘される。生産力の発展は，労働の種類と生産の種類がたえず拡大し包括的となってゆく体系の発展でもあり，それには「たえず拡大し豊かになってゆく欲望の体系」が対応し，「社会的な人間のあらゆる性質の陶冶と，できるだけ豊かな欲望をもつものとしてのそうした人間の生産」，「高水準の文化的啓蒙」が必要となる (同，II，337ページ)。これはマルクスが「資本の偉大な文明化作用」(同，II，338ページ) と呼んだものであり，レーニンのば

180　第Ⅲ部　マルクスの未来社会論とサービス経済

あいは「欲望水準向上の法則」(「いわゆる市場問題について」1893年,『レーニン全集』
第1巻, 103ページ) がそれにあたる。これは社会的分業発展の論理を示したもの
といえる。

2　資本蓄積論

　以上のように, 資本主義は生産と労働の社会化をとおして生産力の飛躍的な
発展をもたらすのであるが, それは利潤追求を目的とし国民大衆の生活向上を
目的とするものではないことから, いっそうの生産力増大の制約・桎梏となる。
資本主義が生産力発展の制限・桎梏となる原因は,『資本論』1巻7篇「資本の
蓄積過程」と, 3巻3篇「利潤率の傾向的低下法則」のなかで解明されている。

　『資本論』1巻7篇では, 資本主義の発展は一方で富の蓄積, 他方での貧困の
蓄積をもたらすこと, しかも富を独占する大資本家はますます少数となること,
に資本主義の制約を求めている。1巻7篇23章「資本主義的蓄積の一般的法則」
は, 資本主義のもとでの生産力の増大は資本の有機的構成の高度化 (賃金費用
の比率低下) となり, 相対的過剰人口・産業予備軍の増加を必然にすると説く。
その4節では, 一方の極での富の蓄積は, 同時にその対極での貧困, 労働苦,
奴隷状態, 無知, 粗暴, 道徳的堕落の蓄積である, と結論する。これは労働者
階級の窮乏化法則と呼ばれるものである。そして, 7篇24章7節「資本主義的
蓄積の歴史的傾向」では, 資本主義の発展は, 少数の資本家による多数の資本
家の収奪, すなわち資本の集中, 富を独占する大資本家の数の減少をもたらし,
この資本独占はそのもとですすんだ生産力発展にとっての桎梏になる, と説く。
そして, 生産手段の集中も労働の社会化も, それがその資本主義的な外被とは
調和できなくなる一点に到達し, そこで外被は爆破される, 収奪者たちが収奪
される, と結んでいる[2]。

　さらに,『資本論』3巻3篇「利潤率の傾向的低下法則」の15章「法則の内的
矛盾の展開」では, 資本主義の制限として, 1節では, 資本のための生産であ
って社会のための生産ではないことから資本主義的生産の真の制限は資本その
ものであること, を述べる。そして, 3節では, 過剰生産恐慌について,「こ
の生産様式は, 欲望の充足が休止を命ずる点でではなく, 利潤の生産と実現と
が休止を命ずる点で休止してしまう」(ME全集第25巻, 324ページ),「現存の人口

と比べて多すぎる生活手段が生産されるのではない。逆である。住民大衆に十分な人間的な満足を与えるにはあまりにも少なく生産される」(同, 323ページ)と述べている。すなわち, 資本主義的生産では,「利潤率の一定の高さが生産の拡張や制限を決定するのであって, 社会的欲望にたいする, 社会的に発達した人間の欲望にたいする, 生産の割合がそれを決定するのではない」(同, 324ページ)ということである。資本主義のもとでの生産力増大は, 労働者の搾取にもとづく利潤追求というその目的じたいによって制約されている, というのがマルクスの思想である。本章の第2節1項でみたように, 資本主義のもとでの生産力の増大は, 人間の欲望を充たすのに十分なだけの物質的財貨を供給するまでには至らない, とマルクスは予測していたのである。

第4節 脱成長と人間そのものの成長

1 現代資本主義の変容——完全雇用と福祉国家

資本主義の発展は資本の側での富の蓄積と賃労働の側での貧困の蓄積という両極化をもたらしたのであるが, 労働者階級の増大と労働運動の発展によって労働者状態の改善がすすみ, それをとおして消費需要が拡大し, 資本主義のもとでの長期的な経済成長が可能となった。労働者の団結権, 団体交渉・争議権が確立し, 労働時間短縮, 最低賃金制, 労働安全衛生など公的規制による労働者保護が実現し, 失業保険, 医療保険, 年金, 生活保護などの社会保障制度も備わってきた。さらに, 第二次大戦後には社会主義体制がソ連のほかに東欧, 東アジア諸国にも広がり世界人口の3分の1を占める世界体制となったことが, 資本家階級の妥協を不可避とした。1930年代世界大不況と40年代前半の世界大戦をへて, 戦後の先進資本主義諸国は, 経済成長をとおして完全雇用を達成し福祉国家を建設するという思想によって国民の統合を図った。戦後の資本主義はもはや純粋な資本主義ではなく, 公共部門を組み込んだ「混合経済体制」へと変容し, その国家ももはや階級国家ではなく, 国民全体のための「福祉国家」に変化した, と説かれていた。

主権在民・普通選挙権を原則とする戦後の先進諸国では, 国民統合の思想は, 完全雇用と福祉国家の建設であった。ただし, 先進諸国における福祉国家型大

182 第Ⅲ部 マルクスの未来社会論とサービス経済

衆社会統合に対し，わが国は社会保障のたちおくれから企業社会型大衆社会統
合（大企業内福祉）の形をとり，中小業者・農家への保護政策がこれを補完し
たといわれている（後藤道夫『収縮する日本型大衆社会』2001年，旬報社）。戦後期の長
期の経済成長，国民の賃金・生活水準上昇をとおして，先進諸国では大量生
産・大量消費による大衆消費社会段階が到来する。これは工業化が達成された
段階であり，物財に対する需要はこの段階で充足されたこととなる。日本では
この段階は1970年代末であり，これ以降は生活と社会の質の向上を目標とす
べき段階となっていた，とみるべきである。すなわち，「必然の王国」から「自
由の王国」への発展を可能とする物質的基盤が形成されていた，とみるべきで
ある。

2　工業生産力の過剰化──新自由主義への転換

　だが，工業生産力が国民生活の需要を大きく上回るまでに高まれば，過剰生
産となって輸出圧力が高まり，さらに生産は海外へ移転する。それによって先
進諸国では雇用縮小，失業増，賃金低下がすすんだ。工業生産能力の過剰化は
金融肥大化とグローバル化をもたらした。D.コーテン『グローバル経済という
怪物』（1995年；西川潤監訳，1997年，シュプリンガー・フェアラーク東京）は，工業生産
能力の過剰化・巨大化は巨大グローバル企業による世界支配＝企業帝国主義，
資源浪費と環境破壊，民主主義の衰退，投機化した略奪的金融システムをもた
らしたのであり，グローバル競争とははてしなきコスト切り下げ競争であり，
その結果はジリ貧の生存競争である，と結論づけた。
　トマ・ピケティ『21世紀の資本』（2013年；山形浩生他訳，2014年，みすず書房）の
分析によれば，先進諸国の上位10％の所得シェアは1910〜20年代には45〜
50％で推移していたが，30年代の大不況とそれ以降の世界大戦を経て所得分
配の平準化が生じ，この比率は40年代末には30〜35％に下落し，1970年代ま
でそのレベルで安定していた。だが1980年代以降は再び不平等が拡大し，
2000年には上位10％の所得シェアは45〜50％の水準を回復した。ピケティに
よれば不平等を拡大させたのは低い経済成長率とこれを上回る資本収益率であ
り，不平等拡大を回避するためには相続税，贈与税，所得税，固定資産税など
累進課税制度の強化が必要である。わが国でも戦前期の格差社会から，戦後は

第8章 「必然の王国」から「自由の王国」へ　183

高度成長を経て格差は縮小に向かい，いわゆる「総中流社会」が1970年代・80年代には到来したが，90年代以降には再び格差拡大の時代となった（橋本健二『格差の戦後史』2009年，河出書房）。

1970年代後半からのスタグフレーション状況のなかで，70年代末には福祉国家体制・大きな政府を排撃し市場の復権を説く新自由主義の潮流が登場する。1980年代以降は経済グローバル化（中国，アセアン諸国の外資導入工業化）により新自由主義の主張は世界経済レベルでの市場原理の徹底化へと拡がり，90年代に至ると冷戦崩壊により旧ソ連・東欧も市場経済に包摂されることでグローバル化は本格化し，軍需関連情報・通信技術の民間移転＝IT革命により新自由主義は定着する。新自由主義の潮流というのは，先進諸国において工業製品の生産能力が需要を大きく上回る飽和状態・過剰生産となった段階で，高度な生産力を土台に医療・福祉・教育・環境など生活と社会の質的充実へと転換してゆくのではなく，むしろ巨大企業の成長支援を続け，巨大グローバル企業の世界支配を保障するために登場したものである。これへの対抗は，成長至上主義からの脱却，健康・文化・環境など生活と社会の質的充実であり，これこそが，人間そのものの成長が目的とされる「自由の王国」の実現である。

3　脱成長──定常型社会への転換の必然性

八尾信光『21世紀の世界経済と日本──1950〜2050年の長期展望と課題』（2012年，晃洋書房）は，アンガス・マディソンが開拓した世界経済長期統計にもとづき，1960〜2010年の50年間に先進諸国の10年ごとの平均成長率が5.1％→3.4％→2.9％→2.6％→1.4％と低下しており，21世紀半ばまでにはゼロ成長に向かうと予測した（同，13ページ）。また，新興諸国の平均成長率も2010年の6.2％から2050年には2.3％に低下してゆくとみこまれ，先進諸国に新興諸国を加えた世界経済全体も21世紀後半にはゼロ成長に近づくであろう，と予測した（同，66ページ）。この予測によれば，世界経済に占める新興諸国の比率は，2000年の47％から2050年には84％へ大きく変化することとなる。

佐伯啓思『経済学の犯罪』（2012年，講談社）によれば，先進諸国は1970年代にはすでに，過剰となった生産能力を吸収できるだけの需要が形成されない「過剰性の経済」となっていたのであるが，その後の米国では，それ以前の工業化

段階＝「稀少性の経済」にふさわしいシカゴ学派的な徹底した市場競争主義＝新自由主義が採用され，IT革命，金融革命が加わって今日の不安定なグローバル資本主義をもたらした。将来方向としての選択は，グローバル化や自由競争のレベルをおとし，各国におけるそれぞれの国内経済の安定化政策を強めることしかないのであり，脱成長主義への社会像を構想し官民協調のもとでそれに向けた公共計画を実現することが，日本の活路を開くことになる，と説いている（同，第9章）。中野剛志『国力論』(2008年，以文社) は，新自由主義・グローバル化に対抗する経済システムとして，国民国家の力で実現される産業を基盤とする安定した「国民資本主義」の復権を唱えている。

　長期的な「成長の時代」はすでに終わりを迎え，達成された高い生産力を基盤として，競争・効率よりも公正さ・安定が重視されるゼロ成長の「定常状態（静止状態）の時代」が到来するという説は，水野和夫氏，広井良典氏らによっても説かれている。水野和夫氏は『人々はなぜグローバル経済の本質を見誤るのか』(2007年，日本経済新聞出版社) 以降の著作のなかで，16世紀の大航海時代が中世（定常モデル）を終わらせ近代（成長モデル）の幕を開けたように，1990年代半ばから急速に進展したIT革命とそれを駆使したグローバリゼーションは近代（成長モデル）を終わらせ新しい中世（定常モデル）を招来させたと説く。水野氏は定常型社会への転換の必然性を利潤率低下，超低金利定着に求め，グローバリゼーションがもたらした大きな構造変化として，①国民国家から資本の帝国への転換，②金融経済の実物経済に対する圧倒的な優位，③均質性の消滅と格差拡大をあげる。

　これに対し，広井良典氏は，『グローバル定常型社会』(2009年，岩波書店) などで，先進諸国は人々の需要・欲求が成熟もしくは飽和状態にあり，環境問題も深刻となったことから，これまでの成長至上主義から脱却し，人口減少や環境重視の時代に適合した「定常型社会」へと転換してゆく必要がある，と説く。広井氏が説く「グローバル定常型社会」とは，個人の生活保障や分配の公正が実現されつつ，資源・環境制約とも両立しながら長期にわたって存続してゆける持続可能な福祉社会である。それは，物質的生産の量的拡大から文化的・精神的な創造性や豊かさへの移行でもある。ゼロ成長時代の到来を必然とするのは，水野氏によれば資本主義の発展そのもの（利潤率低下，超低金利定着）で

あるが，広井氏によれば，環境と資源の制約がそれを必然とするのである。

　さらに，小野善康『成熟社会の経済学——長期不況をどう克服するか』(2012年，岩波書店) によれば，生産力が十分に発展し物資が余るようになると，需要が慢性的に不足して経済は長期停滞に陥る。物財・工業製品の生産能力はすでに需要を上回る飽和状態・過剰生産の状態になっている。電気製品・自動車は世界的な過剰生産で競争が激化し，低賃金の新興諸国への生産移転・低価格化がすすみ，先進諸国での雇用減・失業増と賃金低下をもたらしている。途上国では生産力・技術力が不足しているので，生産力を引き上げるために，けんめいに働き，消費を抑えて余った資金を生産設備の拡充に回すことが必要である。これに対し成熟社会では，すでに達成された巨大な生産力を生活の質向上に結びつけることが重要である。物財の供給能力はすでに需要を上回る過剰生産・飽和状態となっており，増加する需要に供給が追いついていない，すなわち不足しているのは，健康，介護，教育，環境，文化，防災などである (同，1章2)。これらはすべての人々に対して権利として保障すべき公共サービスであり，政府が財政資金を投入して供給を支えるべきである。財政資金による支援が不足していることが，これら公共サービスの供給のたちおくれをもたらしている。余剰資金の税収化によってこの分野での雇用を拡充し安定的な内需型成長を実現することが可能になる (同，2章2・3) というのが小野氏の主張である。

4　成長至上主義からの脱却と経済民主主義の徹底化

　藤田実『日本経済の構造的危機を読み解く』(2014年，新日本出版社) は，その終章「日本経済の将来展望」で，環境と国民生活重視型経済社会の構築を説く。1990年代から日本経済は年率1％前後の成長にとどまっており，さまざまな成長戦略が試みられてきたが，成長軌道に乗せることにはことごとく失敗してきた。成長至上主義は競争を激化させ過重労働，非正規雇用増加[3]，資源とエネルギーの浪費・環境破壊をもたらしている。今後は1％程度の成長のもとで，地球環境と国民生活の保障という両面で持続可能な経済システムを構築してゆくことが課題である，と説く。榊原英資『国家の成熟』(2013年，新潮新書) も，成熟経済では1％前後の成長で十分である，日本経済はすでに成熟段階にたっしており，今後めざすべきはヨーロッパ型福祉社会であり所得再分配を積極的

にすすめるべきである，と強調している。市場を中心としたシステムは「成長の時代」のものであり，これからは市場と政府が協調する「成熟の時代」のシステムに変えてゆくべきである。従来型の市場メカニズムを基本とする「小さな政府シンドローム」から脱して，ヨーロッパのように政府が出産，育児，教育等に積極的に関与して福祉を拡充し，豊かさを国民一人ひとりに実感してもらえるような再分配政策を実現してゆくべきである，と述べている。井手英策『経済の時代の終焉』(2015年，岩波書店) でも同じ主張がみられる。

　日本経済は現在の水準でも，「健康で文化的な最低限度の生活」を国民すべてに十分保障できるだけの経済力をもっている。わが国がすでに到達している高度の生産力を土台に，労働条件・社会保障の改善，環境保全，一次産業・中小企業・地域振興などの経済民主主義を徹底化させることが社会主義の実現であり，人間の力の発展それじたいが目的となる「自由の王国」の実現でもある。競争による成長・過剰生産ではなく，安定と公正さを重視する再分配強化・脱成長への転換が求められている。石水喜夫『ポスト構造改革の経済思想』(2009年，新評論) によれば，人口減少社会の経済活動の停滞は，労働人口増加率プラス労働生産性上昇率の自然成長率 Gn が，企業を満足させる保証成長率 Gw (貯蓄性向 s ÷ 適正な資本係数 Cr) を下回ることによって生じるのであるから，経済安定化には，保証成長率 Gw の引き下げと自然成長率 Gn の引き上げが必要である。そして，保証成長率の引き下げは貯蓄性向の引き下げ (所得再分配強化，労働分配率引き上げ) と適正な資本係数 (資本ストック ÷ 総生産) の引き上げ (交通，エネルギー，環境，医療など高度な社会システムを支える巨大な装置産業の育成) によって実現され，自然成長率の引き上げは労働生産性上昇 (人材育成機能を重視した日本型雇用システムの再構築) によって実現される。これは，「投資の社会化」による社会生活の充実を保障する脱成長経済である。

　セルジュ・ラトゥーシュ『経済成長なき社会発展は可能か』(2004年：中野佳裕訳，2010年，作品社) によれば，脱成長社会は再分配，再ローカル化，再利用，リサイクルなどを前提とするものである。鶴田満彦『21世紀日本の経済と社会』(2014年，桜井書店) は，広井良典氏の定常型経済論，セルジュ・ラトゥーシュの脱成長社会論を積極的に評価したうえで，21世紀の社会主義においては，

所有の社会化よりも決定の社会化の方がより大きな重要性をもっており，経済民主主義の徹底が社会主義なのである，と述べている。生産手段が社会の全構成員によって共有されているということは，社会の全構成員がこの生産手段による生産の決定に関与することであるということは，置塩信雄『経済学はいま何を考えているか』(1993年，大月書店)ですでに強調されていた。また，大谷禎之介『マルクスのアソシエーション論』(2011年，桜井書店)ではそれは，自立した諸個人の水平的連合としてとらえられている[4]。金子勝『資本主義の克服——共有論で社会を変える』(2015年，集英社新書)もこのことを強調したものである。

注

1) 二宮厚美『ジェンダー平等の経済学』(2006年，新日本出版社)は，エンゲルス『家族・私有財産および国家の起源』(1884年)序言を手がかりに，人間社会存続のためには物質的生産＝物質代謝と並んで人間そのものを生産する対人サービス＝非物質的生産＝精神代謝が必要であるから，対人サービス労働も生産的であるとする物質代謝・精神代謝両輪説を唱えている。『経済学批判要綱・序説』では，社会の経済構造は，生産的消費と消費的生産(人間そのものの生産)の統一ととらえられている。〔本書の第5章と第7章を参照。〕

2) 『資本論』1巻7篇24章の末尾では，それは，私有を再建しはしないが，しかし，資本主義時代の成果を基礎とする個人的所有をつくりだす，すなわち，協業と土地の共有と労働そのものによって生産される生産手段の共有性を基礎とする個人的所有をつくりだす，としている(ME全集第23巻，995ページ)。ここでの「個人的所有」は私的所有とは異なるものであり，ここでは相互に関係しあう「社会的個人」による個人的所有(individuelle Eigentum)が説かれている。海老沢照明『マルクス未来社会論と個人』(2006年，光陽出版)によれば，「個人的所有」とは，社会化された生産手段を個々人の目的意識の支配下に置くことであり，その発展に伴い生産手段の社会的所有もより強固なものとなる。生産手段の社会的所有と個人的所有は形式的な対立する概念ではなく，互いに両立し，相互促進的な関連にある概念である。そして「個人的所有」の発展は，社会化された労働総体の目的意識性を個々人が社会的に共有(Gemeinbesitz)することであり，個々人が巨大な「社会的個人」，「社会的巨人」へ発展してゆくとするのが，マルクスの未来社会論である(同，6-7ページ)。「社会的個人」という概念は，本章の第2節3項でみたように，『経済学批判要綱』のなかですでに登場しているものである。そこではこの概念は，労働時間と自由時間の対立が止揚された未来社会での人間じしんの発展を説くなかで，用いられていた。

3) 伍賀一道『〈非正規大国〉日本の雇用と労働』(2014年，新日本出版社)は，グローバル競争に対応する人件費削減が正規雇用の非正規雇用への置き換えですすんだことに，わが国の特徴をみている。

188 第Ⅲ部 マルクスの未来社会論とサービス経済

4） 宮本太郎『社会的包摂の政治学』(2013年，ミネルヴァ書房）は，福祉，文化，環境など社会的サービスの担い手は，出資者が決定権をもつ営利企業ではなく，現場の利用者や従業者に主権がある協同組合や民間非営利団体がふさわしく，政府の役割は十分財政資金でそれを支えることである，とする。脱成長・定常型社会への転換の必然性の土台には，工業生産能力の飽和化・社会的サービスの拡充という産業構造の変化があるのであり，これは競争の強制法則をテコとして生産力増大を担う資本主義の終焉を意味するものでもある。水野和夫『資本主義の終焉と歴史の危機』(2014年，集英社新書）は，超低金利定着にこの転換の必然性を求めるが，超低金利定着の土台には工業生産能力の飽和化があることも強調されるべきである。

終章　私のサービス経済論研究 *

1 理論的骨格の形成

　私の最初の研究テーマは，再生産論形成過程の検討であった。このなかで，『資本論』形成過程の著作をとおして「サービス」についての叙述が幾度も登場することに気づき，また，当時のソ連邦でサービス部門について活発な論争が展開されていることも知った。こうして私の研究テーマは「再生産とサービス部門」へと移っていったのであるが，それを決定づけたのは，べ・ア・メドベゼフ（В.А.Медведев）『社会的再生産とサービス分野（*Общественное воспроизводство и сфера услуг*）』（1968年，モスクワ）であった。これは200ページほどの本であるが，マルクスの生産的労働・サービスについての叙述からサービス労働価値生産説を導きだし，再生産表式に第三の部門としてサービス部門を追加し，サービス部門を含む単純再生産・拡大再生産の分析を試みている。私が最初に発表した論文はメドベゼフのこの著作の紹介を中心としたものであった。「再生産とサービス部門」は私にとって出発点であるとともに，現在に至るまで目標であり続けた。

　わが国でもこの時期に，昭和30年代の交通＝生産論争をふまえ，いわゆる有用効果生産説にもとづくサービス労働価値生産説が，赤堀邦雄『価値論と生産的労働』（1971年，三一書房）によって説かれた。生産的労働＝物質的財貨をうむ労働のみが価値・国民所得を生産するという通説は，金子ハルオ『生産的労

---

*　第3章冒頭の脚注にも記したが，この終章はもともと旧稿「サービス経済論争の到達点と
　有用効果生産説の正当性──諸家の批判・質問への回答」（『佐賀大学経済論集』第44巻第5号，
　2012年3月）に第1節「これまでの経過」として執筆されたものであるが，著者はこれに一部
　削除のうえ加筆・修正を施しており，メモには「これまでの経過」のまま著書の末尾に置く
　ことが記されていた。内容的にみて「著者あとがき」の草稿と考えられるが，「私のサービス
　経済論研究」と改題して終章として収録した。この草稿の一部には，著書の「まえがき」に
　入れるつもりで書かれたであろう一節もあるが，そのまま収録した。未完ではあるが，著者
　の研究の経緯と問題関心がよくわかる草稿である。

働と国民所得』(1966年，日本評論社) によって体系化されていた。これに対し赤堀氏は，逆に，価値形成労働が生産的労働であり，価値形成労働は物財をうまないサービス労働をも含む，と説く。私も，人間の運輸＝有用効果 (無形使用価値) 生産説の延長で現在のサービス部門を価値形成的とする赤堀説には賛同する。「経済学の発展は経済学的理論的認識そのものの自己発展ではありえない。経済学的理論的認識の発展は，つねに現実の経済との対決のうちに自己検証をとげながらでなければ行われえないものである」(赤堀，前掲書，180ページ) という氏の立場は正しい。

　価値形成労働論については赤堀氏に同意するが，私はマルクスの生産的労働論は価値論とは別の次元の理論であると考える。価値論は『資本論』冒頭商品論で登場するが，生産的労働の本源的規定と歴史的規定はその1巻3篇～5篇で登場する。それは労働過程と価値増殖過程の二者闘争性を労働主体にそくしてとらえたものであり，協業→マニュファクチュア→大工業という生産力の発展が資本による労働の包摂を完成させると同時に，労働主体の成長を必然にすることを説いたものである，と私は考える。1巻4篇・相対的剰余価値の生産，13章「機械と大工業」(とりわけ9節・工場立法) は，大工業の発展が最大の生産力たる人間労働力そのものの発展に携わる教育・保健などサービス部門の拡大を必然とし，大工業がもたらした社会的分業の拡大・深化は交通・伝達過程 (社会的生産の一般的条件) を担うサービス部門の拡大を必然とすることを説く。こうして，サービス部門の拡大は大工業展開の必然的結果として，むしろ肯定的に評価すべきものとなる。通説では，不生産的なサービス部門の肥大化は現代資本主義の腐朽性・寄生性を示すものとされてきたのであるが，私はそれは「非再生産的活動」の肥大化としてとらえるべきであると考える。

　私の最初の著作である『生産的労働の理論——サービス部門の経済学』(1977年，青木書店) と『生産的労働と第三次産業』(1978年，青木書店) は，サービス労働価値生産説と生産的労働論についての私の理解の骨格を示したものである。最初の著書のタイトルは，生産的労働論は価値論とは別の重要な理論であり，サービス部門をとらえるために不可欠のものであるという意味をこめて，つけたものである。最初の二つの著作の内容は，わが国と旧ソ連での論争の整理，スミス，マルサス，マルクスを対比させた生産的労働の学説史的考察，変革主体

形成論としての生産的労働論，サービス産業拡大の必然性，三次産業の分類基準とそれにもとづくわが国第三次産業の労働力構成分析，からなる。

広田純教授（立教大学）は，日本経済学会連合編『経済学の動向　第二集』(1982年，東洋経済新報社) 2部7章「国民所得論」のなかで，1970年代以降の論争を概括し，生産的労働論と価値形成労働論の自立的展開が最近の傾向であり，一方で「現状分析・批判の理論としての生産的労働論の再構成」がすすみ，他方で生産的労働論とは分離された「サービス労働価値生産説＝通説批判」が展開されている，とされた (同，68-72ページ)。また，種瀬茂教授（一橋大学）は，同じく『経済学の動向　第二集』2部2章「剰余価値・利潤論」のなかで，『資本論』1巻4篇を変革主体形成論として検討した諸説をとりあげ，「山口正之によって，管理労働の意義が強調され，また芝田進午によって科学労働さらに専門的分野の労働の役割が増大していることが明らかにされ，飯盛信男は生産的労働の理論を再検討し，第三次産業部門への展開を解明している」(同，51-52ページ) と要約された。

2　理論研究の拡充

だが，この最初の二つの著作では，まだとりくんでいなかった課題が二つあった。第1には，サービス労働価値生産説が冒頭商品論と矛盾しないことを立証することであり，このことは冒頭商品論の段階から登場する有用効果概念の検討によって可能となる。第2には，「物質的生産の第一義性」を価値論の前提とみなす通説の誤りを明らかにすることであり，このことは，生産関係・所有関係にかかわる土台—上部構造論と生産力（自然対人間）にかかわる物質的生産の第一義性とが，異なる別々の命題であることを明らかにすることで可能となる。1985年に発表した『サービス経済論序説』(九州大学出版会) は最初の二つの著作を書き改めたうえで，この二つの課題にも答えたものである。この時期に至って論争は本格化し，拡張説では私のほかにも馬場雅昭，長田浩，刀田和夫氏らの著書が出され，通説擁護の立場からは渡辺雅男氏 (一橋大学)，大吹勝男氏 (駒澤大学) の著書が出された。なお，斎藤重雄氏 (日本大学) はこの段階から，労働力を形成するサービス労働は価値形成的とするサービス労働・労働力価値形成説 (中間説) を唱えた著作を発表されている。このなかで渡辺雅男氏

は『サービス労働論──現代資本主義批判の一視角』(1985年，三嶺書房) 以来，通説擁護の代表者的論客である。

　なお，この時期から情報化をめぐる論争も活発となっており，その論点はサービス論争と共通するものがある。『サービス経済論序説』に続く私の理論的著作は『サービス産業論の課題』(1993年，同文舘) であり，その第8章で，マルクスにおける「精神的生産」の概念をサービス化と情報化の接点と位置づけ，情報生産はサービス提供の一部であり，サービス労働価値生産説にたつことによってのみその価値形成を説くことができる，との理論を展開した。精神的生産活動は媒体に対象化され流通可能となるのであるが，それをサービス部門に位置づければ媒体は労働対象 (生産物の自然素材) ではなく，生産物は加工された媒体ではなく無形の精神的生産物 (サービス) そのものということになる。労働対象というのは生産物の物質的基体・自然素材であり，労働過程の結果としての生産物へ素材的・価値的に移転されるものなのである。サービス提供の一部である精神的生産の労働過程の検討から得られた結論は，サービス部門では労働対象 (物質的基体・自然素材) は存在しないということであり，これこそが物質的生産部門とサービス部門を区分する基準である。

　理論レベルでの私の著書は以上にあげた4冊であり，これ以降，私の理論的見解に変更はない。なお，前掲『サービス産業論の課題』では，理論的問題として，サービス経済化による景気循環の安定化，レギュラシオン学派のサービス経済論，大内秀明氏 (東北大学) のソフトノミックス論，80年代のわが国のサービス論争，も論じている。

　斎藤重雄氏によって提唱されたサービス労働・労働力価値形成説は同編『現代サービス経済論』(2001年，創風社)，同『現代サービス経済論の展開』(2005年，創風社) に至って，サービス労働は人間そのものに対象化・物質化されて労働力という生産物をつくりだす，と明瞭化される。すなわち，サービス労働において労働対象は人間そのものでありその生産物は労働力である，ということである。この説は，サービス部門においては労働対象は存在しないとする私見とはまっこうから対立するものである。斎藤氏の説は櫛田豊『サービスと労働力の生産』(2003年，創風社) によって精緻化されている，と私は考える。

　斎藤説・櫛田説の本格的検討は本書〔の第Ⅱ部第3章と第6章〕で示した。また，

終章　私のサービス経済論研究　193

1980年代半ばより政治経済研究所発行の『政経研究』がこのテーマでの論戦の場を提供されたことが，学派や専門分野にこだわらない自由な議論を促したといえる。私も20回ほど書かせていただいた。『政経研究』誌上での論争を組織し編集を担当された故小谷崇氏の功績をあげておきたい。

3　実態分析

　サービス経済論は理論研究を出発点としてその実態研究，すなわちサービス産業論へとすすまねばならない。サービス産業の実態研究ではこれまでに青木書店，同文舘，新日本出版社，九州大学出版会から9冊の著書を発表したが，これらは日本経済の変遷のなかでのサービス産業拡大の実態と問題点を分析したものである。私じしんの実態研究を集約したものは『サービス産業』（2004年，新日本出版社）であり，サービス経済化の評価の変遷，雇用・中小企業・地域構造・景気変動におけるサービス産業の位置，サービス産業成長の要因，サービス産業での創業・起業，成長業種の推移，家計のサービス支出，自営業層の実態などを論じた。実態研究の結論を述べれば，サービス産業の拡大は異業種大資本の参入・不安定就業の増大としてすすみ，また，中央集中の強化を伴っているが，そのなかでも中小サービス業は地域市場・専門性・下請業務を基盤として存立している，ということである。ごく最近まで成長業種であった余暇関連サービス，企業関連サービスの多くはすでに成熟産業となっており，現在も拡大を続けているのは，派遣・請負等アウトソーシング関連業種と医療・介護という高齢化関連業種である。

　サービス産業が注目されるようになったのは，まず低賃金と不安定雇用という労働問題としてであり，鷲谷徹編『サービス産業の労働問題』（1982年，労働科学研究所）の書評をはじめ，『賃金と社会保障』『エコノミスト』『経済』『日本労働研究雑誌』などで執筆した。次に，サービス産業は中小企業のウェイトが高いことからこの分野でも注目されることとなり，渡辺睦編『80年代の中小企業問題』（1982年，新評論），中小商工業研究所『現代日本の中小商工業』（1999年，新評論）でサービス産業の章を担当した。また，中小企業事業団の研究会に参加を求められ，同編『日本経済の発展と中小企業』（1987年，同友館）でサービス産業の章を担当した。

中小企業事業団，民間調査機関，地方行政機関，商工団体，業界団体などの調査研究事業に参加するなかで，理容・美容業，クリーニング業，葬祭業，旅館業，料飲業，ゴルフ場，スポーツクラブ，カルチャセンター，競馬場，ビルメンテナンス，警備業，ソフトウェア業，広告業，リース業，デザイン業，自動車整備業，機械設計業，ディスプレイ業など主要サービス産業の実態をとらえることができた。ニューサービス分野では農協の参入も活発であり，農協関連の調査・執筆の機会もあった。

『日本経済と第三次産業』(1981年，九州大学出版会) では高度成長から安定成長への転換のなか対個人サービスの拡大を論じ，『経済政策と第三次産業』(1987年，同文舘) では，新自由主義の登場・臨調路線のなかでのサービス経済化を扱い，『サービス産業の展開』(1990年，同文舘) ではバブル経済期における戦略的サービス産業の中央集中とレジャー産業拡大を分析した。『平成不況とサービス産業』(1995年，青木書店) ではサービス産業への異業種参入の実態，零細自営業の増加を分析し，『規制緩和とサービス産業』(1998年，新日本出版社) ではグローバル化対応としての規制緩和・低コスト化のなかでサービス産業拡大をとらえ，『経済再生とサービス産業』(2001年，九州大学出版会) では，97年段階の情勢悪化をふまえ，内需拡大は，公共サービス拡大による安定雇用確保で可能になると説いた。さらに『構造改革とサービス産業』(2007年，青木書店) では小泉内閣が示した「サービス部門530万人雇用創出プラン」は幻想であり，雇用創出よりも公共部門の民営化・財政支出削減をねらったものであることを証明した。

3年前に発表した『日本経済の再生とサービス産業』(2014年，青木書店) は，私がこれまでサービス産業にかんする著作のなかで発表してきた主張を系統的かつ簡明にまとめあげたものであった。それは公共サービス拡充の展望，わが国サービス産業の実態分析と政策の検討，サービス経済化評価の変遷，雇用・中小企業・景気・地域経済とサービス産業，生産的労働・サービス論争を論じた。

本書はそれ以降にとりくんだサービス産業拡大の国際比較，海外・特殊・コンサルティングなど先端的対企業サービス，非正規雇用急増，未来社会論におけるサービス部門の位置，サービス産業の地域構造を論じており*，前著を補

---

*　ここに「サービス産業の地域構造を論じており」とあるが，これは「まえがきにかえて」の

足するものである。

　なお，これまで発表した私の著作に対しては，稲葉三千男，山西万三，金子ハルオ，石倉一郎，馬場雅昭，重森暁，今村元義，川口清史，斎藤重雄，渡辺雅男，川上則道，羽田昇史，杉野幹夫，刀田和夫，野口宏，小谷崇，中原弘二，鷲谷徹，難波巧，中島信，平田和宏，清水清，櫛田豊，佐藤拓也，鈴木和雄，但馬末雄，藤田実，今井拓の諸氏から書評等をとおして貴重なご教示をいただいた。（**未完**）

　追記に記したように，飯盛先生は本書に先生の門下生・鶴丸岩男氏の学位（博士）論文「サービス産業の立地特性について」を収載することを計画しておられたことを表している。先生のご意思に背くようであるが，遺稿集という性格を考え，鶴丸氏のご承諾を得てその収録は見送った。

謝　辞

　飯盛信男は，昨年4月に難病告知を受け，5月17日に亡くなりました。あまりにも急な別れでした。私からの飯盛の訃報に，通夜・葬儀にご弔問・ご会葬，そしてご弔電をお送りくださいました佐賀大学関係の皆様，本当にありがとうございました。

　飯盛が佐賀大学を退官してすでに5年余りが過ぎているにもかかわらず，経済学部を代表してご弔辞をたまわりました中村博和先生をはじめ，お運びいただきました，井上亜紀先生，小川哲彦先生，北島利起先生，木戸田力先生，古賀和文先生，小林恒夫先生，サーリヤ・デイ・シルバ先生，品川優先生，白武義治先生，染谷孝先生，田中豊治先生，戸田順一郎先生，富田義典先生，豊島耕一先生，中山泰道先生，長野暹先生，畑山敏夫先生，平地一郎先生，宮崎卓朗先生，宮島敬一先生，ラタナーヤカ・ピヤダーサ先生からは温かいお言葉を頂戴いたしました。急なできごとに戸惑っていました時に励まされ，本当にありがたく　厚く御礼申し上げます。

　また，学長の宮﨑耕治先生はじめ，磯田宏先生，岩永忠康先生，江口洋一先生，長安六先生からは丁重なご弔電を頂戴いたしました。

　各地の先生方からも，飯盛の訃報に心のこもったお手紙を頂戴いたしました。姉歯曉先生，阿部照男先生，阿部浩之先生，荒又重雄先生，岩野茂道先生，枝松正行先生，金子甫先生，金子ハルオ先生，櫛田豊先生，斎藤重雄先生，下山房雄先生，杉野圀明先生，鈴木和雄先生，関下稔先生，高木彰先生，但馬末雄先生，谷川宗隆先生，土井日出夫先生，野田弘英先生，古川正紀先生，武藤幸裕先生，村上研一先生，八尾信光先生，渡辺雅男先生から温かいお手紙を頂きました。さらに，桜井書店の桜井香様からも有難いお手紙を頂戴いたしました。頂いたお言葉一つひとつが本当に温かく　ありがたく　何度も読み返しました。夫も先生方ともっともっと語り合いたかったろうと思います。生前，飯盛信男と話し，交流し，親しくしていただきましたことに対し，心より感謝申し上げます。お世話になりました。

飯盛は，昨年のお正月，そして1月末の70歳の誕生日に「まだまだ書きたいテーマや題材がある。あと10年書いていきたい。まず今年本を出版したいので，準備を進めていこう。」と話し，意欲に燃えていました。病気が分かりました後，病床においても論文の書き加え・修正，統計データの更新など，私や息子（公宏）に手伝いを求め，作業を進めていました。病気と戦い治療していたのですが，病気の進行が思った以上に速く，自ら仕上げることができませんでした。

　飯盛信男の「遺稿集」である本書の刊行にあたりましては，夫の最後の出版を執筆プランも不十分なままにお引き受け下さった桜井書店の桜井香様の温かいお心遣いに，また出版のための構成プランと校正作業その他についても引き継ぎのお願いを受け入れて下さり，全面的にお世話になりました都留文科大学の枝松正行先生のお気持ちには家族一同心より感謝申し上げます。

　また，『佐賀大学経済論集』編集担当の大坪弘様，新日本出版社『経済』編集長の羽田野修一様，労働政策研究・研修機構『日本労働研究雑誌』編集担当の天野佳代様，政治経済研究所『政經研究』編集委員長の齋藤壽彦様には，飯盛の執筆原稿や業績リスト等を提供していただき，深く感謝申し上げます。

　そして，佐賀大学・飯盛研究室門下生として博士号を取得された鶴丸岩男様には，飯盛の病気が分かりました後，力強く励ましていただき心強かったです。厚くお礼申し上げます。

　ここに記して謝意を表すものです。

2018年2月

飯盛寿子／公宏

飯盛信男年譜

1947年1月31日　佐賀県小城郡北多久村（現在の佐賀県多久市北多久町）で，熊六・シズエ次男として生まれる。

1953年4月　北多久町立北多久小学校入学（1954年5月，市制施行に伴い多久市立北部小学校と校名変更）

1959年3月　多久市立北部小学校卒業
　　　　4月　多久市立北部中学校入学

1962年3月　多久市立北部中学校卒業（1983年4月，北部中学校と南部中学校を統合し多久市立中央中学校開校，2013年4月，小中一貫校東原庠舎中央校 多久市立中央小学校 多久市立中央中学校開校，2017年4月，義務教育学校へ移行し，多久市立東原庠舎中央校と校名変更）
　　　　4月　佐賀県立小城高等学校入学

1965年3月　佐賀県立小城高等学校卒業
　　　　4月　九州大学経済学部入学

1969年3月　九州大学経済学部卒業
　　　　4月　九州大学大学院経済学研究科修士課程入学

1971年3月　同研究科修士課程修了（経済学博士）
　　　　4月　同研究科博士課程入学

1973年10月　経済理論学会会員になる

1974年3月　九州大学大学院経済学研究科博士課程単位取得満期退学
　　　　4月　九州大学経済学部助手
　　　10月　経済理論学会第22回大会で「マルクスの生産的労働論」を報告
　　　　　　土地制度史学会会員になる
　　　　　　佐賀大学経済学部講師（担当科目：経済政策総論）

1976年2月　佐賀大学経済学部助教授（担当科目：経済政策総論，日本経済論）

1977年3月　『生産的労働の理論——サービス部門の経済学』（青木書店）上梓

1978年9月　『生産的労働と第三次産業』（青木書店）上梓／のち中国語訳《第三産業》（矯遠峰他訳，遼寧人民出版社，1985年5月）刊行

1981年4月　日本協同組合学会会員
　　　　7月　『日本経済と第三次産業——低成長過程におけるその構造』（九州大学出版会）上梓／第2版，1986年10月

1985年1月　『サービス経済論序説』（九州大学出版会）上梓／博士学位論文
　　　　3月　中小企業事業団・中小企業研究所・専門委員になる（1987年3月まで）
　　　　9月　経済理論学会第33回大会で「サービス経済論の課題」を報告

1986年11月　佐賀大学経済学部教授（担当科目：経済政策総論，日本経済論）

1987年4月　『経済政策と第三次産業』（同文舘）上梓／のち中国語訳《経済政策与第三産業》（王名・王小平・李慶華訳，経済管理出版社，1988年8月）刊行
　　　　7月　経済学博士（九州大学乙74号）
　　　　8月　日本流通学会会員，評議会会員になる
　　　11月　日本流通学会創立大会で「サービス経済化の実態と問題点」を報告

1988年8月　中国社会科学院世界経済政治研究所，北京大学経済学院で学術報告

　　　10月　九州国際大学国際商学部開設に伴う文部省資格審査に合格（日本経済論）

1990年4月　『サービス産業の展開』（同文舘）上梓

1991年8月　佐賀大学大学院経済学研究科開設に伴う文部省資格審査に合格（教授・産業政策論研究）

　　　10月　経済理論学会第39回大会で「サービス論争の展開と展望」を報告

1993年4月　『サービス産業論の課題』（同文舘）上梓

　　　10月　九州国際大学経済学部開設に伴う文部省資格審査に合格（日本経済論）

　　　11月　日本流通学会第7回大会で「経済のサービス化・情報化をめぐる理論的諸問題」を報告

1995年9月　『平成不況とサービス産業』（青木書店）上梓

　　　11月　経済理論学会第43回大会で「平成不況下のサービス産業」を報告

1998年1月　『規制緩和とサービス産業』新日本出版社／1999年11月日本流通学会・学会賞受賞（1999年11月）

1999年3月　佐賀大学評議員（2007年9月まで）

2001年1月　『経済再生とサービス産業』（九州大学出版会）上梓／2003年9月，第2版／2005年10月，第3版

2002年11月　日本流通学会第16回大会で「サービス業雇用増加の実態」を報告

2004年1月　『サービス産業』（新日本出版社）上梓

　　　4月　佐賀大学ベンチャビジネス・ラボラトリー・ラボ長（2009年3月まで）

　　　10月　日本流通学会第18回大会で「東アジアの台頭・日本の構造改革・サービス産業の変貌」を報告

2005年4月　佐賀大学大学院工学系研究科博士後期課程教授に併任

2007年4月　『構造改革とサービス産業』（青木書店）上梓

2011年9月　経済理論学会第59回大会で「サービス部門の労働過程特性」を報告

2012年3月末　佐賀大学経済学部退職

　　　4月　佐賀大学名誉教授

2014年2月　『日本経済の再生とサービス産業』（青木書店）上梓

2017年5月17日　70歳にて永眠

正四位瑞宝中綬章受章

飯盛信男著作一覧

著書

[1] 『生産的労働の理論──サービス部門の経済学』1977 年 3 月, 青木書店
[2] 『生産的労働と第三次産業』1978 年 9 月, 青木書店／中国語訳《第三産業》矯遠峰他訳, 遼寧人民出版社, 1985 年 5 月
[3] 『日本経済と第三次産業──低成長過程におけるその構造』1981 年 7 月, 九州大学出版会／第 2 版, 1986 年 10 月
[4] 『サービス経済論序説』1985 年 1 月, 九州大学出版会／博士学位論文
[5] 『経済政策と第三次産業』1987 年 4 月, 同文舘／中国語訳《経済政策与第三産業》王名・王小平・李慶華訳, 経済管理出版社, 1988 年 8 月
[6] 『サービス産業の展開』1990 年 4 月, 同文舘
[7] 『サービス産業論の課題』1993 年 4 月, 同文舘
[8] 『平成不況とサービス産業』1995 年 9 月, 青木書店
[9] 『規制緩和とサービス産業』1998 年 1 月, 新日本出版社／日本流通学会・学会賞受賞
[10] 『経済再生とサービス産業』2001 年 1 月, 九州大学出版会／第 2 版, 2003 年 9 月／第 3 版, 2005 年 10 月
[11] 『サービス産業』2004 年 1 月, 新日本出版社
[12] 『構造改革とサービス産業』2007 年 4 月, 青木書店
[13] 『日本経済の再生とサービス産業』2014 年, 青木書店

分担執筆

[1] 高木幸二郎編『再生産と産業循環』1973 年 7 月, ミネルヴァ書房／第 2 章「再生産論前史としての〈経済学批判要綱〉」
[2] 森下二次也編『商業の経済理論』1976 年 3 月, ミネルヴァ書房／補章 4「サービス労働論争」
[3] 清山卓郎編『日本経済の構造と展開』1976 年 4 月, ミネルヴァ書房／第 7 章「高蓄積下の財政・金融構造」
[4] 三上礼次編『現代資本主義の理論』1978 年 3 月, 青木書店／第 4 章「戦後日本経済の展開と帰結」
[5] 渡辺睦編『80 年代の中小企業問題』1982 年 3 月, 新評論／第 7 章「中小サービス業の位置と問題」
[6] 中小企業事業団『日本経済の発展と中小企業』1987 年 6 月, 同友館／第 8 章「サービス業における中小企業の役割」
[7] 中小商工業研究所『現代日本の中小商工業』第 1 巻, 1999 年 3 月, 新評論／第 2 部 6 章「サービス業」
[8] 総務省統計局『明日への統計 2004』2004 年 3 月, 日本統計協会／「サービス業基本調査の結果から」

202

翻訳

［1］『マルクス資本論草稿集①1857-58年の経済学草稿（Karl Marx, Friedrich Engels: Gesamtausgabe 2. Abteilung: „Das Kapital" und Vorarbeiten Band 1, Karl Marx: Ökonomische Manuskripte 1857/58, Teil 1, Dietz Verlag, Berlin, 1976)』(1981年7月，大月書店)／序文，編集者例言の翻訳を担当。

［2］『資本の流通過程《資本論》第2部第1稿（Институт Марксизма-Ленинизма при ЦК КПСС, К. Маркс и ф. Энгелъс: Сочинения. Издание второе. Том 49. Москва, 1974)』(1982年3月，大月書店)／第2章第1節・第3節の翻訳を担当。

調査報告書

［1］ 1976年3月『佐賀市における衣料品流通の実態』(全文担当)，佐賀県県民生活課

［2］ 1979年3月『大・中型店の進出が周辺小売店の価格形成に与えた影響の調査』(全文担当)，佐賀県県民生活課

［3］ 1979年12月『昭和54年度消費者購買動向調査』(全文担当)，佐賀県商工会連合会

［4］ 1980年3月『定住圏における産業振興の方向』第2章「鳥栖定住圏」を担当，九州経済調査協会

［5］ 1980年6月『北九州市における第三次産業の現状と課題』第1章「わが国経済社会の展開と第三次産業」を担当，九州経済調査協会

［6］ 1981年2月『商店経営者の実態と意識』(全文担当)，佐賀県商工会連合会

［7］ 1982年5月『福岡市の情報・文化産業』情報サービス業，広告業，デザイン業，カルチャーセンター，スポーツ施設業を担当，九州経済調査協会

［8］ 1983年1月『昭和57年度消費者購買動向調査』(全文担当)，佐賀県商工会連合会

［9］ 1984年1月『商業活動成果指標等による類似商工会別の問題点と将来展望』(全文担当)，佐賀県商工会連合会

［10］ 1984年2月『大型店の進出が地域の物価等に与えた影響にかんする調査』(全文担当)，佐賀県県民生活課

［11］ 1984年3月『多久市京町商店街活路開拓ビジョン調査』(全文担当)，佐賀県中小企業団体中央会

［12］ 1985年1月，九州流通政策研究会『都市小売業の地域間競争と業種変動』第6章「佐賀市」を担当，川島弘文社

［13］ 1985年3月『わが地域再発見』(全文担当)，佐賀県商工会連合会

［14］ 1985年11月『昭和60年度消費者購買動向調査』(全文担当)，佐賀県商工会連合会

［15］ 1986年3月『伊万里市駅通商店街活路開拓ビジョン調査』(全文担当)，佐賀県中小企業団体中央会

［16］ 1986年4月『九州横断自動車道開通の商業への影響調査』(全文担当)，佐賀県経営指導課

［17］ 1986年5月『農業・農家の地域経済に及ぼす影響調査』第3章「原材料供給による農業の地場産業への寄与」を担当，佐賀県農協中央会

［18］ 1986年12月『飲食店・サービス業の経営実態と振興方向』(全文担当)，佐賀県

商工会連合会

[19] 1988年2月『佐賀県クリーニング環境衛生同業組合，活路開拓ビジョン調査報告書』(全文担当)

[20] 1988年3月『コミュータ航空の可能性に関する調査報告書』(全文担当)，佐賀経済調査協会

[21] 1988年6月，九州流通政策研究会編『都市小売業の商圏構造と活動水準』第6章「佐賀市」を担当，川島弘文社

[22] 1989年3月『佐賀市商業実態調査』(全文担当)，佐賀経済調査協会

[23] 1990年3月『佐賀県総合的産業振興方策調査研究報告書』2章6「サービス業」，3章5「サービス業の課題」を担当，九州経済調査協会

[24] 1990年11月『商圏分析と地域商業の将来方向と街づくり振興策』(全文担当)，佐賀県商工会連合会

[25] 1991年3月『佐賀県中小小売商業活性化推進ビジョン』3章4，5「小城町，白石町」，4章3「活性化指針」を担当，九州経済調査協会

[26] 1994年1月『平成5年度消費者購買動向調査』(全文担当)，佐賀県商工会連合会

[27] 2000年3月，中小企業庁補助事業『商店街等活性化先進事業報告書』(全文担当)，東脊振村商工会

書評

[1] 鷲谷徹・高橋祐吉編『サービス産業の労働問題』，『経済』1982年8月号

[2] 渡辺雅男『サービス労働論』，政治経済研究所『政経研究』49号，1985年11月

[3] 阿部照男『生産的労働と不生産的労働』，『赤旗』1987年12月14日号

[4] 羽田昇史『サービス経済論入門』，『運輸と経済』1988年9月号

[5] 清山卓郎『日本経済を読む』，『賃金と社会保障』1994年6月上旬号

[6] 江上哲『現代流通のマクロ分析』，九州国際大学『経営経済論集』3巻2号（1996年12月）

[7] 羽田昇史『サービス経済と産業組織』，龍谷大学『経済学論集』38巻4号（1999年3月）

[8] 斎藤重雄編『現代サービス経済論』，『経済』2001年12月号

[9] 武藤幸裕『サービス論から環境経営論へ』，『佐賀大学経済論集』36巻3号（2003年9月）

[10] 櫛田豊『サービスと労働力の生産』，同上，36巻5号（2004年1月）

[11] 米浪信男『観光・娯楽産業論』，『土地制度史学』186号（2005年1月）

[12] 斎藤重雄『現代サービス経済論の展開』，『経済』2005年11月号

[13] 櫛田豊『サービス商品論』，経済理論学会編『季刊 経済理論』第54巻2号　2017年7月号

辞典項目

[1] 『経済学辞典』(1979年4月，大月書店)「資本のもとへの労働の形式的包摂と実質的包摂」

[2] 『日本史大辞典』第3巻（1993年3月，平凡社）「サービス産業」

204

［3］『現代流通事典』（2006 年 11 月，白桃書房）「サービス経済の特質」

論文

1973 年 2 月：「再生産とサービス部門——ベ・ア・メドベゼフの所論を中心に」，九州
　　　　　　大学大学院『経済論究』29 号
　　　　9 月：「労働価値説とサービス部門」，九州経済学会『経済経営研究』11 号
1974 年 3 月：「生産的労働とサービス部門——ソ連邦における論争」，『経済論究』31 号
　　　　10 月：「生産的労働概念の構成」，九州大学『経済学研究』40 巻 3 号
　　　　12 月：「社会的分業の発展とサービス部門」，『佐賀大学経済論集』7 巻 1 号
1975 年 3 月：「ソ連邦における生産的労働論争」，同上，7 巻 2 号
　　　　6 月：「マルクスの生産的労働論」，経済理論学会編『経済理論学会年報 第 12
　　　　　　集 現代資本主義と資源問題』青木書店
　　　　12 月：「生産的労働論の展開(1)」，『佐賀大学経済論集』8 巻 1・2 号
1976 年 3 月：「生産的労働論の展開(2)」，同上，8 巻 3 号
　　　　7 月：「佐賀市における衣料品流通の実態」，『九州経済統計月報』1976 年 7 月号
1977 年 3 月：「生産的労働論争批判」，『佐賀大学経済論集』9 巻合併号
　　　　6 月：「生産的労働と医療労働」，『医療経済研究会会報』6 号
　　　　7 月：「第三次産業の分類について」，『佐賀大学経済論集』10 巻 1 号
　　　　12 月：「日本経済と第三次産業の動向(1)」，同上，10 巻 2 号
1978 年 3 月：「日本経済と第三次産業の動向(2)」，同上，10 巻 3 号
　　　　12 月：「日本資本主義の構造的危機について(1)」，同上，11 巻 2 号
1979 年 3 月：「日本資本主義の構造的危機について(2)」，同上，11 巻 3 号
　　　　4 月：「第三次産業の国際比較」，『医療経済研究会会報』16 号
　　　　6 月：「わが国第三次産業の構造」，『現代と思想』36 号
　　　　9 月：「佐賀県における流通再編成の動向」，『九州経済統計月報』1979 年 9 月号
　　　　10 月：「第三次産業をめぐる思想的諸潮流」，『経済』1979 年 10 月号
　　　　11 月：「第三次産業の産業連関構造(1)」，『佐賀大学経済論集』12 巻 2 号
1980 年 6 月：「第三次産業の産業連関構造(2)」，同上，13 巻 1 号
　　　　7 月：「構造的危機のなかの第三次産業(上)」，『経済』1980 年 7 月号
　　　　8 月：「構造的危機のなかの第三次産業(下)」，同上，1980 年 8 月号
　　　　10 月：「経済政策における第三次産業の位置」，『賃金と社会保障』1980 年 10 月
　　　　　　上旬号
1981 年 1 月：「労働力管理における公共サービスの位置」，『民医連医療』1981 年 1 月号
　　　　2 月：「新型サービス産業の展開」，『九州経済統計月報』1981 年 2 月号
　　　　3 月：「低成長過程における日本経済」，『佐賀大学経済論集』13 巻 3 号
　　　　9 月：「第三次産業拡大がもたらした諸問題(上)」，『経済』1981 年 9 月号
　　　　10 月：「第三次産業拡大がもたらした諸問題(下)」，同上，1981 年 10 月号
　　　　11 月：「生産的労働と第三次産業——拙論に対する諸批判の検討」，『佐賀大学
　　　　　　経済論集』14 巻 2 号
1982 年 3 月：「サービス経済論の方法」，同上，14 巻 3・4 号
　　　　7 月：「唯物史観とサービス部門」，同上，15 巻 1 号

　　　　11月：「労働価値論とサービス部門」，同上，15巻2号
1983年6月：「生産的労働の概念について」，同上，16巻1号
　　　　8月：「第三次産業の最近の動向」，『経済』1983年8月号
　　　　9月：「わが国第三次産業の構造と展開」，『佐賀大学経済論集』16巻2号
1984年1月：「公共部門の位置について」，同上，16巻3号
　　　　7月：「新自由主義の経済政策思想」，同上，17巻1号
　　　　8月：「サービス経済化と生協事業」，『生活協同組合研究』1984年8月号
　　　11月：「日本の経済計画」，『佐賀大学経済論集』17巻2号
1985年1月：「大型店進出と地域物価動向」，『九州経済統計月報』1985年1月号
　　　　2月：「サービス産業論の課題」，政治経済研究所『政経研究』48号
　　　　3月：「サービス経済論の課題」，『経済』1985年3月号
　　　　4月：「サービス経済化と農協事業」，『農業協同組合経営実務』1985年4月号
　　　　9月：「危機管理型経済政策の展開」，『佐賀大学経済論集』18巻1・2号
　　　11月：「経済政策における公共サービス」，同上，18巻3・4号
　　　12月：「服務経済論的課題」，中国社会科学院『現代外国哲学社会科学文摘』
　　　　　　1985年第4期
1986年3月：「サービス産業の研究調査動向」，政治経済研究所『政経研究』51号
　　　　5月：「経済民主主義と経済政策」，『佐賀大学経済論集』19巻1号
　　　　　：「サービス経済論の課題」，経済理論学会編『経済理論学会年報　第23集
　　　　　　現代巨大企業の所有と支配』青木書店
　　　　8月：「農協運動への期待」，『農業協同組合経営実務』500号記念号
　　　11月：「日本経済の構造転換」，『佐賀大学経済論集』19巻2・3号
　　　12月：「サービス経済をめぐる理論研究の現状──大吹勝男氏，渡辺雅男氏，
　　　　　　斎藤重雄氏の著作によせて」，政治経済研究所『政経研究』52号
1987年3月：「経済構造調整政策とサービス産業」，『佐賀大学経済論集』19巻4号
　　　　9月：「産業空洞化とサービス経済化の実態」，政治経済研究所『政経研究』54号
　　　10月：「サービス経済化と地域政策」，『佐賀大学経済論集』20巻3号
　　　11月：「構造調整政策のなかの第三次産業」，同上，20巻4号
1988年3月：「サービス経済化の展望と就業実態」，同上，20巻6号
　　　　5月：「サービス経済化と家計消費支出」，同上，21巻1号
　　　　7月：「サービス経済化の実態と問題点」，日本流通学会編『現代流通の分析視
　　　　　　角』めばえ社
　　　10月：「地域経済振興とサービス産業」，『九州経済調査月報』1988年10月号
　　　11月：「サービス経済研究のあらたな動向」，政治経済研究所『政経研究』57号
1989年1月：「内需主導型成長の展望」，『佐賀大学経済論集』21巻5号
　　　　3月：「サービス産業で顕在化する人手不足」，『エコノミスト』1989年3月7
　　　　　　日号
　　　　5月：「地域産業政策とサービス産業」，『佐賀大学経済論集』22巻1号
　　　　7月：「対事業所サービスの需要と供給」，同上，22巻2号
　　　10月：「サービス労働価値生産説の論証──馬場雅昭『サービス経済論』の検
　　　　　　討」，政治経済研究所『政経研究』59号

12月：「中小サービス業の現状と今後の課題」，『中小企業信用保険公庫月報』
1989年12月号
1990年7月：「日本経済の構造転換と第三次産業の未来」，『流通動向』第2号
10月：「サービス経済研究の新次元──長田浩『サービス経済論体系』の検討」，
政治経済研究所『政経研究』61号
：「情報化とサービス労働価値生産説」，同上
12月：「90年代産業政策の展望」，『佐賀大学経済論集』23巻4号
1991年2月：「労働過程の三類型」，政治経済研究所『政経研究』62号
3月：「大内秀明氏の脱工業社会論」，『佐賀大学経済論集』23巻6号
7月：「サービス業の規模別構造」，同上，24巻2号
11月：「サービス経済化と景気循環」，同上，24巻4号
1992年2月：「リゾート産業振興の背景とその現状」，日本科学者会議『日本の科学
者』1992年2月号
5月：「レギュラシオン学派のサービス経済論」，政治経済研究所『政経研究』
64号
：「サービス産業の最近の動向」，『佐賀大学経済論集』25巻1号
7月：「サービス労働価値生産説の論拠──刀田和夫氏への回答」，同上，25巻
2号
10月：「サービス産業への異業種参入の実態」，同上，25巻3号
：「サービス論争の展開と展望」，経済理論学会編『経済理論学会年報　第
29集　市場と計画』青木書店
1993年2月：「サービス産業──産業動向分析」，『経済』1993年2月号
3月：「サービス産業成長の実態とその要因」，『佐賀大学経済論集』25巻6号
7月：「高度情報化経済の実態とその幻想」，同上，26巻2号
1994年3月：「サービス経済研究の経過について」，同上，26巻6号
7月：「サービス産業における自営業の実態」，同上，27巻2号
8月：「経済のサービス化・情報化をめぐる理論的諸問題」，日本流通学会編
『流通研究の基本問題』めばえ社
11月：「平成不況の推移と安定成長への展望」，『佐賀大学経済論集』27巻4号
1995年3月：「平成不況のなかのサービス産業」，同上，27巻6号
9月：「空洞化のなかの産業政策」，同上，28巻3号
1996年1月：「サービス産業の雇用吸収力」，『賃金と社会保障』1996年1月上旬号
3月：「平成不況下のサービス産業」，政治経済研究所『政経研究』66号
4月：「サービス産業と800万人雇用」，『経済』1996年4月号
5月：「不況下のサービス産業の動向」，『佐賀大学経済論集』29巻1号
10月：「平成不況下のサービス産業」，経済理論学会編『経済理論学会年報　第
33集　戦後50年の日本の経済と社会』青木書店
11月：「規則緩和とサービス産業」，『政経研究』67号
12月：「規則緩和策の役割」，『佐賀大学経済論集』29巻5号
1997年5月：「サービス産業の日・米比較」，同上，30巻1・2号
11月：「低コスト志向とサービス産業」，政治経済研究所『政経研究』69号

飯盛信男著作一覧　　207

　　　　　：「バブル経済期以降のサービス産業」，『経済』1997年11月号
1998年 5 月：「グローバル経済化と情報技術革新」，『佐賀大学経済論集』31巻 1 号
　　　　 7 月：「アメリカ『サービス産業センサス』の検討」，同上，31巻 2 号
　　　　11月：「グローバル化・空洞化と地域構造」，同上，31巻 3・4 号
　　　　　：「アメリカ・サービス産業の現況」，政治経済研究所『政経研究』71号
1999年 5 月：「平成第二次不況の推移と今後の展望」，『佐賀大学経済論集』32巻 1 号
　　　　 6 月：「90年代不況下のサービス産業の変化」，『中小商工業研究』70号
　　　　 7 月：「サービス論争の到達点と展望──拙論に対する諸批判への回答」，『佐
　　　　　　　賀大学経済論集』32巻 2 号
　　　　11月：「三つの過剰と産業再生」，同上，32巻 4 号
2000年 3 月：「サービス経済化をめぐる学説の変遷」，同上，32巻 6 号
　　　　 5 月：「サービス経済化がもたらした諸結果」，同上，33巻 1 号
　　　　 7 月：「サービス産業による雇用吸収の限界」，同上，33巻 2 号
　　　　11月：「サービス業雇用吸収力の限界」，政治経済研究所『政経研究』75号
　　　　12月：「サービス産業成長の要因」，『佐賀大学経済論集』33巻 3・4 号
2001年 3 月：「サービス産業停滞の現状」，同上，33巻 5・6 号
　　　　 5 月：「サービスにかんする学説の推移」，同上，34巻 1 号
　　　　 7 月：「サービス論争の新たな段階──斎藤重雄編『現代サービス経済論』によ
　　　　　　　せて」，同上，34巻 2 号
　　　　 9 月：「構造改革とサービス部門」，同上，34巻 3 号
　　　　10月：「アメリカ・サービス部門雇用増加の実態と日・米比較」，『労働総研ク
　　　　　　　ォータリー』44号
2002年 3 月：「需要不足経済からの脱却」，『佐賀大学経済論集』34巻 6 号
　　　　 5 月：「公共サービス拡充の必然性」，政治経済研究所『政経研究』78号
　　　　　：「サービス業雇用回復の現状」，『佐賀大学経済論集』35巻 1 号
　　　　 7 月：「米国自営サービス業の増加について」，同上，35巻 2 号
　　　　 9 月：「サービス業雇用拡大の現状」，同上，35巻 3 号
　　　　11月：「産業分類の改訂とサービス産業」，同上，35巻 4 号
2003年 2 月：「この10年間の就業構造変化と成長業種」，『賃金と社会保障』2003年 2
　　　　　　　月上旬号
　　　　 3 月：「再生産表式とサービス部門──川上則道氏の論稿によせて」，『佐賀大
　　　　　　　学経済論集』35巻 5・6 号
　　　　　：「WTO体制と東アジア経済」，同上，35巻別冊
　　　　 5 月：「労働価値説とサービス部門──川上氏の論稿によせて」，同上，36巻 1 号
　　　　 7 月：「サービス産業研究の課題」，同上，36巻 2 号
　　　　 8 月：「サービス業雇用拡大の現状」，日本流通学会編『流通と社会』めばえ社
　　　　11月：「産業構造からみた戦後日本経済の変遷」，『佐賀大学経済論集』36巻 4 号
2004年 5 月：「サービス業雇用増加の実態」，政治経済研究所『政経研究』82号
　　　　 7 月：「サービス産業への異業種参入の実態」，『佐賀大学経済論集』37巻 2 号
　　　　 9 月：「『新産業創造戦略』について」，同上，37巻 3 号
　　　　11月：「サービス部門530万人雇用創出プログラムの検討」，同上，37巻 4 号

2005 年 3 月：「地域サービス産業の展開」，同上，37 巻 5 号

　　　 5 月：「対事業所サービスの中央集中について」，同上，38 巻 1 号

　　　 7 月：「製造業の展開と地域産業戦略」，同上，38 巻 2 号

　　 11 月：「日本経済におけるサービス産業の役割」，同上，38 巻 4 号

　　　　　：「サービス労働・労働力価値形成説の問題点」，政治経済研究所『政経研究』85 号

2006 年 3 月：「東アジアの台頭・日本の構造改革・サービス産業の変貌」，日本流通学会編『東アジアの台頭と変貌する日本の流通』めばえ社

　　　 5 月：「構造改革のもとでの産業構造の変化」，『佐賀大学経済論集』39 巻 1 号

　　　 9 月：「サービス産業の新たな展開」，同上，39 巻 3 号

2007 年 1 月：「日本経済の現状と展望」，同上，39 巻 4・5 号

　　　 5 月：「新成長経済構築の構想について」，同上，40 巻 1 号

　　　 9 月：「サービス経済学からサービス・マネジメントへ」，同上，40 巻 3 号

　　 11 月：「サービス・イノベーション批判」，政治経済研究所『政経研究』89 号

2008 年 1 月：「サービス産業の最近の動向」，『佐賀大学経済論集』40 巻 5 号

　　　 7 月：「サービス産業の生産性向上について」，同上，41 巻 2 号

　　　　　：「サービス経済研究の論点と現在の到達点」（『構造改革とサービス産業』に対する書評 [評者：佐藤卓也氏] へのリプライ），経済理論学会編『季刊 経済理論』45 巻 2 号

　　 11 月：「新自由主義の展開と帰結」，『佐賀大学経済論集』41 巻 4 号

2009 年 7 月：「世界同時不況のなかのサービス産業」，同上，42 巻 2 号

2010 年 1 月：「新経済成長戦略の推移と世界同時不況」，同上，42 巻 5 号

　　　 3 月：「複雑労働還元問題とサービス労働——森田成也氏の近著によせて」，同上，42 巻 6 号

　　　 7 月：「サービス労働と労働力商品の擬制性——斎藤重雄氏への回答」，同上，43 巻 2 号

　　　 9 月：「『新成長戦略』の検討」，同上，43 巻 3 号

2011 年 1 月：「接客サービス労働の労働過程——鈴木和雄氏の諸論稿の検討」，同上，43 巻 5 号

　　　 8 月：「地域経済の展開と製造業・サービス業」，同上，44 巻 2 号

　　 11 月：「サービス部門の労働過程特性」，同上，44 巻 3 号

2012 年 3 月：「1990 年代以降のサービス産業」，同上，44 巻 4 号

　　　　　：「サービス経済論争の到達点と有用効果生産説の正当性——諸家の批判・質問への回答」，同上，44 巻 5 号

2012 年 11 月：「サービス経済化がもたらしたも」，同上，45 巻 4 号

　　 12 月：「サービス部門価値生産説の論拠——有用効果生産説と労働対象不在説」，政治経済研究所『政経研究』99 号

2013 年 3 月：「日本経済の再生とサービス産業（Ⅰ）」，『佐賀大学経済論集』45 巻 5 号

　　　　　：「日本経済の再生とサービス産業（Ⅱ）」，同上，45 巻 6 号

2014 年 4 月：「長期不況下の中央集中とサービス産業」，『経済』223 号

　　　 5 月：「サービス経済研究における新たな視点——姉歯曉氏，寺田隆至氏，阿

　　　　部浩之氏らの研究によせて」,『佐賀大学経済論集』47巻1号

　11月：「生産的労働・サービス論争における新たな主張──二宮厚美氏の物質
　　　　代謝・精神代謝両論説」, 同上, 47巻4号

　　　：「サービス産業拡大の国際比較と日本の特徴」,『経済』230号

2015年5月：「必然の王国から自由の王国へ──生産的労働・サービス経済論の最終
　　　　章」,『佐賀大学経済論集』48巻1号

　10月：「『日本経済の再生とサービス産業』に対する書評 [評者：櫛田豊氏] へ
　　　　のリプライ」, 経済理論学会編『季刊 経済理論』52巻3号

2016年6月：「日本経済長期停滞のなかのサービス産業拡大」,『経済』249号

2016年11月：「大震災以降のサービス産業」,『佐賀大学経済論集』49巻3号

2016年12月：「サービス産業の拡大と雇用」,『日本労働研究雑誌』666号

2017年5月：「サービス経済理論における新たな視点──枝松正行氏の研究によせて」,
　　　　『佐賀大学経済論集』50巻1号

人名索引

あ行

青水司　75
赤堀邦雄　86, 114, 137, 149, 154, 157, 189
浅井慶三郎　154, 155, 158
遊部久蔵　91, 108, 137, 142, 154, 156
阿部照男　154, 157, 158
阿部浩之　77, 92-93, 95-99
安部隆一　137, 151, 154, 157
姉歯曉　77-83, 85, 99, 155, 156, 158, 171
荒又重雄　137
飯盛信男　21, 26, 27, 35, 51, 55, 56, 60,
　　62, 68-70, 75, 82, 83, 91-92, 99, 109,
　　121, 126, 127, 128, 138, 139, 154, 155,
　　157, 158, 191
石井彰次郎　154, 157
石倉一郎　195
石沢篤郎　75
石水喜夫　186
泉弘志　170
磯辺浩一　154, 157
井手英策　186
稲葉三千男　195
井原哲夫　154, 157
今井拓　195
今村元義　195
ウォーカー，R. A.　78, 79, 99
上杉正一郎　169
内田弘　177-178
枝松正行　141, 143-150, 152, 153, 162,
　　164
海老沢照明　178, 187
エンゲルス，F.　61, 108, 111, 143, 144,
　　145, 162
大内秀明　154, 157, 158, 192
大熊信行　144
大谷禎之介　161, 187
大吹勝男　154, 157, 191

か行

置塩信雄　107, 109, 113, 135, 142-143,
　　156, 164, 187
長田浩　99, 132, 154, 157, 158, 191
小田切純子　155, 158
小野善康　185
小幡道昭　93, 99

角田修一　135
ガーシュニイ，J.　67
加藤幸治　155, 159
金子ハルオ　102, 108, 125, 126, 142, 154,
　　156, 157, 168, 189, 195
金子勝　187
鎌田武治　177
上林憲行　155, 158
亀岡秋男　155, 158
加茂浩靖　155, 159
ガルブレイス，J. K.　18, 84, 85,
河上肇　144
川上則道　85, 86, 88, 91, 99, 102, 126,
　　134, 154, 156, 169-170, 195
川口清史　195
Kieliszewski, C. A.　155, 158-159
木下栄蔵　28, 76, 155, 158
木村吾郎　154, 157
櫛田民蔵　144
櫛田豊　59, 63, 67, 68-70, 98, 99, 107-
　　108, 109, 113, 128, 132, 133-138, 142-
　　143, 149, 152-153, 155, 156, 158, 192,
　　195
グローブ，S. J.　67, 155
伍賀一道　48, 187
後藤道夫　182
小谷崇　75, 193, 195
コーテン，D.　182
米浪信男　155, 158

さ行

佐伯啓思　183
酒井理　155, 158
榊原英資　185
斎藤重雄　59, 65, 67-70, 98, 99, 107-108, 109, 113, 123-132, 139, 154, 155, 156, 158, 191, 192, 195
坂本賢三　138
サッセン，サスキア　30, 92, 102-103, 155, 159, 160
佐藤拓也　75, 87, 99, 195
佐藤眞人　76
佐藤光威　151
重森暁　151, 195
柴垣和夫　135
芝田進午　112-113, 191
清水清　195
下山房雄　127, 136
ショア，J. B.　99
ジョン，J.　67, 155
ジョーンズ，バリー　160
白井義男　154, 155, 158
杉原四郎　178
杉野幹夫　195
鈴木和雄　59, 71, 73-74, 98-99, 155, 158, 195
スターリン，И. B.　110, 144, 156
Spohrer, J. C.　155, 158-159
スミス，A.　102, 130, 190
関下稔　30, 160

た行

高須賀義博　134
高橋秀雄　154, 158
高橋祐吉　158
但馬末雄　59, 70-72, 139, 195
田中菊次　137
谷川宗隆　154, 157
種瀬茂　191
田沼肇　169
譚暁軍　155, 158

堤未果　55, 79
都留重人　169
鶴田満彦　186
鄭森豪　155, 158
寺田隆至　77, 88-92, 155, 156, 170
刀田和夫　73, 126, 154, 157, 158, 191, 195
冨浦英一　34, 35
富永祐治　151

な行

内藤耕　155, 158
長岡豊　107, 109, 113, 135, 156
中島信　195
仲野組子　155, 158
中野剛志　184
中原弘二　195
難波巧　195
二宮厚美　55, 101, 110-114, 119, 143, 146, 155, 156, 164, 187
野口宏　195
野沢慎一郎　75
野々村一雄　169
野村清　154, 158

は行

橋本勲　154, 156
橋本健二　183
羽田昇史　154, 157, 158, 195
馬場雅昭　73, 115, 121, 150, 151, 154, 157, 158, 191, 195
林上　155, 159
原田実　126
パリツェフ，A.　151
半澤誠司　155, 159
ヒクス，R.　155, 158
ピケティ，トマ　182
ビュヒナー，L.　61
平田和宏　195
広井良典　184-185, 186
広田純　169, 191
フィスク，R. P.　67

人名索引　**213**

藤田宏　46, 56
藤田実　185, 195
船木勝也　115
フュックス, V. R.　18
古郡鞆子　154, 157
ベル, ダニエル　17, 18, 19, 84, 85, 92, 105, 159

ま行
マイルズ, I.　67
Maglio, P. P.　155, 158-159
マジソン, アンガス　183
松原昭　107, 109, 113, 135, 143, 145, 149, 150, 156
マルクス, K.　37, 39, 61, 115-118, 120, 127, 130, 138, 144, 145, 153, 161-162, 167-168, 171-174, 177, 178, 179, 181, 189, 190, 192
マルサス, R.　190
水野和夫　184-185, 188
三土修平　164
南方建明　155, 158
宮本太郎　188
ミル, J. S.　178
武藤幸裕　155, 157, 158
村上研一　87-88, 99, 155, 156, 170
メドベゼフ, B. A.　86, 189

森岡孝二　48
森川正之　52, 155, 158
森田成也　98-99, 114, 164

や行
八尾信光　183
谷野勝明　161
山内清　86, 114
山岸正　154, 157-158
山口正之　193
山田喜志夫　64, 85, 86-87, 88, 89, 102, 154, 155, 156, 169, 171
山西万三　195

ら行
ラトゥーシュ, セルジュ　186
レーニン, В. И.　179-180
ローイ, B. V.　155, 158
ロストウ, W. W.　18, 84, 85

わ行
鷲谷徹　158, 193, 195
渡辺峻　138
渡辺雅男　59, 60-62, 71, 72, 87, 99, 139, 151, 154, 157, 158, 191, 195
渡辺睦　193

いさがいのぶお
飯盛信男

1947年　佐賀県に生まれる。
1969年　九州大学経済学部卒業
1974年　九州大学大学院経済学研究科博士課程単位取得満期退学
1974年　佐賀大学経済学部講師
1976年　同大学経済学部助教授
1986年　同大学経済学部教授
1987年　経済学博士（九州大学）
1991年　佐賀大学大学院経済学研究科教授
2012年　佐賀大学経済学部退職／同大学名誉教授
2017年5月17日　70歳にて永眠
正四位瑞宝中綬章受章

サービス経済の拡大と未来社会
2018年6月1日　初　版
2024年5月20日　第4刷

著　者　飯盛信男
編　集　飯盛寿子・枝松正行
装幀者　加藤昌子
発行者　桜井　香
発行所　株式会社 桜井書店
　　　　東京都文京区本郷1丁目5-17 三洋ビル16
　　　　〒113-0033
　　　　電話（03）5803-7353
　　　　FAX（03）5803-7356
　　　　http://www.sakurai-shoten.com/
印刷・製本　株式会社 三陽社

© 2018 Nobuo ISAGAI

定価はカバー等に表示してあります。
本書の無断複製（コピー）は著作権上
での例外を除き，禁じられています。
落丁本・乱丁本はお取り替えします。

ISBN978-4-905261-38-4 Printed in Japan